張雙英著

文學概論

文史哲出版社印行

國家圖書館出版品預行編目資料

文學概論 / 張雙英著. -- 初版. -- 臺北市：文史哲,民 91
面： 公分
ISBN 957-549-471-7 (平裝)

1.文學

810 91017733

文學概論

著者：張雙英
出版者：文史哲出版社
http://www.lapen.com.tw
登記證字號：行政院新聞局版臺業字五三三七號
發行人：彭正雄
發行所：文史哲出版社
印刷者：文史哲出版社
臺北市羅斯福路一段七十二巷四號
郵政劃撥帳號：一六一八〇一七五
電話 886-2-23511028・傳真 886-2-23965656
實價新臺幣四五〇元
中華民國九十一年(2002)十月初版
中華民國九十三年(2004)元月初版二刷

ISBN 957-549-471-7

自序

顧名思義，「文學概論」就是對文學作品作全面性的介紹；因此，它可說是文學領域的入門之鑰。藉由它，學習者不但可以打開文學殿堂的大門，親自接觸裡面所貯存的豐富寶藏，而且還可以在它的指引之下，了解文學的全貌，進而自其中發現、或挖掘出自己的興趣和抱負所在。換言之，只要是對文學有志者，必可由此奠定對文學作更深入的了解，以及對文學作品作具體的分析、解釋和評價的基礎，甚至學會如何創作文學作品的技巧等。

「文學概論」因爲具有這些功能，所以大學裡的文學科系也都將它列爲一年級的必修「課程」，希望透過這門課，讓文學科系的新鮮人至少能夠對「文學是或不是什麼？」「文學應該或不應該是什麼？」以及「文學可以或不可以是什麼？」等關鍵問題獲得深入的了解，以便接受更高深和專精的文學訓練。

爲了達到這些功能，「文學概論」課程的設計應該包括以下兩個目標：一、引發初學者高昂的興趣，快樂地進入這個殿堂之中；二、避免初學者在學習的過程之中遭遇到難以了解、且無法解決的困難，或產生索然無味的感覺和心理，因爲這會造成他們半途而廢的結果。

然而，「教學」畢竟只能限制在少數人於有限的時間和地點上學習和研討，其影響的範圍和可能達到的效果實在非常有限。因此，若能將「課程」具體化爲文字，成爲「書籍」，則這本書籍不但可以讓師生充分把握時間，言之有據的相互討論，更可把其影響力擴及到所有對文學有興趣的人身上，讓大家可以隨時而自在地閱讀。換言之，成功的「文學概論」教學若能轉化爲好的《文學概論》書籍，其貢獻必會擴大許多。

理想的《文學概論》書籍，不僅必須照顧到文學的全面性，也應擁有首尾一貫的結構體系，更要有具體的例子來闡釋原本抽象的各種文學現象，如此，才可能對文學的初學者有眞正的幫助。然而衡諸實際的狀況，卻是一種以「文學概論」、「文學論」、「文學原理」、或「文學理論」等不同名稱而出版的書籍雖然相當多，而且其中確也有不少前輩名家的力作，但卻與上述的理想有著若干差距的情形。因爲這些書籍之中，有的因內容過於專門而致深奧難懂；有的則因側重在資料的收集，而產生了內容空疏和結構零散的缺失；有的則僅從單一的角度立論，故形成了涵蓋面不足的弱點；有的因只包括古代、中國的文學狀況，而未能注意到現代與西方在這方面的情況其實也可拿來參照，以收相輔相成的效果……等。這一個事實，常逼使筆者長期在大學裡講授此一課程時，需要自許多不同的書籍中努力去尋找那些可用的、卻數量極少的資料來教學。多年下來，筆者在這一課程上已累積了大量的資料，同時也覺得自己在這方面的思考也漸趨成熟和周延，所以乃興起在前賢所紮下的深厚基礎上，撰寫一本能夠比較符合上述要求的《文學概論》的想法，希望這樣的一本書不僅可提供教師和學生們在課堂上討論之用，同時也可以讓有興趣者參考。

由於筆者多年來的研究，以「文學批評」和「詩學」爲主，所以本書便也以此爲基而呈現出底下兩個特色：

一、在結構上，本書係以現代文學批評的觀念爲主軸來架構，也就是以文學領域的根本——文學作品——爲核心，討論它在時間脈絡上的縱向發展情形；同時，也探討它在橫向的空間上與各方面的互動情形。這樣的結構設計，一來，不但可以針對「文學作品」本身的定義作明確而深入的闡釋，更可以藉由「時間」的觀點，討論文學的起源和流變，以勾勒出文學在源源不絕的時間洪流中所表現出來的生命脈動。二來，也可以藉由「空間」的觀點，討論文學的類型、功能，以及作品和其作家、讀者與社會的各種複雜關係。

二、在闡釋和論述上，爲求具體起見，本書引用了大量的例子爲證；但因受到篇幅所限，這些例子多以篇幅比較短的詩歌類作品爲主，希望經由這種具體與完整、易懂的方式，讓讀者獲得比較踏實的理解。

最後要補充的是，由於筆者個人的才具和學養原就十分有限，再加上教學、研究和行政事務纏身，所以很難找到完整的大段時間來撰寫這麼一本需以系統爲考量的著作。因此，本書係在斷斷續續之中，拖了五年才完成。這個結果，對筆者而言已屬大幸；然而也因匆忙寫就之故，書中的疏漏之處必所在多有。這些疏失，惟有請博雅方家指正，以及所有的讀者海涵了。

本書最後能夠順利地與讀者見面，筆者必須向以下三位貴人表達由衷的謝意。首先是文史哲出版社的負責人彭正雄先生，由於他的慨允支持，本書才可能在如此匆忙之中如期出版。其次是國立台北師範學院的彭雅玲副教授，沒有她對本書的許多內容提供寶貴的意見，並擔負起煩重的校正工作，本書的缺失必將更多。當然，若沒有內子對筆者寫作本書期間——尤其是去年的休假時期——的生活坐息時加提醒，本書也不可能如期完稿。因此，她對本書的貢獻雖然無形可見，但絕對是扮演著十分關鍵的角色。

民國九十一年六月 **張 雙 英** 謹誌於國立政治大學中文系

文學概論 目 次

第一章　引　論：文學的範疇

在當今這個比較注重實際功用的社會裡，「文學」能不能、或者應不應該扮演什麼角色呢？毫不諱言的，有非常多的人直覺地認為，「文學」即使有功能，也是屬於「柔性」或「軟性」的，譬如：陶冶性情、變化氣質量……等。問題是，這個觀念正確嗎？或者說周延嗎？而要了解這個問題之前，其實有一個更為根本的問題必須能夠掌握住才行，那就是「文學是什麼呢？」

有關這個問題，古今中外曾嘗試對它提出解答的學者和專家可說是所在多有，而他們所陳述的內容更是眾說紛紜，莫衷一是。我們可稍微舉出一些比較重要的說法來看看，譬如說：「文學是想像的文字」①，「它是以語言文字為媒介的藝術」②；「它」「可讓人抒發情性」③，更「有引人向上的力量」④；「它」「比歷史具深刻的意涵」⑤，也「是社會百態與國家眞象的眞實反映」⑥；「它」甚至能夠讓人用來「移風易俗，教化天下」⑦等等。這些說法，當然只是其中的一小部分。但由於一來，本書的篇幅有所限制；再者，這些說法已頗具概括性；以及第三，因即使將有關這類說法盡數羅列在此，對於想全盤了解這個問題的幫助也不大。所以，我們便不再列舉更多例子了。然而，即僅就前述所列的例子來看，它們之中便有一些觀點是彼此矛盾，甚至完全相反的。譬如說，它到底是人們想像、虛構出來的？還是社會眞象的具體反映？又，它到底是作者抒發情性的結晶？或者執政者用來移風易俗的工具？因此，「爲什麼會如此呢？」便應該是問題的關鍵所在了。

「文學是什麼？」這一個問題，之所以會有如同上面所述的這許許多多不同的答案，其原因固然很多，但最重要的關鍵，當出現在一個錯誤的態度上，那就是「簡單化」。因爲，這個問題本身的性質本來就非常複雜，所以絕非只用單面向、單層次的方式，並只以寥寥數語就能夠完整的回答的；然而，前述的每一種解答，卻都是從單面向切入的，譬如：或者只從「個人」、或只從「社會」的立足點去觀察；以及都是從單層次去勾勒的，譬如：或者只是從「功能」、或只從「影響」的觀點去立論。於是，所提出來的答案，其結果若不是「文學」對「個人」的「功能」，便是對「社會」的「影響」；或者若不是「文學」對「個人」的「影響」，便是對「社會」的「功能」等等了。因此，如果我們想眞正、且深刻的了解「文學」的全貌，首先必須做到的，便是避免這種「單一」的瞭解方式，袪除「速食」的態度，耐心而踏實的一步步、按部就班的循序漸進，如此，才能對「文學」的「體系」擁有深刻而全盤的了解。

換言之，「文學是什麼？」這個問題中的「文學」，其實並非只是「一個物」或「一件事」；它是「一套」非常複雜、而且又龐大的「有機的體系」。因此，我們如果想正確且全盤地了解「文學」是什麼，則下列的數種問題和對象便都是必須加以注意的關鍵了：

第一節　文學作品

若沒有「文學作品」，那麼，由許多或者在外形上、或者在內部結構上因爲相同、或相近，而被歸爲同一類的作品，如：詩歌、散文、戲劇、小說等「文類」，顯然便不可能存在了。同時，既然沒有「文學作品」和「文類」，那「文學的型式」與「文學的內容」又要從何去理解呢？所以，「文學作品」可以說是「文學體系」的核心。不過，「文學作品」到底又是什麼呢？如果從它的外在到內在來看的話，首先，它呈現在我們眼前的，可能是一大堆可以見到的有形文字；也有可能是以一長串聲音的方式進入我們的耳朶的語言。不過，將任何一堆語言，或者是文字都認定爲「文學作品」，則似乎頗有問題。因爲，從沒有人認爲，所有的一堆文字或一串聲音都可被稱爲「文學作品」。於是，便有人稍微仔細地解釋說，它們不能只是一堆沒有意義的語文符號，而必須在內容上能夠表述出一個完整的事件。但是，只要能將事件說清楚了就一定可被稱爲「文學作品」嗎？答案好像仍不盡然。因此，又有人更進一步解釋說，除了上述的條件之外，它們更得要擁有動人的力量；也就是說，它們必須具有美學的效果才行。然而，「美學」又是什麼呢？同時，是否「文學作品」的定義就是如此呢？顯然，如果想了解「文學」的話，這個問題便必須先解決才行。

第二節　作品的作者與讀者

「文學作品」因擁有其自己的藝術性、以及其特有的「時間」與其「空間」上的含意，所以從價值上而言，它本身其實已有足夠的條件可自行存在於世界上。然而，它的義意是否僅止於能夠獨自「存在」呢？由於它是某個作者所創作的，因此，它的作者之所以創作它的原因，譬如：內心有所鬱結或感觸、或者爲了某種使命或責任等，如果我們對這些完全不予理會的話，是否能夠做到眞正的了解它呢？同時，如果作者在創作這篇作品時，其心中已存有要寫給某一（些）特定的人、或者社會大衆來看，甚而希望讀者有所回應的念頭時，那麼，我們若不把這篇作品的眞正對象、以及它與作者的關係加以了解的話，我們到底能不能算眞正讀懂作品了呢？換句話說，如果我們想正確的了解作品的眞正意思，甚至進而想對它加以評價的話，光是了解作品顯然是不夠的；我們也必須要同時考慮到的，應該至少有下列一些問題：它是誰寫的？又爲何而寫呢？而他到底要寫給誰看？他的目的何在？又對方有沒有反應？以及反應的狀況如何等等？如此，這種了解才能算是深刻而周延的。

第三節　作品與時間、空間的關係

作品雖然具有獨自存在的能力與價值，但自實質上與意義上而言，它並非生存於一個沒有任何生命現象的眞空世界，而是誕生、並存在於某個特定的時、空之內的。在時間上，文學作品自完成後，即存在於當代、並繼續流傳於後代。至於在空間上，則大概包含了下列幾種情形：一是以當時的社會爲內容的寫實作品，由於它們的內容既然是反映當代的，因此，當然與當代社會的關係非常緊密。二是虛構的作品，它們在內容上所呈現的，固然是不屬於眞實世界限的想像境界，但是，它們仍然是需要以現實社會爲基的。因爲，若它們所寫的是一個與現代社會完全相反的世界時，它們隨時要做的工作之一，便是避免將與現時社會相近或相同的現象寫入其中；或者，如它們所寫的是現實社會皆無的虛構世界時，它們時常得考慮的情況，也是在設法避免重出前者已有的所有現象。因此，它們仍然是以現實社會爲基、或者與現實社會有關切的。三是以過去和未來爲內容的作品，它們所描寫的，當然在表面上與現代無關；但是，如果我們願意更加細密地思考的話，這些暑於今過去或未來的內容，其實隨時隨地都暗藏有作者的時代觀點在內。因此，與時間和空間的相互制約關係，便可說是文學與文學作品所無法逃脫的宿命了。於是，最切實的辦法就是我們必須了解到，這種制約的方式是如何進行的了。

第四節　文學作品的類型

通常，當我們在閱讀作品時，不大可能會說：「我正在閱讀一篇『文學作品』。」而比較會說成：「我正在讀一首『詩』。」或「我正在看一本『小說』。」等等。換言之，我們在習慣上，會有將所要稱呼的對象說的比較具體一些的傾向，也就是以較爲精確的「文類」名稱，如「詩」、「散文」、「小說」、「戲劇」等來替代範圍比較廣泛起的「文學」。那麼，「文類」到底是什麼呢？它出現的原因與目的何在？又是否每一種「文類」在內容與外形上絕不會隨著時間和空間的轉換而改變呢？而不同「文類」之間的關係又如何？此外，「文類」與「文學」兩者到底是怎樣的一種關係呢？是否所有的「文類」之總和即「文學」？此說若然，那麼，所有的「文類」到底共有那些？又是否所有的「文類」都會出現在同一個時代、甚至同一個地區呢？尤其，「文類」到底有什麼作用呢？……等等。這一連串的問號，由此看來，顯然也都是屬於我們想深刻地了解「文學」之時，所不可忽略、而且必須解答的範疇。

第五節 文學的功用

毫無疑問的，在現今這個功利主義思潮席捲了整個世界的時代中，「文學」常會不被認爲具有立即可見、且效果卓著的功用。「它」既無法像經濟、貿易或政治等學科一般，擁有帶給我們的社會巨大而深遠的震動力；也不如醫藥、電腦或各種科技那樣，隨時隨地都在影響我們每一個人的日常生活。因此，「它」在現代的社會，尤其是在學術界裡，可說頗爲冷門。當然，「它」偶而也會在某些情況下被賦予一些功用，譬如「陶冶性情」或「提供娛樂」等，但是，卻也就在此時常被貼上「柔性」、「軟性」等缺少積極意涵的描述語。然而，從功用層面上來看，「文學」果眞只能達到這等效果而已嗎？事實上，在我們以認眞與嚴肅的態度去考察這個問題後，應該不難發現上列的觀點不但不夠嚴謹，而且也有欠公允。因爲，即使我們不去提古人曾說過的：「詩可以興，可以觀，可以群，可以怨」、「可以事父、事君」、或者是：「文章，經國之大業，不朽之盛事」等等，而以現代的功利觀點來衡量，「文學作品」的創作不僅可讓作者紓解心中的鬱積和情懷，而且也可能爲作者帶來財富和名聲等；同時，「文學作品」的閱讀也能使讀者獲得新知、娛樂心情、滿足想像、甚至變化氣質等好處；除此之外，文學還可豐富文化內涵、改善社會風氣、記載並探討事件之眞相和意義、爲人類樹立典範、以及讓人們因擁有借鏡而吸取教訓等等。

前述這些「文學」的功用，即使在我們現代這個短視而現實的功利社會中，也是很難讓人否認和忽略的。所以，如果想全面而深刻的了解「文學」，則上列有關「它」擁有那些近程、遠程，抽象、務時的功用，以及爲何會擁有這些功用等問題，都應該被納入考慮才算完整。

第六節　文學的起源

「文學爲什麼會出現呢？」「文學到底是在何時、以及何處出現的？」歷來的學者專家，對於這類關於「文學的起源」所提出解答可說五彩繽紛、琳瑯滿目；綜合觀之，有關前一個問題所提出的的答案，比較有系統、且也產生過影響力的有：抒情說、言志說、娛樂說、勞動說、祭拜說、戀愛說、戰爭說、遊戲說、模倣說等等。⑧這些各有論證依據的說法，當然各有各的立足點，也各有各的論述方式；然而，針對同一個問題，竟然會有如此多的不同答案，其原因到底何在呢？這些說法之中，顯然有些是比較相近的，譬如：抒情說和言志說、娛樂說和戀愛說。因此，也比較能讓人「同時都」接受。但是，它們之中卻也有一些說法是明顯相互矛盾、彼此對立的，譬如：言志說和遊戲說、娛樂說和戰爭說。而我們難到能夠同時認爲「它們都是」這個問題的正確答案嗎？又，如果說上列的說法都可能是對的，那其原因到底何在呢？是否因爲這些答案都只是針對某一特定的「文類」而提的呢？至於有關第二個問題，就比較少人去關注了。「文學是何時出現的？」就事實而論，答案似乎應該就是最早的「文學作品」出現的時代。但是一來，我們實在難以確定那一部文學作品是「現存」最早的；二來，即使我們能夠證明那一部是「現存」最早的文學作品，而且更是已經非常成熟的作品，則另外又有問題出現了：譬如說，「它」是突然出現的嗎？若是，那答案當然是很清楚的；如若不然，則「它」必然是前有所承、慢慢演進的。於是，答案便應該是：文學產生的時代要早於「現存」最早的文學作品所出現的時代了。至於「文學是何地最早出現的？」這個問題，則是與前一問題緊緊相連，無法分開的。只要我們能夠確定前一問題的答案是什麼，也就是「何時」出現的，那「它」必然會同時指明出現的所在地的。

第七節　文學的流變與文學史

想眞正了解「文學」，除了需要知道「文學作品」的內涵、外形、結構、意義、其「作者」、「讀者」、以及其類型和起源之外，也必須明白下列的問題：「文學作品」出現之後，它是否不會隨著時間的流動與地方的變遷，而在「內涵」、「形式」與「結構」上產生改變？如若不然，則促使「它」發生改變的原因是什麼？同時，「它」改變後的內涵與形貌又是什麼？而這種改變是否無時無地都不停在發生？尤其最重要的是：「它」的流變過程所呈現的是怎樣的一種情形？等等。而這一系列的問題所要探究、並進而凸顯出的，乃是「文學作品」，包括其內容、外形、結構、或主題等，在不同的時間裡所呈現的，到底是一成不變，抑或爲多彩多姿？由於我們現在是站在「後代」的時間位置去觀察「它」，所以能夠很清楚的看到，呈現在我們眼前的「它」，顯然是多重面貌的：「它」以各色各樣的方式，眞實、深刻、且巧妙的反映了各個地方在不同時期中，人類生活內涵的豐富與外在活動的形形色色；此外，更值得注意的是，「它」在形中也同時透露了：當面對時間的洪流時，生活於不同地方的人所採取的態度各是什麼？而所得到的結果又如何？因此，當我們以「文學史」做爲觀察「文學」的立足點時，則「文學」的許多更深層意義便會逐漸顯現出來了，譬如：「文學作品」固然反映了作者個人的才華、性格與心靈，同時也記載了事件的眞相、及其原因和影響；但更值得注意的是，「它」已於無形中描述了某一地方在某一時段的特色，以及這一特色在「時間洪流」裡的意義與地位了。又譬如：到底是什麼原因促使「文學作品」的外形與結構隨著「時間的流走」而發生變化呢？以及爲何是這種、而不是別種變化？又這些變化的意義到底是什麼？同時，變化之後的作品是否可拿來與變化之前的作品相互比較？而比較的角度爲何？又我們是否可評斷前、後兩者的價值高低？而其評斷的標準又何在？又譬如：這種文學因「時間的流走」而不停改變的情形中，是否隱藏有那些軌道或模式？而若了解這些軌道或模式，是否便可預測未來的文學走向？這一類與「文學史」有關的問題，如果能夠仔細去思考、並詳細去作研究的話，那麼，我們對「何謂文學」，必將會有更深入、更周延的理解。

第八節　文學欣賞、文學批評、文學理論與文學研究

近四十年來，在文學研究的領域中，最熱門的題目之一當屬「文學批評」了。它所探討的主要問題是：「文學是什麼？」、或者說「文學應該是什麼？」以及「我們應該採取何種立足點、態度和策略，去了解、分析和評價文學作品與作者？」然後還要更進一步「將讀者包括在內，去說明作者、作品和讀者三者緊密結合之後的情況如何與意義何在？」等。簡要的說，也就是「什麼是文學理論？」、「什麼是文學批評？」以及「文學批評和文學理論的關係何在？」了。這三個問題，在五〇年代曾經有過頗爲清楚而單純的答案。但是近數十年來，在自由主義、民主觀念、和多元思考的世界風潮引領下，世事越來越複雜，成規也越來越鬆散。而「文學」也就在這種環境下，幸運地擁有了前所未有的廣袤空間；不但作者的創作再也沒有阻礙，研究者也能充分發揮自由的精神和奔放的想像，以熱心的態度和淑世的情懷，去對「文學是什麼？」或「文學應該是什麼？」以及「人們與文學的關係應該是什麼？」等老問題，重新由各種角度切入，而提出了許許多多論證詳贍、見解精闢的嶄新答案。於是，新的理論如：解構主義、女性主義、後現代主義、對話理論、政治批評……等，各具完整體系的論述乃紛紛出現；而也因爲如此，「文學」的領域乃越來越廣，內涵也日漸越豐富、尤其是意義也比以前要深刻得多了。因此，在這個「文學理論

與批評」的黃金時代中，「文學」也跟著擁有了全新的面貌、意涵和意義。在這種情況下，想要眞正了解「文學」，又怎能不將「文學理論與批評」納入研究的範圍呢？

不過，無論是「文學批評」或是「文學理論」，都是屬於比較專業的領域，也只有願意深入探討文學者才會與其有關；因此，其範圍並不十分廣大。事實上，我們更不能忽略人數遠比文學工作者多的一般讀者，而他們對文學作品的態度和方式，只是想了解或欣賞文學作品而已。換言之，一般讀者應該如何才算是懂得文學作品，以及如何才能夠欣賞並享受文學作品，也應該要被包含在本書的範圍之內。除此之外，從讀者的角度而言，凡是與文學有關的研究，尤其是近代以來風起雲湧的文學跨學科研究，對文學的影響更是鉅大；而這種情況，當然是我們必須加以說明的。

除了前面所列的這些項目之外，當然還有不少跟文學也有密切關係的問題和現象値得我們討論。但是，一方面由於我們的篇幅實在有限，同時，它們的數目不但衆多，而且又每每具有彼此相互跨越的特性，所以我們就不必在此繼續將它們一一羅列出來、並加以討論了。然而，即就此而言，「文學」的複雜性、豐富性、與深刻性也應當可以毋庸置疑了。「文學」，在這種方式的思考下，我們將它視爲一個以「作品」爲核心的「學問體系」，應該是比較合理與周延的態度。

〔注　釋〕

① Rene Wellek and Austin Warren, *Theories of Literature*, New York: Harcourt Brace Jovanovich, Inc., 1977, p18.

②朱光潛在他的《談文學》裡說：「文學是以語言文字為媒介的藝術。」頁 1。台南：文大書局，1987。

③《詩經・大序》裡說：「詩者，志之所之也。在心為志，發言為詩。情動於中而形於言；言之不足，故嗟歎之；嗟歎之不足，故詠歌之；詠歌之不足，不知首之舞之，足之蹈之也。」引自《十三經注疏》（1815 年阮元刻本），第二册，卷一，頁 13。台北：藝文印書館，1981。

④培根在《學術的進展》裡說：「詩可以給人弘遠的氣度、道德、和快樂。……可以使人昇華、向上。」引自《文學理論資料匯編》，下册，頁 993。台北：華諾文化事業有限公司，1985。

⑤欽提奧在他的《論傳奇體敘事詩》裡說：「歷史家只據實寫發生過的事跡；詩人則照它們應有的樣子去寫。……詩人在教導人們的意義上，比歷史家更有益處。」引自《文學理論資料匯編》，中册，頁 445-446。

⑥見《巴爾扎克論文選、論歷史小說兼及「費拉格萊塔」》：「文學是社會的表現。……文學作品是照出這個國家全貌的鏡子。」引自《文學理論資料匯編》，上册，頁 38-39。

⑦見《詩經・大序》：「『關雎』，后妃之德也，風之始也。……風，教也，風以動之，教以化之。」引自《十三經注疏》，第二册，卷一，頁 1。

⑧請參劉萍（涂公遂）《文學概論》，頁 145-181。台北：華正書局，1986。

第二章　文學的定義

「文學」既然如第一章所描述的，是一套外形龐大、內容豐富且意義深長的「體系」，那麼，對於這樣一個複雜的對象，我們如果只藉著一般通行的方式，也就是簡單地用一些句子，或者是一段或少數幾段敘述文字即想將「它」說明清楚，其實並不只是不容易、甚至可說是不可能做到的「理想」。因爲，經由這種做法所能夠得到的答案，絕對只是針對「文學」的某一個（些）面或某一個（些）點所提出的而已；換言之，它的正確性、或者有效性，也絕不可能涵蓋「文學」的全面，而必然會被限定在「文學」的某一、或某些點或面上。因此我們認爲，如果想對「文學」做全盤、且深刻的了解，最好、甚至於也應該是惟一的方法，就是能夠㈠精確地掌握住「它」所涵蓋的範疇，㈡再從這個範疇裡釐析出組合成「它」的主要元素有那些，㈢再一一針對這些要素做詳細且深刻的分析。

更具體地說，我們可以用來達到這一個目標的步驟，應當可以依序如後：從「它」的範圍裡幾個最重要的組成要素入手，先個別說明這些要素各是什麼；然後，再進一步細論它們之間有什麼關係，如此，便應該可大致鉤勒出「文學」的範疇了。底下就採取這個方式來進行討論。

顏元叔在其所譯的《西洋文學批評史》之序裡，曾爲「文學批評」的範疇做了如此的輪廓性描述：

> 文學批評的對象有四，即作家，作品，讀者，與時空。文學批評處理這四個對象的各別本身，也處理其間的互相關係。我們可以把作家、作品、讀者排列在同一水平上，時空則包容了整體。於是，文學批評討論作家與作品的關係，作品與讀者的關係，讀者與作家的關係，時空與作家或作品的關係，時空與讀者的關係：這些都是外在關係。假使文學批評專事研討文學作品本身，這便是企圖處理文學的內在關係。①

這是一段深具眞知灼見的文字。在西方，從古至今的「文學批評」，即使不能說「全部」，但至少應該可以說是「主要」的範疇，已被涵蓋進去了。而筆者以爲，它事實上也頗能讓我們拿來描述組成「文學概論」的要素與狀況。不過，這一段話裡面倒有一個我們必須加以留意的前後矛盾之處。所謂「文學」的「內在關係」（intrinsic study of literature）和「外在關係」（extrinsic study of literature）乃是兩個自從美國學者韋勒克與華倫在他們的《文學理論》（Theory of Literature）提出之後，便風行一時的術語。②然而，也由於這「兩個一組」式的觀念是「新批評」學派的，所以其中即已隱約含有「文學作品」才是文學研究眞正的核心課題之意。而顏教授也就是因爲其個人深深肯定這個觀念，所以才會在前頭說了：「文學批評」應處理作家、作品、讀者、時空這四個對象的「各別本身」之後，把討論的重心放在「作品」本身上面而已；至於其它三者，則只談到它們與旁者的「關係」。但我們認爲，其它三者，不但應是「文學批評」、也是「文學概論」必須詳述的對象。

當然，如果從涵蓋「文學」全部範疇的「文學概論」來看，前述的「時空」雖然也甚具重要性，但卻並沒有被顏教授解釋得很清楚。「它」到底是指作家創作出作品的時代與地方呢？還是指所有的時間與空間？就「時間」上來看，現代的西方學者多數同意「文學的研究」大致上乃包含了：文學批評（含文學理論）和文學史兩大部分。③而文學史所探討的主要內容，就是文學的源流；更具體的說，就是有關各個時期的文學活動和現象在時間的洪流中所呈現特色、意義、地位、以及它們之間的前後關係等。因此，文學史當然也是「文學概論」所必需包含的主要內容。至於「空間」一詞，則似乎可以改用「環境」來稱呼會比較明確一些。因爲，「空間」的意涵雖然比較中性，既不帶任何色彩，也沒有任何限制；但卻也因此而顯得含意比較模糊、甚至於失去了特性。而「環境」一詞則可以指「自然環境」，譬如：地理位置的東、西、南、北，地勢的或高或低，地形的平坦或起伏，以及天候的寒冷、炎熱，潮濕或乾燥等。當然，它也可以指「人文環境」，譬如：人們的種族和民族性、文化的水準和潮流、政治的昇平或紛亂、以及經濟的繁榮或蕭條等等。

因此，在這種很難替「文學」直接提出一個既周延、且完整的定義之情況下，筆者乃採取了一個雖然消極、但卻仍然可算是務實的方法，即：將其所涵蓋的範圍先做一番輪廓性的鉤勒，如前章所述；然後再針對「文學作品」做深入的探討。如此，「文學是什麼？」也就大致可獲得通盤性的了解了。底下即分成數節，對「文學作品」的定義試做一番描述。

第一節　西方的文學觀念——文學作品與文本

一、作品

從具體可見的「存在」這個觀點來看，當讀者接觸到「文學體系」時，其實是指他（們）和「文學作品」產生了關聯。不過，這一情況絕非意謂著：「文學作品」在被其作者創作完成之前，並不需要經過縝密的構思、精心的設計、和仔細的書寫與傳達等複雜與漫長的過程。只是，這些創作之前的準備與創作中的過程雖然重要，但由於它們一方面只屬於作者個人的活動而已，同時，也因其內涵既抽象、無形可見，而且對外界也沒有影響，所以一般讀者在無法了解的情況下，也就不大注意它了。

「文學作品」觀念的明晰其實並非自古已然，而是歷經了一段非常漫長的時間才逐漸形成的。事實上，有關「它」的意涵是什麼這個問題，不但說法極多，而且我們甚至可以說，從沒有一個說法在同一個時期中被普遍的接受過；這種情形以前如此，我們相信未來也必然如此。這主要是因爲「文學」雖然擁有超越時間與空間的世界性—以「人」爲核心的美的質素—爲基礎；然而，正由於「它」與「人」的關係太過密切，而「人」的特色卻是：一，不但在後天上是歷史和社會的產物，故而絕對會受到環境與時代的影響；更在二，先天上具即有一生下來就無法擺脫的民族性和個性的宿命。所以，想讓「世界上」所有的「人」，都能夠不受時間和空間上差別的限制，而對也是屬於歷史與環境的產物——「文學」與「文學作品」——產生一致的看法，根本就是一件不可能的事。

不過，這一現象不但不應被認爲是壞事，相反的，如果我們從比較正面來看的話，它應該是一件好事才對。否則如此一來，「文學」豈不將因此而顯得太過單調與貧乏？「文學作品」豈不也將因此而完全失去趣味？

在我國漫長的文學歷史上，不但各時代對「文學」這一個術語的理解和用法並不相同，而且各時代，尤其是六朝以前，這些對「文學」各有內涵和範圍的解釋，也跟現代一般對「文學」的認知有著或多或少的差異。譬如說，先秦時代的《論語·先進篇》中便有：「文學：子游、子夏。」的說法；其中的「文學」一詞，大抵是指古代的典籍與當時現實生活中的禮儀。到了漢朝，依據《通志》卷五十五所載的：「漢時，郡及王國並有文學。」之句，其中的「文學」一詞，其內涵便包含了「術」、「方伎」等許多不同類別的典籍之知識與寫作技巧在內。一直要到六朝時，

「文學」的內涵和性質才比較單純，如蕭統的《文選・序》即提出了「文」必須是屬於「事出於沉思，義歸乎翰藻。」才算的說法；又蕭子顯《南齊書・文苑傳論》也說：「文者，性情之風標，神明之律呂也。」等等。換言之，「文學」的意涵在此時，已集中到兼顧內容、形式和文字的「辭章」了。這一個觀念，自此以後，包括隋朝、唐朝，以迄清代，並沒什麼改變；而這一觀念，也和二十世紀以來，不論是中國或西方對「文學」的理解，也沒什麼太大的不同。

在西方的文學歷史上，不但每一個時代對「文學是什麼？」都有其特定的認知方式和內涵，它們彼此之間的差別也甚大，對「文學」的解釋更是五彩繽紛、繁複不一。不過，我們如果以「明顯的歧異性」來做爲描述的依據，則仍然可以從西洋文學史中獲得如此的理解：《荷馬史詩》透露，詩篇需有繆司女神賜予靈感才能實現。希臘哲人柏拉圖（Plato, c.427-c.348 B.C.）認爲，文學乃是模倣眞理的，因此是美麗的謊言；又常會使人濫情而失去理智，所以爲《理想國》所不容。亞里斯多德（Aristotle, c.384-322 B.C.）主張，文學模仿人生與知識，讀者可藉以求得知識，並淨化心靈。羅馬的霍雷斯（Horace, 65-8 B.C.）指出，文學有不同的類型，而各有成規。朗吉納斯（Dionybius Longinus，約西元第一世紀前半葉之學者）則強調，偉大的文體乃偉大的靈魂之反映，而雄偉的文體可由文字的鍛鍊而得。英國西德尼（Sir Philip Sidney, 1554-1586）強調，文學是符合道德的知識與藝術，對人生有極大的正面價值。法國卡斯特維區（Lodovico Castelvetro, 1505-1571）、英國特萊登（John Dryden, 1631-1700）、以及波普（Alexander Pope, 1688-1744）

等則以亞里斯多德的理論爲基，提出了作品中的情節、地點、時間必須統一的「三一律」，認爲：後代的文學家所應該做的，乃是去模倣古人那些已經成功地模倣了自然與人生的古典作品。德國雷辛（Gotthold Ephraim Lessing, 1729-1781）強調，文學的本質與其他藝術不同，是一種時間藝術。英國考婁芮基（Samuel Taylor Coleridge, 1772-1834）主張，文學作品的內在是有機結構，它是作者以豐富的想像力創作出來，以使讀者獲得快感的。英國雪萊（Percy Bysshe Shelley, 1792-1822）、阿諾德（Matthew Arnold, 1822-1888）在實用與功利的社會風潮中，力主文學並非是過時的東西，它可豐富人們的想像力，培養人們的同情心，更可使社會充滿光明的人文精神。俄國托爾斯泰（Leo Nikolayevich Tolstoy, 1828-1910）更進一步指出，文學應以創造一個充滿宗教大愛的世界爲終極目的。法國的坦恩（Hippolyte Adolphe Taine, 1828-1893）認爲，文學的創作乃是在種族、時代和環境等三因素的影響下進行的。除此之外，自十九世紀末開始，到二十世紀七零年代，可說是文學批評的頂盛時期。諸如：結構主義、形式主義、馬克斯主義、新批評、原型批評、現象學、詮釋學、讀者反應理論、解構主義、新馬克斯主義、女性主義、對話批評、政治批評……等等，紛紛出現，有的重視分析作品的結構或形式、有的重視作品內容的解釋、有的注意作品和讀者的關係、也有注意作品對讀者或社會的功能和影響等，立論可說五花八門，內容更是五彩繽紛。

要而言之，在西洋文學史上，有關「文學」的論述可說甚多，其中雖有不少論點確實觸及了

「文學作品」，但都有或者涵蓋面不夠，或者立論並不深刻，以致於無法讓我們覺得完全滿意的情況。不過，如果我們以「文學作品」做爲觀察的主要對象，那麼，前述諸多的文學理論名家中，最值得一提的應當是考婁芮基了。他是最早兼論到「文學作品」的內在與外在的各種關係，而且明白地指出作品乃一「有機結構」的人。而這一主張到了美國之後，則成爲席捲美國文學批評界達三十年之久的「新批評」學派之主要理論。在這一理論中，「文學作品」成了一個和「人生」一樣，既完整、獨立，而又擁有自己的生命的「藝術品」。而所謂的文學研究，在這個觀念之下，也就是研究「文學作品」的本身，例如：它的意象和結構等「內在」要素，而不是其他如作者、歷史、或社會等「文學作品」的「外在」關係了。④

二、文本

前述這種在北美地區的情形，到了五〇年代的末期以後，尤其是「原型批評」（Archetypal Criticism）出現後，便產生了巨大的變動。「新批評」自此以後，已無法在後來風起雲湧的諸多新的文學理論中定於一尊了，文學研究的範圍已被擴大到不只限於「作品」而已，而被擴大到涵蓋「作品」的各種外在關係了。其實，更嚴重的是，連「文學作品」本身也被「解構」了。

六〇年代以降，越來越多的學者主張：「文學作品」不應該只是一件結構完整、具有自己的生命、甚至意思明確的獨立「藝術品」而已；它乃是一個「文本」（text）。換言之，它是「一套」並非專屬於自己、同時也不屬於作者的「語言（文字）符號」；而這一套語言（文字）符號的內涵，則不但是活動的，也是開放的。因爲，它是由一連串的過程所組合而成；它的過程是：說話（書寫）的人，在不斷經由接觸、認識他所屬的社會、歷史後，再以具體的行爲去面對和實踐，然後，再重複多次這種過程，最後才出現的結果。因此，「文本」在這種「不停地往返實踐」的特性下，本身便具有不斷運作的能力。換言之，它並不是在靜態的情況下被作者單獨創造出來的一個「產品」，而是一個讓作家、作品和讀者反覆接觸、溝通，彼此鎔鑄思想、感情和想像等的一個「場所」；它的基本特性，據此，便是一個「動態的過程」了。⑤如果用比喻的話來說，那它可說就像是海綿一樣，可以吸收和容納任何讀者對它的了解和解釋。

這一種理論，在正面上確實有力地拓寬了「文學作品」的包容力。但是，卻也在同時製造了不少問題。譬如說，如果我們將觀察的重點從「作品」轉到「讀者」的話，那麼我們必須面對的，就是：「爲什麼不同的讀者對同一篇作品會有不同的理解與解釋呢？」「而且這些不同的解釋都可以被接受嗎？」而前一問題的產生，是因爲「作品」表達的不清楚呢？抑或是「讀者」太過主觀所致呢？而後一問題則是否在暗示：「閱讀」本身即是主觀的行爲？或者是「它」不必有任何標準的呢？等等。這些問題，當然是由以「讀者」爲中心的理論所導引出來的。而由於「文學理論」非屬本處的重點，所以我們暫時可不必在這裡深究何謂「讀者反應理論」或「接受美學」等。但這類觀點確深刻地指出了：當「文學作品」被獨立時，必會產生的侷限性；以及當我們想了解

「文學作品」時，應不宜忽略近來頗為流行的「文本」觀念。總之，想探討「文學是什麼」的話，「文學作品」與「文本」在現代可說是兩個必須先要了解的概念。

第二節 「文學作品」的定義

前面已論述過，「文學」乃是一個包籠的範圍非常廣、性質也非常複雜的系統，所以不論古今中外，想對它提出一個放之四海而皆準、以及歷久而彌新的定義的學者固然所在多有，但其結果總難以跳脫「只是各自提出一己之見而已」的窘境。筆者學識不足，能力有限，自惴若想做同樣的工作，也必然會陷入同樣的窠臼。因此，乃選擇了組成「文學」體系中的核心要素—文學作品—為對象，做深入的探討。筆者認為，若能將這個「文學」體系中最具體的文學要素闡述清楚，然後再配合前章已說明過的「文學的範疇」，則所謂「文學的定義」即使仍無法鉅細靡遺地呈現出來，其基本內涵與外貌應該可以說已被我們掌握住了。

筆者會把「文學作品」視為「文學」體系的核心，主要原因有二：其一，當我們想跟「文學」有所接觸時，首先遇到的便是「文學作品」；而且，它還是具體的—不論是有形可見的文字作品，或者是有聲音可以聽到的口語文學作品。其二，在古往今來的各種有關「文學」的定義中，便有不少觀點的基礎是建立在把它視為「由文字書寫的東西」上；⑥也就是認為「文學」就是「文學作品」。

另外一點必須一提的是，歷來有關「文學作品」的定義，其所以會產生歧異的原因，除了因闡述者的立足點不同，觀察點有異，動機、目的和研究方法有別之外，其實還有一個也是非常重要的原因，那就是說明的文字太短。我們可以舉一些例子來看看，如：「通過想像、感情及趣味、具有思想性的文字表現即文學」，「文學這一名詞，我們似乎最好把它限於文字的藝術上，那就是說：想像的文字。」⑦等，都是採取了只用寥寥數語，就想把「文學作品」描述完盡的方式，其周延性當然有所不足。又如：「文學，……倘從其大處著眼，說它是人們現實生活中特殊的補給品，是用語言文字虛構的種種使人神往的想像世界，是具象化的哲理，是人智的閃光，是苦悶的象徵，是靈魂的避難所……」⑧這段話，雖然已經把說明的文字拉長了許多，但這些有限的描述語，事實上也仍不足以算是已經將「文學作品」是什麼完全講清楚了。因此，爲了避免這種因說明文字過短，以至於產生了涵蓋面不足和深度不夠的缺失，筆者所採取的方式，將是從下列三個不同的角度來切入；而且，在各個角度的論述中，盡可能地做到深入與周延。筆者希望藉著這種方式，可以將「文學作品」的定義闡述得比前人所做的要更爲周延一些。

一、「文學作品」的傳達媒介——語言、文字

「語言」、「文字」與「文學」的密切關係，其實在我國很早就被注意到了。譬如《詩經・

大序》中即有：「詩者，志之所之也，在心爲志，發言爲詩。」劉勰《文心雕龍・章句》也有：「夫人之立言，因字而生句，積句而成章，積章而成篇。」⑨這些話，說明了在古人的文學觀念中，不論是「詩」或「文」，它們的基礎都是建立在「語言」與「文字」之上。而若我們把「文學」進一步濃縮爲具體的「文學作品」，則我們甚至可以說，如果沒有「語言」或「文字」，那麼「文學作品」的存在將是不可能的一件事。

不過，「文學作品必須以語言或文字爲其存在的根本要素」這句話，其實可用另一個比較富有「生命力」的角度來描述：「語言」與「文字」乃是「文學作品」的表達媒介。而這種描述方式，則可以將「它們」在文學領域中的兩個非常重要的角色凸顯出來，亦即：一方面，擔任著「文學作品」與其「聽衆」或「讀者」間交流的管道；另外一方面，更扮演著「文學作品」的「創作者」與其「聽衆」或「讀者」間的溝通橋樑。換言之，不但「文學作品」要藉著「語言」或「文字」才得以呈現出來，即「作者」和「文學作品」之間，「讀者」和「文學作品」之間，甚至於「作者」和「讀者」之間，如要產生接觸與溝通的情形，也必須以「語言」和「文字」做爲彼此的對話媒介。因此，在「文學」的領域中，「它們」的角色和地位，其重要性實不言可諭。

如前所述，語言、文字乃是文學作品的表達媒介殆無疑義。然而，它們又何嘗不是我們人類於日常生活中隨時都在使用的表達媒介呢？事實上，人類之所以創造出語言和文字，其基本目的原本就是爲了要達到：表現自己、與人溝通、和紀錄事物等需求，而並非讓它們來當做文學作品的表達媒介。換言之，它們是當文學作家要創作時，從已經存在的衆多表達媒介，譬如：音樂選用的聲音、繪畫選用的顏料……等之中，選出來做爲傳達意思和表現技巧的媒介。因此，文學作品的表達媒介—「語、文」，根本上是向別的領域借來的。而也正是這種特殊的情況，逼使我們在想去了解文學作品之前，必須先通過一個它所塑造出來的迷帳，即：在「文學作品的語文」與我們已非常熟悉的「日常生活中所使用的語文」之間，先要做一番釐清的功夫。

在他們著名的《文學論》中，韋勒克與華倫爲了說明文學語言的特性，曾以比較的觀點析論了三個名詞：「文學語言」、「日常語言」與「科學語言」。其說甚有見地。以兩個爲一組來看，「文學語言」和「科學語言」之間的根本差異大抵有二：其一，「科學語言」重在「指示性」，因爲它的目的在使「內涵與意義」能夠和其對應的「符號」形成準確的一對一關係；而「文學語言」則注重「暗示性」，它常使用雙關語、同義字、和各種含有深刻意涵的字、詞，來形成比喻或諷刺等內容豐富的言外之意。換言之，「文學語言」剛好與「科學語言」相反，它不但故意不把話說清楚，而且還技巧地使它的意思呈現出一種模糊的狀態，以達到引人沉思和遐想的目的。其二，「科學語言」的主要目的既是爲了要精確地傳達意思，因此，它的「語言」幾乎是以簡單和明白爲最大特色，而它的「語言」本身，也就不會含有任何屬於它自己的意思和意義了；但「文學語言」則不同，它除了必須使「語言」仍然具有原來自身的意思外，還要技巧地賦予它許多意涵，如：詩歌語言中的聲調、韻律，即可塑造出悅耳的聲音效果。又如：小說或戲劇中的對話語調，可生動地傳達說話者的情緒和態度，使讀者受到感動等等。換言之，「文學語言」本身並非只是一種傳達意思的工具而已，它是經由精心鍛鍊而擁有自己的特殊性的藝術品。

至於「文學語言」和「日常語言」之間，雖然不像它與「科學語言」間的差別那麼容易分得清楚，但從比較細微的觀點來看，以下的一些差別似乎也頗值得注意：

㈠在使用範圍上。因為日常生活中的點點滴滴都可用語言來表達，而人們的生活不但有地域的、文化的差異，有階級的、水準的差別，也有功能的、行業的不同，所以「日常語言」便可包括有外交用語、宗教用語、典雅語、俚俗語等等。不過，這些語言基本上都是屬於一般性的正常用語，所以我們或可將它稱為「正常的」語言。至於「文學語言」，它在表達的內容上固然也是無所不包，但在範圍上則擁有兩個與「日常語言」不同、卻彼此互相矛盾的特色；那就是當「文學作品」想要達到某些文學效果時，它或者選擇了：第一、捨棄大家所熟識的日常語言，而用心地去創造新的詞語；如此，語言的世界便被拓展了。或第二、濃縮原來的日常語言，以省略或跳脫的手法來吸引人們的注意力；於是，語言的範圍被縮小了。

㈡在性質與形式上。因「日常語言」以表達和溝通為目的，所以「說的自然」和「講的清楚」便成了它的主要特色。而為了達到這種要求，顯現到外表上的結果便是：詞語以簡單通俗為主，而句子則多是簡明短促了。「文學語言」則不同，因它考慮的重點在如何才能吸引人，所以非常重視修辭的功夫；而顯現到外貌上的形式便是：婉轉的、曲折的、甚至於隱晦的、艱深的詞語，以及含意濃縮的短句，或淋灕盡至、深婉有致的長句。我們可以說，這兩種語言之所以會有這樣的差別，乃是因為「日常語言」重在直接而清楚，而「文學語言」則重在間接而動人之故。⑩

除此之外，尚有另一件也是與文學的表達媒介有關的名詞必須稍加分辨，即：「語言」和「文字」。這是因為，用「語言」或用「文字」所創作而成的文學作品，不論在性質或效果上，其間的差別並不小。事實上，也正因為擁有這種對文學作品的表達媒介之認知，才使我們在文學領域中能更細致地區分出底下兩種文類：「以口頭傳達，用耳朵接受」的「口語文學」，譬如：我國古代的歌謠和講唱文學作品即是；以及「用文字創作，可讓人用口、眼閱讀」的「書寫文學」，如各種成文的文學作品。這兩類的文學作品，即因表達媒介的不同，而產生了根本性質上的差異：因為「語言」只有聲音，而沒有明確或固定的形體，所以用「語言」為表達媒介的「口語文學」作品便自然而然地具有以下幾個比較鮮明的特點：第一、常會隨著時間的流轉或地方的改變而產生變化，以至於造成同一個故事而有許多不同的面貌；第二、難以像文獻般被完整與正確地長久保存，而常在短時間內即產生變化、甚至掩沒無蹤；第三、因像口語般淺白易懂語活潑生動，所以容易流傳於民間。至於以「文字」為媒介所創作而成的「書寫文學」作品，在相較之下，也會擁有下面幾項頗為突出的特色：第一、因文字記載於物質材料，如：金石、竹簡、布帛、紙張等上面，所以不但容易保存，而且內容也不會因時間和地點的改變而發生變化；第二、由於書寫不必有立即完成的時間壓力，所以作者可以精挑詞彙、細酌文句、安排情節和結構、甚至慢慢思考採用何種文體和文類。因此，不但作品本身已經成爲一篇精致的文字藝術品，而且也常含有深刻的內涵與豐富的寓意。

二、「文學作品」的主要內涵—擬人化的世界

歷來在談論「文學是什麼？」時，有許多說法其實是就其內容而言的，譬如：文學是社會生活的反映、文學是時代的影子、文學是自然界的摹仿、文學是國民的意精神、文學是作家的意識形態的表徵、文學是作家的天才和思想的結晶……等等。這些說法當然都各有依據，也都能言之成理；不過，卻也稍嫌抽象，且不夠全面。爲了能讓「文學作品的內容是什麼？」這個論題更具體、且周延地顯現出來，底下便採取逐步進行的方式來說明。

若從涵蓋面上來看，「文學作品的內容」可說非常廣闊。事實上，我們甚至可以用「無所不包」來形容；因爲，沒有任何東西，包括有形可見的人、物、景、象等，以及抽象無形的事、理、情、思、和意志、想像等，是不可以被寫成文學作品的。當然，這裡只是說上述所列出來的，都是「可以」被寫入「文學作品」之中的素材而已；要等到它們被寫入「文學作品」內之後，才能算是「文學作品」的題材，然後再進一步地導出「文學作品的內容是什麼？」的答案。

無論「文學作品」所選擇的題材是多麼廣泛，或者說它實在很難用具體而扼要的方式來說明，筆者仍然以爲，我們實可以從蓋括性的角度，用：「文學作品的內容」乃是「一個擬人化的世界」

這個簡單句來描述它。

用這樣的簡單句子來描述「文學的內容」是有道理的；而其重要原因，至少便有下列數個：

㈠前曾述及，因文學作品的題材實可說是無所不包的，所以很難採用簡單的方式來說明它。在這種情況下，我們不妨先將它分成：「有形而具體」和「無形而抽象」兩類；然後從它們與「人」的關係如何來討論。然而，在我們仔細思索之後，實不難體會出所謂「有形而具體」和「無形而抽象」的不同，根本上就是以「人的感官」爲立足點而區分出來的。因爲是「人」能看得見、摸得著，並感覺得到它是存在，所以便說它是「有形而具體」的；但是如果「人」無法看得見、摸得著，而只能用感覺去體會到它的存在的話，當然便只好說它是「無形而抽象」的了。

㈡雖然說任何素材都可以被寫入「文學作品」中，但必須加以分辨的是，這些已經融入「文學作品」中的題材，其實已和它們的原身素材有所差別了。我們可以就前面提到的幾個材料類別，來進一步說明：爲何「文學作品的內容」是「擬人化的世界」。

我們先來看以「人」爲對象的作品。因這類作品所敘述和描寫的爲「人」，當然其內容可以說是「人的世界」。例如羅貫中撰的《三國演義》，其內容所敘述的是歷史上確有其人的劉備、關公、張飛、諸葛亮、曹操、孫權……等人物，但是，這些人物在小說裡被描述的形象，卻與正史中的他們有極大的差別。作者爲何會如此寫的原因當然很複雜，也很難去論定。但這裡所透露的訊息則甚爲明確：作品中的人物形象、甚至故事內容都已含有不少虛構的成分在內了；換言之，作品的內容並非眞實的事蹟，而只是「擬人化了的世界」。又如《紅樓夢》，其內容在描述賈府的種種，以及活動於其內的人物，如：賈母、賈寶玉、薛寶釵、林黛玉、王熙鳳、劉姥姥、甄士隱、賈語村……等人物。雖然有研究指出本作品的作者爲曹雪芹，而且作品的內容也是作者在描寫其家庭的沒落，然而顯而易見的是，故事中的情節、人物和世界即使有所根據，但也必定與眞正的事實有所差距，而絕不可能完全爲眞的；換言之，作品中的世界已包含了不少作者個人的想法和感慨，甚至於更多的想像和虛構在內。而根據這種情形，我們把作品的世界說成是一種擬人化了的世界應該頗爲貼切。

其次是作品的內容、或者說其主要的內容，所描述的並非是屬於「人」的作品。在這一方面，如果從更爲精確的觀點來分析的話，其實還應該可以再細分爲數種。我們底下就選其中比較突出的幾種來稍加討論。

一種是作品的內容所敘述的爲想像出來的世界。這個想像的世界，從實質上而言，當然並不存在於人世之間，但它卻在人類特有的秉賦、文化、歷史、感覺與想像等影響下，栩栩如生地活躍於衆多人內心之中，如：天堂、地獄……，以及其內的神佛、魔鬼、怪物、精靈……等。我們可以舉一個例子來說明。譬如《封神傳》，它是明朝的小說；既然是小說，當然是文學作品。它的內容在敘述商朝末年時，商、周雙方發生激烈的戰事，而且規模非常浩大。由於戰爭的結果關係雙方的興衰與存續，於是乃都請動法力高強的神仙與魔怪來協助；幫助周朝的是佛教與道教的神佛仙人，如：元始天尊、燃燈道人、孔雀明王等等，而爲商朝出力的則是截教中的能人異物，如：通天教主、金靈聖母、長耳定光仙等等。在作品中，只見雙方各顯神通、頻施法力，有的飛天、有的遁地，可說殺得日月無光、雲愁霧慘。最後結果爲截教戰敗，紂王自焚，周武王取代商殷，而姜子牙歸國封神。很顯然的，在這篇小說內的諸多擁有呼風喚雨、上天下海、撼動山岳等能力的神靈仙佛與妖魔鬼怪，並未存在於眞實的世界裡，但它們不僅口說人話，而且也具有和人們一般的喜怒與好惡，所以讀者看得懂、看得津津有味、也看得目眩神迷與深受震撼。因此，這本作品中的世界，乃是乃是一種擬人化了的世界。

也有一種作品，其內容主要在描述動物世界。我們可以用諸多文學作品類別之一的「寓言」爲例，來稍加說明。在寓言作品中，《伊索寓言》應是許多人所熟悉的。這本緣自古希臘、卻廣爲流傳到歐洲、美洲、甚至亞洲的許多地方，而且出現許多不同版本的作品，總共收集了三百多篇寓言故事；而這些故事，多是以動物爲主角的。總的來看，這本寓言集乃是由一篇篇藉著不同動物彼此之間、或與人類之間的互動、對話所形成的短小精悍、用詞精鍊、且含意深刻的作品彙集而成的。寓言中的動物包括甚多，如：山羊、小鹿、公牛、孔雀、烏鴉、鴿子、老鷹、狐狸、獅子、青蛙、蜜蜂、狗、蛇、狼、魚、螞蟻、蒼蠅、老鼠、海豚、天鵝、熊等等；我們可以舉一、二個例子來看看究竟；譬如「兩隻青蛙」篇，內容敘述：有兩隻青蛙住在同一個池子裡，到了夏天，池水被曬乾了，所以便去找尋有水的地方。牠們終於發現了一口貯水很多的深井；於是其中一隻說：「我們下去住到這口井裡去吧，它可以提供我們足夠的飲食。」牠的同伴回答說：「這樣雖然好，可是，如果這口井以後也乾枯了，那我們要怎樣才能跳得出來呢？」⑪這篇寓言暗示了：在決定要去做一件事以前，應該要三思，才不會有後悔的結果。又如「孔雀和鶴」篇，內容大致上爲：有一隻孔雀，，得意地張開牠美麗的尾巴，對一隻經過的鶴說：「我穿得像國王般華麗堂皇，擁有彩虹般多種美艷的顏色；而你灰暗的翅膀，並沒有任何顏色在上面。」鶴回答說：「這倒是眞的。不過，我可以飛到天上，把聲音傳到各星球；而你卻只能在地上走，就像雞走在糞便裡一樣。」⑫這篇寓言在文字之外，顯然在暗示：美麗的外表並不一定比得上實際的用處，而且，缺少自知之明的驕傲也是令人討厭的。

在這兩篇寓言故事裡，主角不論是青蛙、孔雀或鶴，都是動物而不是人類；但卻都用人類的語言在對話，而且話中還帶著與人類相同的情緒與智慧。因此，作品在文字上所描述的，雖然爲動物之間的互動和對話，但在實質上，卻已經是一種被擬人化了的世界。

除此之外，作品的內容所描述的對象，當然也有屬於靜態的物。爲了方便起見，我們仍然以《伊索寓言》中的作品爲例來稍加說明。例如其中的「橄欖樹和無花果」篇，大致的內容爲：橄欖樹因自己擁有四季長青的樹葉，所以便譏笑無花果樹，說它的小葉子必須隨著季節的更替而變色。後來下了一陣大雪，雪聚集到橄欖樹的大葉子上，不但把它的樹枝壓斷，也把它壓死了。無花果樹因葉子微小，所以雪穿過了它的樹枝之間，落到地上，而沒有受到任何損傷。⑬這篇寓言暗示了：欠缺周延的思考，和心中充滿驕傲，都是不足取的。又如「橡樹和蘆葦」篇，內容的大意是：一顆巨大的橡樹被風連根拔起，吹過溪流，而掉落到蘆葦叢中。它對蘆葦說：「我覺得很奇怪，爲何你們這麼微小、柔弱，卻沒被風吹倒呢？」蘆葦回答說：「因爲你硬和狂風直接對抗，所以才會被摧折；我們則在狂風吹過來時，就彎曲身體、隨風搖曳，所以能避免遭到摧折。」⑭這一篇寓言作品暗示了：柔能克剛的道理。

這兩篇作品所描述的主角，不論是橄欖樹、無花果樹、橡樹或蘆葦，其基本性質都屬於靜態的植物；因此，其內容當然不能算是人的世界。然而，由於這些植物都有能力說人類的語言，而且也具有人類的情緒與睿智，所以我們仍然可以將作品的內容勾勒爲：被擬人化了的世界。

有關文學作品的「內容」說明到這裡，大致上而言，似乎可以告一個段落；不過，卻仍然有一個非常重要的觀念和事實必須加以澄清，那就是：前面的敘述和舉出來說明的例子，乃是從「大範圍」著眼、以及從「截然劃分」的角度去觀察的；但事實上，以這麼簡單的討論方式，就企圖要將性質非常複雜、且包羅非常廣闊的文學作品之「內容」說明清楚，不但不容易，甚至可以說是一項不可能完成的理想。因爲，如果衡之以比較符合實際上的情況，則我們獲得的結論應該是：大部分文學作品的內容絕非如此單純。換言之，比較多數的文學作品，其內容所描述的對象，都超過前面所分析的只有一類而已；譬如以明朝有名的《西遊記》來看，小說中的主要角色包含有：唐三藏、孫悟空、豬八戒、如來佛、觀世音、牛魔王、鐵扇公主、蜘蛛精等等，其中有人、有物、有神、有魔，以及很多混合了不同類性質而成的「角色」。而經歷了這麼多年，讀者們在津津有味地欣賞這些栩栩如生的角色時，不但不會覺得他們的長相怪異、能力不合常理，反而更從其中體悟到若干人生的眞意。而這種結果的基礎，便是建立在「角色」與「故事內容」的「擬人化」上。

三、「文學作品」的基本性質－美學要素：文學美學

從討論問題的步驟上而言，在這一部份首先必須解決的，顯然應該是「何謂美學？」但是，因爲「美學」在基本上乃屬於「哲學」的範疇，所以理論上也應該從哲學的角度來說明它是什麼才對。只不過當我們想從這個角度去獲得一個比較概括性的回答時，沒想到最簡單的一句話竟然會是：「研究美的學問」。這樣的提問方式和回答結果基本上當然沒有錯，只是對於想瞭解「文學的基本性質是什麼？」的人而言，卻實在沒有任何實質上的幫助；因爲，這種說法和「文學」根本毫無關係。基於此，筆者便想從另外一個方式來說明「文學」和「美學」的關係。

一般說來，在實際的層面上，「美學」不但是「文學」的必備條件；而且在順序的先後上，更是：如果想瞭解「文學是什麼？」的話，必須先明白「美學是什麼？」才行。但由於「美學」不僅性質頗爲抽象，不易瞭解，而且更難用簡單的幾句話來說明清楚；所以，筆者便選擇了從比較具體的角度來切入，也就是把探討的問題濃縮爲「何謂美？」然後再探討「何謂美學？」以及

「何謂文學美？」筆者相信透過這種方式的探討，「文學」與「美學」的關係必定會清楚地呈現出來的。不過，在此仍須特別指明的是，因爲「美」和「美學」這兩者的關係是無法完全割離的，所以，筆者在此後的論述，並無法，也不想刻意地去將這兩者分開，只是會明顯地將立論的基礎放在「文學」上。

在想瞭解「文學」上，「美學」果眞扮演著如此重要的角色嗎？首先，我們先將這問題應它換成：「美學到底對文學有什麼功用呢？」來解答。若從細微處來描述，這個問題的答案當然會有很多；但若將涵蓋面擴大，則頗具代表性的普遍說法至少有下面數種：㈠它可幫助作者創作作品；㈡它有助於讀者與觀衆深入欣賞作品；㈢它能引導批評家對作品做完整而深入的批評。⑮將這三個「美學」對「文學」的功能合起來看，則跟「文學作品」最有關係的三個面向：創作、欣賞、批評，可說已經都被涵蓋進去了；而「美學」對「文學」的重要性也由此可見。

其次，由於如前所述，「美學」的性質實在過於抽象，不易採用直接的方式說明清楚，所以筆者便把底下的討論重點轉成比較具體的「何謂美？」

「美」之所以會產生的原因固然很多，但若問產生於何處？則從順序上言，第一，它顯然是出現於人們的心中，因爲，它是人們內心之中的一種感覺；而也正是因此之故，它常會被稱爲「美感」。這種人們「內心」的活動，因爲是屬於個人的，因此在性質上，不但無法完避免「主觀」的色彩，也包含了「多變」的特色。

第二，這種「美的感覺」之所以會浮現在心中，固然有可能是沒來由地就產生出來的，但這樣的機會其實很小。「美感」會出現的絕大部分原因，可說都是因爲「人的內心」受到了外在世界的引發或感染；而這個外在世界可說包羅萬象，譬如有：讓人感覺美的外在景色、外在物象，讓人感動或引起回憶的事件等等都是。這些有形與無形的外在景、物、事、相等等，由於是外在世界的具體存在，所以理所當然的便具有「客觀」的性質。只是，我們必須在此特別注意到一種狀況，即：並非所有的「客觀」存在事物都有辦法在人的內心之中引發「美感」；換言之，能夠在人們心中形成美感的，其實只是前述的「客觀」事物中的一部份而已，而原因乃是它們本身具備有「美的質素」之故。因此，這些質素是什麼，也就是此處必須說明的重點了。

由於「客觀存在的世界」比「抽象的心靈活動」具體、也比較容易說明與瞭解，所以我們先來討論「客觀存在的世界」的「美的質素」。

在範圍上，本書所探討的乃是與文學有關的「美」，所以在這裡的討論對象也就是「文學美」了；而人們心中的「文學美感」，則是因「文學作品」而產生的，所以我們在此所討論的對象—「客觀存在的世界」當然應該就是「文學作品」。不過，因文學的體類並非只有一種，而且作品的數量更是難以估計，因此，實在很難只經由舉出幾個實際的例子來說明，便想要來達成一個涵蓋面頗爲普遍的解釋。在這種情況下，筆者底下的討論便採取了一個比較方便、但關係卻可類比的方式來說明，即：當一個「人」站在核心的位置時，他對其四周的「客觀存在的世界」是怎麼樣來接觸與感覺的？因為這是以每一個人為立足點，所以這種面向的觀察也應該比較具有普遍性、而且也應該比較容易讓人能夠明白。

首先，為了讓底下的討論能夠更有條理和更為清楚，我們可根據「人」的實際感覺，把這個「客觀存在的世界」大致分為：有形體可接觸的「有形世界」，以及抽象飄渺的「無形世界」兩種；然後再分開來談。

在「有形世界」部分，人們最熟悉的莫過於具有形、相，而可讓「人」直接接觸和感受的人與物了。我們先來看「人」。世界上的「人」，其數量何其之多，然而事實的情況是，並非每一個「人」都會讓大家覺得他很美；因此，一個會被許多人都認為美的「人」，不論是男性或女性，顯然是因為「他」本身在客觀條件上具備了讓大家都會感覺到美的因素，譬如：有某位「女性」，她的皮膚雪白細嫩、身材苗條勻稱、加上五官端正、長髮飄逸……等，因此，大家便都會不約而同地覺得「她」的長相很美。同樣的，若有一位「男性」，他的身材魁梧壯碩、比例均勻、肌肉結實賁起、皮膚光滑、而且動作靈活等，則他也會因此而被大家稱為健美。換言之，這兩種男性與女性之所以會在不同人的心中產生同樣的美感，乃是因為他們具備了某些大家都認同的「客觀的美」的條件之故。當然，這種說法只是諸多對「人」會產生美感的方式之一而已，因此並沒有排除女性也可以因健康而被認為美，以及男性也可以因為秀氣而被認為美……等等基於種種不同的嗜好與觀點所產生的美感。

當然，「人」是有生命的「動」物，因此，在他動起來之後所呈現的種種樣貌，如：一顰一笑的表情、一舉一動的姿態、與他人接觸往返的一言一行等等，也都可因含意無窮而產生引人注目和扣人心絃的「美感」。除此之外，也有可能的情形是：某人的外表其實長得並不美，甚至於可說醜，但是他的舉動卻是感動人的，譬如說：有一個長相很醜的人，不顧自身安全地跳進湍急的水流裡，勇敢地救出一個因不小心而掉下去的小孩。人們在看到此種事情之後，通常都被他的善行和勇氣所感動，此時，對他的長相如何醜根本早就不去注意，因爲心中所浮現的只是他那令人敬愛的形象。而若將這些具有讓人心中產生「美感」的形貌和行爲生動地創作成「文學作品」，則「文學美」也就自然地出現了。

至於在「物」上，前已述及，其所涵蓋的範圍甚廣，物類也繁多複雜，所以如果對「它」的討論方式，只是針對個別的對象來加以說明的話，所得的結果將很難被推論成：可以適用到整個範圍裡去；也就是說，這種方式必然會導致以偏蓋全的缺失。因此，以「類」或「群」的觀點來討論「物」的「美」，應該是比較可行的方式。底下即分爲「人爲創造的藝術品」和「原本即存在於大自然界中的物」兩類來看：

在「人爲創造的藝術品」方面，由於它的種類甚多，如：繪畫、雕刻、音樂、建築等，因此，這裡只選其中人人耳熟能詳的兩類來說明。**其一是：繪畫**，它的作品是用各種不同顏色的不同顏料，以各種不同的線條畫在各種不同的器材上而成的。所謂不同的顏色有：紅、黃、藍、綠等，不同的顏料有：水彩、油彩、木炭、墨汁等，不同的線條有：直線、曲線、折線等，不同的器材有：紙、布、木、石等。畫家就是將這些必要條件融入他的技巧、學識和企圖之中，才完成一幅他的畫。而這幅畫之所以能在觀者的心中引起美的感覺，即是因爲它具備了某些客觀的條件，如：鮮明的色彩、優美的線條、巧妙的佈局、和畫面上吸引人的圖樣等所致。

其二是：雕塑，它的作品乃是雕塑家選擇了某一種材料，如：木竹、石玉、銅鐵、玻璃等，然後再用刀、鎚、電、火、和模型等雕刻、或形塑而成的。而這些各有形狀和顏色的雕塑品之所以能引起觀看者心中的美感，原因當然各有不同；譬如說：一個用刀雕刻而成的原木神像，常會讓人感覺到一種早期人們對於神祇的敬愛與畏懼之心，而覺得它具有樸實淳厚之美；或者是一個經由揑塑、模鑄或燒坏而成的陶瓷花瓶，由於它質地細緻、造型精巧，以致於不但讓人愛不釋手，且引發出內心裡由衷的讚嘆，而覺得它具有巧奪天工之美。

如上所述，不管是繪畫或雕刻，它們能在人們的心中引起美的感覺，基本上就是因爲它們擁有讓人產生美感的條件。就這個觀點而言，「文學作品」當然也屬於這個範圍之內；因爲一者，「文學作品」也是「人」所創造出來的一種藝術品，二者，人們心中的「文學美感」之所以會產生，就是因爲「人」在接觸（包括閱讀與聆聽）「文學作品」之後，經由它字裡行間所透露出來訊息，而瞭解到它的美妙、新奇、以及動人之處，於是內心乃深深被其感動和吸引住，也因而產生「美的感覺」。

至於「原本就存在於大自然界中的物」，其數量不但遠超過「人」的數目，也遠超過人類所創造出來的「物」（包括前面討論過的「藝術品」在內）之數目。事實上，即使只就我們在這裡要討論的「客觀存在的有形之物」而言，它的眞正數字也是算不完的。因此，爲了能夠將這個「客觀的存在物」解釋得更爲清楚和周延，底下便將它大略分爲「有生命的動、植物」與「無生命的物」兩個範疇來討論。

從種類上來看，在「有生命的動、植物」之中，除了因地位特殊重要而已經在前面討論過的「人」之外，它所包羅的範圍可說非常廣闊；而爲了能夠更精確來討論，我們可以在「動物」這一類上至少區分出：飛禽、走獸、游魚等等分別會在天空飛翔、地面走跳、水裡游動的「物」。至於在「植物」類上，則至少也可區分爲：花、葉、果、樹等不同種類的「物」，而這些「植物」雖然本身並不會自己移動，但卻往往擁有豐富意涵的生命意義。我們當然知道，在靜止時，絕不是所有上述的動物和植物之原貌都是美麗的；因爲，一定有一些「物」的外在形貌不但不美，而且還應該算是醜的。不過，我們在此卻必須強調，外在形貌美麗的「物」固然天生即具有能吸引人注意的力量；但這並不表示，外在形貌不屬於美的「物」，就不會吸引人。除此之外，當動物或植物產生動作時，不管是主動或被動，也極有可能會讓人產生印象深刻的許多種美的感覺，例如：老鷹遨翔的瀟脫、駿馬奔馳的豪邁、鯨魚漫游的從容，以及花朵搖曳的多采多姿、柳條款擺的楚楚可憐、和松柏挺立的不屈不撓等等。

論述到此，我們應該可以獲得這樣的結論：不論是人、動物或植物，不論牠們是在靜止狀態、或在動態之中，其外貌、神情、姿態和動作等，都有可能在人們的心中引發出美的感覺。而以文字或語言將這些情況生動而技巧地呈現出來的「文學作品」，其最大、或者說是最重要的功能，也就是在讓「人」觀賞或閱讀完之後，在內心之中被激發出「美的感覺」，並因而開闊了自己的心胸和視野，進而提升了自己的精神層次，以及淨化了自己的心靈。

現在，讓我們把討論的對象移到屬於抽象飄渺的「無形世界」上。這裡所謂的「無形世界」，指的是：雖然沒有一個、或某些實際的固定形體可讓人們一目了然，但卻是確確實實地存在於人們的四周、可讓人們感受得到的「事件」。當然，由於這一（些）事件乃是由具體可見的某（些）人、物之間的種種互動情形所構成的，因此在某一程度上，也可以算是「有形可見」；不過，若從整個「事件」的全體來看，它（們）仍然應該算是屬於抽象的「無形的世界」。當然，在這些隨時隨地都可能發生的「事件」中，不可能是全部，而只「有一部份」會因爲表露了眞情而感人肺腑、或者是因爲刻畫細膩精微而吸引人、或者是因爲傳達了眞理而震撼人心等等，而在「人」的內心之中產生美感。而當這類「事件」被生動而成功地寫成「文學作品」後，這些「文學作品」當然也就擁有「美」的質素，而可以在「人」的心中引起「美的感覺」了。

總而言之，如果「客觀存在的人、事、物」想要在「人」的心中引發出「美的感覺」的話，則其必要的條件就是：它本身必須要具備有「美的質素」才行。當然同樣的，若「文學作品」也想要在「人」的心中引發「美的感覺」的話，則它本身需擁有「美的質素」，也是必不可少的先決條件了。

前已稍稍論及，凡是「美感」之產生，都需要有兩大要件爲其基礎。其中之一的「客觀存在的世界」和「文學美學」的關係，大致已如上所述，至於另外一項，便是「抽象的心靈活動」了。

從比較的角度來看，「抽象的心靈活動」和「文學美學」的關係則可說更爲密切。這怎麼說呢？我們可先舉兩種情況來看看。譬如說：有一些人，不約而同的看到天空中有一隻老鷹正張開雙翅在翱翔。此時，有人感受到的是：

哇！牠展翅的神態好悠閒，畫出的弧線好美啊！

但也有人會覺得：

牠又在虎視眈眈地尋找地上的獵物，準備一擊成擒了吧！

當然也會有人聯想成：

牠真是既倒楣，又可憐！竟然不知道獵人的槍已瞄準牠了！

又譬如說：有一群人，同時看到有人騎著一匹馬正奔馳於大草原上。此時，有人不禁會在心中喝采：

好一匹身材壯碩、姿態剽悍的駿馬！

然而，我們也無法排除有人心中所浮現的是：

將馬騎得那麼快，是不是有緊急的事情發生了？

當然也有人可能會不滿地嘀咕：

這個人真膚淺！怎麼那麼愛炫耀他的馬和騎術呢？

對於上面所舉的兩個例子，以及筆者藉以假設出來的各種心理反應，相信應該沒有人敢斷言：「那是絕對不會發生的！」相反的，筆者倒認爲，比較正確的認知應該是，當看到這兩個例子時，還會有更多的人會產生出更多的不同感覺。因爲，產生這種現象的原因，乃是「人」的內心世界所具有的若干特性使然，即：範圍毫無界線、內容無所不包、而且會隨時隨地發生不同的變化等。這些特性，因爲是屬於「人人」都擁有的，所以可說是人類的共性。然而更重要的是，以這些這些共性爲基，再配合上每個人所特有的個別性，譬如說：天生的興趣、性情、想像力、才份、年齡、性別等等，以及後天的學問、知識、經驗、遭遇、環境等等，以及每個人自己內心的活動範圍和方式，則顯而易見的結果必然是：每一個人的「內心的感覺」，絕對不可能和別人相同。

在這裡必須附帶說明的是，若從更爲細緻的觀點來分析，則「美感」的重點固然是「美」，如：美麗、美艷等能吸引人、讓人心生愉悅的外在形貌，而這是偏重在被觀賞的「客觀的人、事、物」上。但是，它也包含了比較屬於內在的「美好」——即一種感覺，而這就屬於「觀賞或閱讀者」了；也就是說，他們的內心因接觸到「客觀的人、事、物」之後，乃產生了許多大大小小的「震動」，而到了最終，更產生出一種和諧、舒解、完滿的感受。而由於實際上的情況是，當我們把思考的重點放到「震動」上時，不難發現到：能夠震動人心的「人、事、物」之外表，其實並不一定非要屬於「美」不可，有時候甚至外貌「醜」的反而更具震撼效果。這種心裡的「震撼」，當然絕不等同於我們心中的「美感」。我們心中的「美感」，乃是內心在遭受到一連串的「震撼」之後所達到的「最終感覺」，一種舒解的、完美的感覺。據此，則我們應該可以說：能夠在我們心中引發美感的「人、事、物」，其外貌可以是美的，但也可以是醜的——只要他具有震撼人心的力量，而且能在最後給我們和諧的感覺即可。

至於稍前有關這些共性與個別性的內涵、特色和功能爲何？一方面受到本書的篇幅所限，二方面爲了讓底下的章節能夠有比較整體性的闡述，所以就不在這裡做單項式的個別說明了。

總而言之，「文學美學」是想了解「文學作品」、甚至整個「文學的定義」絕不可少的要素。而「文學美學」的核心—「文學美感」之產生條件有兩大項，一是被觀賞、閱讀的「人、事、物」（包括「文學作品」）需具備讓「人」能夠產生「美的感覺」的條件；二是觀賞或閱讀者本身必須要能夠去感覺、去回應。

〔註　釋〕

①見顏元叔譯、衛姆塞特與布魯克斯著《西洋文學批評史》，頁1，台北：志文出版社，1984。

②參見 ReneWellek and Austin Warren, *Theory of Literature*, part 1, part 3, New York: HarcourtBraceJovanvich,

1976。並見王夢鷗、許國衡譯：《文學論》，第一編、第三編。台北：志文出版社，1976。

③ James J. Y. Liu, *Chinese Theories of Literature*, Chicago: University of Chicago Press,1975, P1.

④同注②，part 3, part 4 。

⑤請參于治中〈正文、性別、意識形態—克麗絲特娃的解析符號學〉，收於呂正惠編《文學的後設思考—當代文學家理論》，頁 212-216。台北：正中書局，1991。

⑥請見王夢鷗《中國文學理論與實踐》，頁 42-43。台北：時報文化出版公司，1995。

⑦此二說皆引自張健《文學概論》，頁 5-6。台北：五南圖書公司，1983。事實上，類似這種說法非常多：此處僅用此二者為例，以見一般。

⑧同注⑥，頁 27。事實上，王夢鷗先生也認為，這段文字乃是屬於偏向文學的實用價值的描述語，無法涵蓋「文學」的全部。

⑨引自范文瀾《文心雕龍注》，卷七，頁 570。台北：學海出版社，1988。

⑩請見註②，《文學論》，頁 32-36。又洛特曼（Jurij Lotman）也曾提出「語言」可分為「首度規範系統」（primary modelling system）和「二度規範系統」（superimposition）：前者指人類創造出來，自然而然地於日常生活中使用的語言：後者則指以前者為基礎而把它運用到「文學創作」上的語言。（Lenhoff and Ronald Veron trans., *The Structure of the Artistic Text,* Ann Arbor: University of Michigan Press, p.8）這說法與此處的觀念類似，可參卓。

⑪請見《伊索寓言》，頁 132-133，賀世美譯。台北：淡江書局，1970。

⑫同前注，頁 158-159。

⑬同前注，頁 292-293。

⑭同前注，頁 122-123。

⑮請見丁履譔《美學新探》，頁 5-8。台北：成文出版有限公司，1981。

第三章　作者與創作活動

第一節　作者創作的心靈要素

每一件「文學作品」必然都是由其「作者」所創作出來的。而當「文學作品」被創作完成之後，「它」就算是一個完整的獨立個體，而且是獨一無二的、不可能與任何其他作品完全一樣。但是，「它」也有一個無法避免的「宿命」，就是無法將自己與其「作者」的密切關係完全切斷。這是因爲組合成「作品」的主要元素，譬如：選擇題目、選擇材料、決定形式、設計結構、甚至於鍛鍊修辭和整個作品風格的形成等等，都是「作者」依自己的主觀意識來決定的；因此，「它」當然無法避免「作者」的影響，而這包括了「作者」有意的或者是雖然無意，但卻已經在自然而然之中滲透到「作品」裡了。換言之，「作者」的影子在「作品」中，其實幾乎可以說是無所不在的。

若將創作「作品」的「作者」當作觀察的對象來分析，那麼有關會影響「他」創作的重要因素，不論是直接或間接，至少可以包括下列幾個項目：自然的衝動和感發、動機和目的、以及作者的感情、思想、想像、聯想、學問、經驗、年齡和性別……等等。底下，就讓我們來探討其中幾個影響較大、也是比較重要，而且必須加以注意和討論的項目：

一、靈感與感發

每位作家的每一次創作都必有其特定的原因，而若從創作的「動機」來區辨，則作家創作的起因大概可分爲以下兩種：一是作家刻意的創作，而屬於這一類的作品，也必然含有功利性的動機和目的；二是作家自然而然地流露或表現，因此這類作品並不包含任何功利性的動機和目的——除非我們把抒洩情思也視爲一種動機或目的。不過，有人認爲上兩類的後者其實仍可進一步細分爲主動和被動兩種：前者指當「靈感」（inspiration）來時，作家心中的文思便會突然像是一陣驟雨般從天而降，無法遏止；而後者則指作家在某種情況之下，因受到外在人、事、物、景的感發，而想用語文將其發洩出來。換言之，即使作家的創作是屬於自然而然的流露或表現，這種情況也可以細分爲：係由作家的內心之中，突然出現的「靈感」所推動而創作，或因作家突然受到外界的「感發」而創作兩種。只是，因「靈感」突然而來以促使作家創作的說法，只能獲得極少數實際情況的支持，譬如：古希臘的蘇格拉底和柏拉圖曾提到的因詩神的突然附身而造成詩人陷於迷狂狀態中進行寫作；以及哲學家尼采提出的天才和狂人作家之說等。今天，如果我們從比較實際的角度來看，作家被神靈附身而創作的「靈感」之說，與作家被外在世界所感發而創作的「感發」之說，兩者實都屬於因內心受到感發而造成創作的結果，因此，實在很難加以截然的劃分。這裡為了周全起見，仍以從衆的方式，以「靈感」與「感發」作為作家「主動」創作和「被動」創作的分野，嘗試舉例來說明。

所謂「靈感」，係指作家在某一時刻，突然（受到神靈的觸發）覺得文思蜂擁而至。一時之間，他的內心裡面不但感情澎湃洶湧，連思想也奔放無拘，致使困擾已久的蔽障突破了，內心的鬱結解開了；這時，作家已無法壓制想創作的衝動，而詞彙也源源不絕而來。於是作家立即提筆，並覺得有如神助一般毫無窒礙；最後，一篇充滿作家風格的傑出作品（尤其是詩歌類）便像水到渠成一樣完成了。不過，因為這種現象乃作家心靈上的偶發狀況，不但「突然」，是以很難捕捉和掌握；而且也抽象，故不易具體說明，因此乃常被敷上一層朦朧不清的神秘色彩。雖然如此我們似乎仍可從分析其產生的要件和所具有的特質入手，來瞭解這個與創作息息相關的的術語。

敏銳的感覺和流暢的文筆可說是作家在先天和後天上的最基本條件。在這兩個條件之上，作家每每含有想要針對某（些）有興趣或關心的現象加以了解或解決的慾望，只是因有下列的若干原因而時常無法如願，即：或因無法對實際的狀況有眞正的了解，或苦於當時的文詞和構想尙不足以用來將它（們）表達出來……等，於是暫時將它（們）擱置一旁乃最普遍的現象。「靈感」的來臨便多以這種情況為甚；而也就是在這種情況下，作家的腦海中突然有一道靈光出現。這一道靈光雖然只是一閃即逝，非常短暫，但對於才情卓越的作家而言，已足以讓他茅塞頓開了。此時，他變得文思泉湧故而乃下筆竟就。換言之，「靈感」產生的條件大約有：作家具有敏銳的感覺、流暢的文筆、以及心中有所鬱積等；至於「靈感」的特質，則是「突然」來臨，停留「短暫」，以及解決了作家心中的問題—並完成了傑出的作品。因此作家對於「它」的感覺和態度，宋朝大詩人蘇東坡曾說的「作詩火急追亡捕，清景一失后難摹」兩句話可說最爲貼切了：它是一出現即消失的；若不是趕緊加以捕捉住，只要它一消逝，便再也無法掌握它了。

底下，我們便以韋應物（737-792 或 793）的詩〈寄全椒山中道士〉爲例，來嘗試說明「靈感」，該詩的全文如下：

> 今朝郡齋冷，忽念山中客；澗底束荊薪，歸來煮白石。
> 欲持一瓢酒，遠慰風雨夕；落葉滿空山，何處尋行跡！①

韋應物的詩具有清遠閒淡的風格，其中，又以常包含出塵的思想爲最大的特色。這首詩所傳達的，是他「在突然之間」，覺得非常想念隱居山中的道士好友而作的。他的大意是：在一個天氣嚴寒的早上，韋氏在書房（讀書）時，突然想念起住在山中的好友；心想，他這時應在山澗底下撿拾木柴，準備帶回去煮茶吧！因此，韋氏心中乃產生想拿一瓢酒，在風雨交加的夜晚去慰問好友的衝動。只是，在那寂靜的山中，道徑卻已被落葉覆蓋住了，自己要如何才能找到他呢？

顯然，這首詩乃是因「感」而發之作。而我們當然可以把它解釋爲詩人之所以想念起山中的道士朋友，乃因天氣太冷之故；於是，詩人創作這首詩的原因，便是受到「外界的感發」了。這樣的解釋也絕非沒有依據，因爲詩人接下去的想法確實是想帶酒去慰問好友，而酒也確實具有助人驅寒的熱力。不過，如果我們從最後兩句「落葉滿空山，何處尋行跡」爲起點來了解，那麼我們可以確知的是，詩人的內心根本是明白在當時的情況下，自己是不可能找到好友的。而如果再以詩的題目「寄全椒山中道士」來理解：詩人想讓好友知道，自己當時對好友是多麼的思念和關懷。如此，把前後的原因加上理由來看，豈不顯得詩人有些過於直接、矯情、甚至膚淺了？何況，道士居住於山中，難道不是他自己的選擇和決定？如此，又怎麼可能不知道山中會寒冷呢？而且，更有可能的是，道士也許認爲這才是一種對自己身心的淬鍊哩！除此之外，若我們也發揮想像力，把「澗底束荊薪，歸來煮白石」看的更深入些，即：用潔白如玉之石來煮原始質樸之材的話，以下的理解也就並非不可能了：詩人與道士好友之間，思念與關懷原即自然之事，但兩人之間更深一層的互相切磋論道，以求獲得新的體悟，甚至進而解除心中的某些困惑，也是一種沿襲自歷代文人雅士間彼此交往的傳統認知。換言之，韋氏之「忽念」道士，其起因除了可能是受到天氣嚴寒而引發出對朋友的關切之情外，應該更有可能是因忽然之間想與朋友互道思念和體悟。因此，所謂「忽念」，除了可能是被動地受到外在世界的「感發」之外，也就更有可能是主動式的因「靈感」的突然出現而引起的了。

「創作」絕不應是一種無自覺、甚至是無意識的行爲。從「寫作」上來看，當一個作者拿起筆來想創作時，其背後必然是有一些原因的。他也許是無來由的突然有想創作的衝動，但也或許是因爲受到外在某些人、事、物的感發，而想以創作的方式來排遣。事實上，這種因衝動或感發而寫的作品，如果嚴格的來分析的話，同樣的都能達到讓作者將內心裡澎湃洶湧的情懷抒洩出來，以使其心中平靜、或者感覺到滿足的效果。因此，衝動與感發固然是引起創作的不同原因，但卻也都達到了使作者心靜、意足的結果——不管是有心還是無意。一般而言，如果創作的原因是屬於這類作品的話，則它們所獲得的評價，通常都要比那種含有作者特定目的而創作的作品要高出許多。而會產生這種情況的原因，即在它們普遍地被批評家認爲：比較能夠流露出作者的眞性情和眞感情，因此也比較能夠感動人。②我們可以舉陶淵明（365-427）的名作〈飲酒〉詩二十首中的第五首爲例，來印證這種說法：

結廬在人境，而無車馬喧。問君何能爾？心遠地自偏。
採菊東籬下，悠然見南山；山氣日夕佳，飛鳥相與還。
此中有真意，欲辨已忘言。③

這首詩可說備受歷來的詩評家所肯定；不過，這些詩歌評論家的解說卻頗有差別。其中頗爲流行的一種說法即認爲，這首詩裡的某些「字」用得非常自然而高妙；例如宋朝的大學者蘇東坡即認爲，第六句裡的「見」字，即點明了那是詩人在「無意之間的動作」。它比其他雖有近似動作的字，如「望」、「看」等會較爲高明的原因，就是因爲它在無形之中，已經巧妙地免除了

「望」、「看」等字裡所隱含的「有意」、甚至「刻意」的意涵，而將詩人那「自然而然」的動作鮮明的呈現出來了。因此，詩人稍後對南山景致的深刻體會，當然就不是依照刻意的計畫去努力而得到的。這也就是說，陶淵明透過「見」這一個毫無鑿痕的、心物合一的、情景交融的動作，完成了一個渾然天成的境界。

這種解說當然甚為靈動。不過我們覺得，在對蘇東坡這種僅只需根據詩中的一個字，就能夠獲得這麼深刻的體悟心生佩服之餘，心中似乎也衍生出另一個疑問：陶淵明這首詩歌的本身當然非常高妙；然而，是否每一個人想去了解、並解析這首詩的人，都必須擁有像蘇東坡一般豐富的學識、靈黠的智慧、以及奔放無拘的想像力呢？但明顯的事實卻是，這並不是人人都能夠做到的。因此，我們不妨從平凡讀者的立場來詢問：「見」字與「望」、「看」等字的意涵，果眞有如此大的差別嗎？底下，筆者就從比較平凡的方式來談談這首詩。

若從比較具體的方式來理解，則這首詩的關鍵似乎應該在第五、六、七、八等四句。「採菊東籬下」一方面生動地將詩人一直在進行的動作描畫了下來，同時也點明了詩人的所在地。「悠然見南山」則將焦點鎖定在詩人於無意間抬頭看向南山的動作。下面的「山氣日夕佳、飛鳥相與還」兩句，則事實上已將修辭學上的「頂眞」格方法運用上去了。它藉著將位於後面句子的第一個字「山氣」的「山」，重複前句最後的一字「南山」的「山」，而造成了前後一貫相連的關係，來描繪詩人所「看」的對象……一幅活動的風景畫：詩人所看的南山，就在這傍晚時份，氣氛顯得非常溫馨和煦。而也正在此時，成雙成對的鳥兒們在忙了一天外頭的工作之後，都快樂地相偕飛回山中的歸宿。因此，本首詩的精妙處，極可能就在這一幕景象，因爲它正是陶淵明心中所嚮往的理想世界。換句話說，陶淵明的心靈就在這一刻，已於無意之間和外在的的景物融合爲一了。而在這種「無目的」的情況下所寫出來的作品，也常因爲眞情的自然流露而產生了感動人的力量，因此，當然是好的作品。

二、動機與目的

一般說來，絕大多數的作品，尤其是篇幅比較長、結構比較複雜的（如小說或戲劇），或者是比較考究寫作技巧的作品，都是在作者的某種動機下所創造出來的；同時，有動機而寫的作品其實也不一定就比較差。由於本書的篇幅有限，所以在此仍舉篇幅比較短的詩篇爲例，來加以說明。朱慶餘（fl.826）的〈近試上張（籍）水部〉一詩的原文如下：

> 昨夜洞房停紅燭，待曉堂前拜舅姑。
> 妝罷低聲問夫婿，畫眉深淺入時無？④

根據本詩的題目，它是朱慶餘在接近考試的時候，特別寫給當時官任水部員外郎的張籍（766-830）看的。想要深入瞭解這首詩的眞正意涵，我們必須先了解「它」被創作時的文化背景才行：唐朝自從以舉科舉考試來拔擢人才之後，便在將要參加考試的考生之間，流行起一種叫做「投卷」

（或叫「溫卷」）的風氣。那是一種考生將能夠展現自己文彩和才幹的文學作品，拿去請當時著名的學者或位高權重的大官品評，希望能藉著他們對自己的指正、肯定、褒揚，甚至於向別人或大衆推舉等過程，使自己因此獲得時人重視的活動。本詩的作者朱慶餘之所以寫這首詩，目的也就是在向當時頗爲著名的詩人——水部侍郎張籍，推薦自我。而他採取的手法則是表意含蓄的暗喻：在這首詩中將自己技巧地比喻爲剛剛結婚的新嫁娘，而把張籍比喻爲其夫婿，……而新娘子是要侍候夫婿一輩子的。不過，由於新娘必須在夫家過一生，而丈夫平日又得在外從公，因此，自己最重要的任務便是瞭解公婆、以及侍候公婆了，而在這裡，詩人顯然是將他們比喻爲科舉考試的主考官。換言之，新娘子只有做到能夠了解主考官之好惡、並投其所好，才可能獲得其歡心，而得到其肯定。可是，因自己尚未與公婆見過面，所以心中實在非常渴望夫婿能夠告訴、指點自己，以便了解他們的好惡，好讓自己能未雨綢繆地預做準備；而在這裡，詩人顯然是以合不合於時尚來比喻。於是，藉著這一組環環相扣的巧妙比喻，詩人不但把自己謙卑的態度、惶恐的心理和衷心的渴望都經由婉轉的手法，含蓄地表達出來了；同時更高明的是，他也已經在推崇對方的地位是多麼重要性的同時，把自己願意爲對方效勞的心意坦承給對方知道了。

由於寫作技巧的高明，這首詩在字面上，可以說是已經成功的將一個新娘子的心裡既生動、又細膩的刻畫出來了。即就此而言，「這首詩」當然毫無疑問的已可算是一篇好作品了。然而，此處尚有一件事同樣值得我們注意，那就是作者寫作本詩的動機是非常明顯的，即：希望藉著呈獻本詩，以獲得張籍的欣賞，並進而達到中舉的目的。

三、情意與思想

文學作品對作者的功用當然很多，諸如：可讓作者抒發情意、表達思想、或者與人溝通等都是。其中，抒發情意更是歷來的主流。事實上，不論是古、今或中、外，從沒有批評家不承認：含有至情至性、而且意涵深刻的作品必然是好的、傑出的作品。不過，若就作品所表達的內容而言，由於情意和思想都是抽象的，既難以表達，又不容易讓人明白，所以大部分的創作者便都習慣用具體可見的物象來作爲抽象的情和思的替代物，藉著對它們的勾勒和描述，以間接、婉轉地透露出他們心中的眞正世界。首先來討論「情意」的作品。金朝的大學者元好問（1190-1257）膾炙人口的詞〈摸魚兒〉之二即有下列名句：

恨人間情是何物？直教生死相許！……⑤

（案：也有版本作「問世間情是何物？直教人生死相許！……」）

由於元氏這首作品的主角原是雁子，故其中所描述的「情意」當然也應屬於雁子，而非人類；然而，它卻已不知感動過多少人了。此外，也有人會將「情意」仔細地分爲：愛情、親情、友情……等等不同的性質和種類，但只要是發自內心的「眞情與眞意」，我們相信它就必然會擁有扣人心絃的震撼力。而能夠引發出這種震撼力量的「眞摯情意」，不但包含了：憂傷、愉快、閒適、或者緊張……等各種「情感」，而且也沒有種族或國家上的中、外之別，同時，更是歷久彌新的。因此，作家的情意如何，實是我們必須瞭解的重要項目之一。在此，我們就舉唐朝時元稹（779-831）的〈遣悲懷〉三首中的第二首為例，來稍加說明；其詩歌原文如下：

昔日戲言身後意，今朝都到眼前來。衣裳已施行看盡，針線猶存不忍開。

尚想舊情憐婢僕，也曾因夢送錢財。誠知此恨人人有，貧賤夫妻百事哀。⑥

「夫妻」，乃是男女之間最為親密的關係，它不但包含了男女雙方深刻的愛戀和由衷的關懷，更交織著兩人的大半生中不分彼此的攜手齊心、同甘共苦的點點滴滴。在人類歷史中，這雖然是一種絕大多數的人都經驗過的生活，所以很平常；但也往往是人類一生的各種經驗中，體會最為深刻、內涵最為豐富的部份。

元稹是中唐時期的大官、大學者和大詩人，然而也並非是優裕地過一生的，尤其是年輕時期。他的三首〈遣悲懷〉就是在與妻子韋蕙叢結縭七載後，妻子不幸辭世，故而日日思念；直到兩年後，因他當上較高的官，俸祿因而比以前豐厚，家庭經濟也逐漸好轉之後，於是便想到從前妻子是如何替他克苦持家的種種，因而寫下來的悼亡詩。這裡引的是第二首，其大意為：以前，妳就曾開玩笑的對我說過，如果萬一早死的話，希望身後之事要如何、如何來處理。沒想到這些戲言竟然成了真；如今，當時的一切情景又一一浮現我眼前了。我為了怕因目睹舊人之遺物而致內心無限傷痛，所以便把妳的衣物都送人了。不過，妳以前日常使用的針線，則仍放在盒子裡面，只是不忍心再打開來看。至於那些曾經服侍過妳、協助過妳的婢女和僕人，我則因爲是思念妳的緣故，而特別加以關照；也因時時想起妳以前持家時的困窘，所以常常藉著夢境將妳（以前）所需要的錢財送去給妳。生離死別的痛苦當然並非絕無僅有；但是有誰能體會到我們貧賤時，那種面對任何事情都必須全力去克服的痛苦和哀傷呢？

總的來說，詩人在本詩中所表達的，是對妻子的深深歉疚、由衷感激、以及無盡的思念等情意。但若更細緻地去體會，則我們實不難在元稹那輕聲細語的娓娓訴說裡，感受到每一個字中所蘊藏著他的眞摯情意。而這首詩在歷來之所以能夠輕易地感動無數讀者、被譽爲傑作的主要原因，毫無疑問的，正是由於它擁有詩人的眞感情在內所致。

當然，古今中外的文學作家作之所以創作的原因，即爲了表達自己的主要觀念，也就是思想。這種情形，我們可用《紅樓夢》爲例來稍加說明。

《紅樓夢》可說是我國最偉大的小說之一。由於它的涵蓋面甚廣，內容非常豐富，故而在民國初年乃形成了一股「紅學研究」的風潮；各個不同領域的學者都從自己的角度出發，對它做各取所需的運用及研究。譬如：有人基於社會學的觀點，把它視爲清朝初年、甚至是整個傳統式的貴族家庭生活的縮影；有人則站在民俗學的立場，把它裡面有關婚、喪、喜、慶等各類民俗典禮和儀式的描寫，拿來印證清朝初年的民風習慣；也有人從文學的角度出發，以它成功地把四百多位各具特色的人物靈活靈現的表現出來，而認爲它應被尊爲文學作品創造人物類型的典範等。這些觀點，的確都有論證依據，也都多有洞見。不過，《紅樓夢》作爲一部小說，其最令人耐以咀嚼的乃是透過文字的手法，呈現了既豐富且深刻的思想。這一方面其實也有不少人做過研究，並提出許多不同的結論。有人以小說第一回中「空空道人」改名爲「情僧」，並把《石頭記》改爲《情僧錄》爲據，而主張它的思想傾向應以「佛家」爲主；有人則以作品中出現了如「茫茫道士」、「渺渺眞人」、「空空道人」、「瘋跛道人」、「警幻仙姑」等人物，並且多位居小說中的關鍵地位，而認爲「道家」思想才是它的主要思想內涵；但也有人認爲作品所描述的乃一個典型的以儒家傳統倫理觀念中三代同堂、長幼尊卑分明的大家庭，而認爲它基本上所表現的是儒家思想。這些主張當然也都多有所據，且言之成理。但是，若從主角賈寶玉周旋衆多年輕貌美、蘭心蕙質的女子之間，而對她們每一個人都有發自內心的多種不同的眞情看來，「情」這個字應可說是貫穿這部小說的主軸。這一個觀點，可用第一回中「空空道人」在看完《石頭記》的全部內容幾乎都是在談「情」，以致於把自己名字改爲「情僧」，把《石頭記》改爲《情僧錄》來支持。不過，最具深刻意義的是作品如何提這個「情」字境界的情形。由於作者將主角賈寶玉的「情」描寫成一種超越外貌和慾望的「痴情」，所以成功地避免了使《紅樓夢》成爲以色情和色慾爲主的小說。另外，更高明的是作者以主角的一段段實際經歷的辛苦磨練過程爲基，而使第一回中的「因空見色，由色生情，傳情入色，自色悟空」的「從色到體悟出一切皆空」的「色空」思想，在作品中自然而然地順利形成；同時，也讓讀者在閱讀這些具體的實例中，能夠輕易卻深入地體會到這部小說中所蘊藏的這種「色空」思想。

四、想像與聯想

任何文學作品，不論其內容是如何的寫實，都必然會含有一些虛構的成分在內；當然更不用說全然以虛構爲本質的作品了。事實上，如果以作品的好、壞爲標準來觀察的話，作品的內容是否爲眞實並不重要；重要的是它的藝術性如何、給了我們什麼啓發、以及是否感動人。我們甚至可以說，作品的虛構性往往是讓作者能夠自由馳騁才份與學識的的基石。這是由於文學的本質之一，就是擁有與現實有所不同的「想像」；而文學作品的世界，其時也就是作者「想像」出來的世界。有關這一點，若我們追究其眞正的原因，則不難發現那是因爲在現實的人生中，人人都有生命上的時間限制、活動上的空間限制，以及爲了要與人溝通和相處的邏輯秩序之要求。但我們人類卻又都有一種共同欲望，就是想去突破那緊緊拘束住我們的種種限制。所以作者在創作時，便希望能擁有比較大的空間；於是乃常常將描述的對象與世界跟現實分開，讓自己有權可以不去理會現實世界中的各種限制，而盡情、隨意的去創作；如此創作出來的文學作品，其內容當然屬於「想像的世界」了。

上述的立論若不至於脫離事實太多的話，那麼，作者的想像力是否豐富便成爲作品是好、或壞的重要因素了。我們可以藉著唐朝詩人李白（701-762）的作品〈望廬山瀑布〉爲例來稍加說明：

　　日照香爐生紫煙，遙看瀑布掛前川。
　　飛流直下三千尺，疑是銀河落九天。⑦

從文字面上來看，第一句似乎甚爲平凡：一個供人膜拜的香爐，因爲有人燃香插上，故而有裊裊紫煙往上騰升。但是，如果我們知道本詩的眞正內容，乃在描寫位於廬山之北那座因形似香爐而得名的山峰的話，那麼不但對於詩人以外形相近而將那座山比喻爲香爐不會覺得突兀，而且反而會讚佩詩人以燒香所生成的煙來比喻山上煙嵐的豐富想像力。第二句，詩人將從山頂上衝刷下來的瀑布，描述爲像一條懸掛在山頂和其下的河川之間的潔白水練，這一構思可說也深具玄奇的聯想力。第三句則是在寫此瀑布的動態：由於此座山有三千尺高，所以山上的水往下流時，其情況可謂是傾瀉而下，直入川裡，氣勢磅礴，聲勢驚人。而第四句則以想像力豐富的比喻，將前頭的景象描述成，當人們看到它時，實不得不懷疑：它是否即爲天上的銀河，突然自九天掉落下來一般。因此，這一首的每一個句子，可以說是都充滿了豐富的想像力；而也正是這個原因，不但使它的作者將其才華和個性完全展現出來，同時也讓它擁有了對讀者的莫大吸引力。

關於「想像」的範圍，我們可從「時間」和「空間」兩個角度來理解。在「時間」上，它大約可區分爲：過去、現在和未來三種世界；而在「空間」上，它則包括了現世的世界和超現世的世界兩種。不過，也有人從「想像」世界中的人、事、景、物之間的關係如何，而把它區分爲「分想」（disassociation）和「聯想」（association）兩種方式。「分想」指在「想像」世界中的各事物，因「聯想」之故，而被賦予本意之外的新意。這種區分法雖尙稱清楚，但一方面因過於瑣碎，以致於在實際分析文學時，常會造成缺乏整體性的效果，所以意義並不大。同時在「分想」世界中出現的事物，我們實在很難肯定它們與其本身的原意仍然完全相同，因爲出現在作品中的他（它）們已在前、後文的制約之下，與其原意已有或多或少的差別了。據此，既然「分想」與「聯想」的主要目的，都是在說明「想像」世界中的事物之個別意涵是如何地與原意有距離，或它們彼此之間的關係已有如何的發展等，所以兩者實在可以合併在一起，而用「聯想」爲名。筆者在這裡之所以要在「想像」之後繼續討論「聯想」，乃因鑑於「聯想」係「想像」的具體且重要的方法之一；也就是說，「想像」出來的人、事、景、物，其外貌與內涵在「聯想」的作用下，已經在誇張、變形、賦舊予新、或重新組合下，創造出新意；因此，當然與原意有別了。底下，我們便分別舉例來加以說明：

㈠誇張式的聯想

司馬光（1019-1086）〈寄聶之美〉詩有以下四句話：

> 去歲雙毛白，今春一齒零。人生浮似葉，客宦泛如萍……⑧

本詩在描寫一位職務隨時都會被調動，而到各地任官的人，心中對這種居無定所的感覺，就好像是水上沒有根的浮萍一般，飄盪不定。而在年復一年都是如此的情況下，感慨更深。於是他乃如此刻畫自己的外貌：在去年，一雙眉毛已經在歲月的足跡下變白了；但尤令人感傷的是，今年春天一到，我的牙齒已掉到只剩下孤零零的一顆了。從實際的層面而言，人的身體與外貌當然會隨時間而改變；但怎麼可能像上面描寫得這麼快呢？這就是透過「聯想」，而以「誇張」的方式來表示內心對時光流逝的深刻感觸。

㈡變形式的聯想

曹植（192-232）的〈吁嗟篇〉有下面四句話：

吁嗟如轉蓬，居世何獨然？長去本根逝，夙夜無休閒。……⑨

建安時的才子曹植在兄長曹丕登基後，一方面因自己曾有與曹丕爭過太子之位的事實，二方面在才華、身份甚至影響力上也都讓曹丕心存顧忌，於是在曹丕的刻意安排下，經常被委以不同的虛職而四處調動，以致於無法在任何一地久居。不論這是一種報復式的懲罰，或是因曹丕怕他久居一處而培養出自身的勢力，曹植在長期的舟車勞頓、身心已疲的情況下，乃深深地喟嘆：自己的境遇就好比是蓬草一樣，不但隨時會因風吹而轉向，甚至會被吹離自己的根本，日夜漂泊，不得休息。換言之，曹植在這首詩裡藉著「聯想」的方式把自己的身體「變化」成「蓬草」了。

㈢將舊事物賦予新意的聯想

張華（232-300）在〈輕薄篇〉有下列幾句：

末世多輕薄，驕代好浮華。……美女興齊趙，妍倡出西巴。……新聲逾〈激楚〉，妙技絕

〈陽阿〉……墨翟且停車，展季猶咨嗟。……⑩

張華描寫在世代末之時，人們的神態輕薄無行，風氣也驕奢浮華。譬如在宴會上，不僅有美女服侍，而且她們都來自齊、趙之地的大城；至於獻藝的美女，也有西部巴蜀之地的水準；她們所唱的歌曲，比〈激楚〉名曲還動聽；展現的舞技技，也比名娼「陽阿」還美妙。前述這種令人目眩神迷的景況，即使是在古代大力主張民風應淳樸，所以需拋棄音樂（非樂）的墨子，在見到之後也會停下車來欣賞；或者是古代曾因美女坐懷不亂而聞名的柳下惠（展季）遇到了，也會大加讚嘆。問題是，墨子既極力反對音樂，又怎會對此場面表示欣賞呢？而柳下惠既是心如止水的人，又怎會對此加以讚嘆呢？因此，這乃是詩人「反用典故」的技巧，也就是藉著古代曾有過的著名例子，而將其例子顛倒過來使用；於是新的意思便因而出現了。

㈣重組事物的關係而產生新意的聯想

〈吳聲歌曲・懊儂歌〉十四首之十二的文字如下：

髮亂誰料理？託儂言相思；還君華豔去，催送實情來。⑪

這首詩的人物有三：頭髮、我（儂）、君。詩的內容大致是：「頭髮」因沒人梳理而顯得很亂，於是乃向「我」抱怨，到底是怎麼回事。當「它」明白「我」爲何沒心情去照顧「它」時，便託「我」去告訴「君」說，「它」很想念「君」；同時也不客氣地要「我」把「君」以前送給「它」戴的美麗髮飾退還給「君」，因爲頭髮亂了，要這些髮飾何用？並說明「它」所要的，乃是「君」的眞情；因只有如此，「頭髮」才不會亂，髮飾才會有用。其實，明眼人一看即知，想念「君」的當然是「儂」（我）而不是「髮」。只是，作者經由「聯想」的方式，把文字技巧地組合起來，使「頭髮」變成主角，而「儂」反而成了傳話與送東西的配角。而這樣一來，「髮」對「君」的動作，便可更嚴厲些一如退回髮飾；同時，「髮」對「君」的表白也可更直接一想要「君」的眞情，而且立刻送來。

除了上列幾項比較重要的項目之外，會直接或間接影響作者創作的因素當然還有很多，譬如：作者的學識、經驗、個性、性別、年齡……等。不過，由於篇幅的限制，這裡就不再舉例論述了。

第二節　作者創作的心靈活動

作者創作文學作品的過程可說非常複雜；我們若從其過程的先後來看，其順序大致爲：作者在內心中先有了創作的動機或受到了感發；然後接下來的便是：構思作品的主題、選擇寫作的材料、決定作品的形式、安排作品的結構、以及設計作品的語文（包括用字、練句等修辭功夫、和文體的選擇）等。下面，我們就以這幾項爲討論的重點，依序加以說明。

一、構思作品的主題

一般說來，作者因在某一情況下於內心產生了寫作的衝動或動機後，接下來的第一個與創作有關的步驟，便是構思作品的主題了。換言之，作者爲了滿足他的寫作衝動或完成他的寫作動機，於是，他首先所面臨的創作過程乃是逐漸醞釀、構思作品的主題。所以，作品的主題顯然是緊緊受到作者的創作動機和衝動所制約的。不過，由於每一個作者在每一次創作時，其動機和衝動並不相同，所以由它們所引起的作品主題也就不會一樣；因而，想在「動機」和「衝動」這兩個有時候並不相同、但在某些時候卻又混淆不清的文學創作階段之間歸納出某些固定、或者有跡可尋的規則，實在可說是一件頗爲困難、甚至於幾乎是不可能做到的事情。

瞭解了這一個我們無法眞正完全說明清楚的侷限後，我們便可以稍微坦然的繼續討論以下的一些問題了。

首先必須知道的是，作品的主題是什麼呢？扼要的來說，它是一套統攝作品中心思想的抽象觀念，而不是作品的摘要或故事。⑫如果我們用一個最簡單而具體的句子來解釋的話，那麼，「它」就是「一套貫穿作品的中心思想、或是主導作品的主要情感」了。

我們應該可以同意，作者之所以會有創作的活動，當然是有一些原因的：或爲了抒發感情、或爲了表達思想、或想要刻畫社會、或想要說服別人、或希望探討人性、或企圖移風易俗……等等。而爲了能夠將這些埋藏於心靈深處的躍動，以準確、深刻、集中的方式有效的表現出來，作者，尤其是有經驗的、優秀的作者，必然就會在他的內心裡面開始審愼的構思一個他想要創作的作品之主旨，於是，作品的主題便在這種情況下形成了。

歷來，對於有關「作品主題」的討論，大都傾向於從欣賞、閱讀作品的角度出發的。因此，它們所分析的結果，也大都是說：「它」包含了「作品中所表現的客觀思想和情感」與「作品創作者的主觀思想和情感」；而且，後者的地位與重要性則高於前者。⑬這種分析的基礎，顯然是建立在將作品中的情感和思想與創作者的內心活動混合唯一的認知上。然而，如果我們從比較審愼和精確的態度來思考的話，應該不難發現，這一種說法其實仍有一些可以再加斟酌的地方。因爲，作者內心的活動與作品中所透露的情感和思想之間，其實並非全然沒有空隙和間距的——而居於這個橋樑位置的，就是「作者的表達技巧」了。技巧高明的作者，當然能夠做到把內心的世界，以最接近眞實情況的方式表達出來；但儘管如此，呈現在作品中的感情或思想，仍然不可能是與其心中的世界完全相同的。因爲，我們所使用來表達的工具——語文，在讓我們用來表達情意思想、或者描述事物的特性上，乃是靜態的、具體的、甚至於是無法眞正完全連貫的；因此，在先天上本來就無法做到完全捕捉住屬於抽象的、變化多端的心靈活動。至於表達功夫次一等的作者，那就更不用說了。換言之，這兩者之間絕對是有差別的。不過，事實雖然如此，文學作品的作者仍然是可以經由所謂「文學的形象性」手法，去捕捉和勾勒其心靈的活動的。

因此，作家在創作時，其第一個步驟必然是「構思作品的主題」了——也就是作家必須先「以自己內心想要達到的企圖爲最主要的考量」爲基，然後，再融合其對外在世界的觀察經驗，據而依照自己的判斷，去選擇最適切的題材和內容、並以自己的專長去組合成最有效果的語言和體裁，來形塑、創造出他想要的一篇作品。爲了使這個頗爲複雜的論題能夠顯得更爲清楚一些，我們可以舉一個例子來稍加說明。柳宗元（773-918）的〈漁翁〉一詩全文如下：

漁翁夜傍西巖宿，曉汲清湘燃楚竹。
煙銷日出不見人，欸乃一聲山水綠。
迴看天際下中流，巖山無心雲相逐。⑭

中唐順宗時，大詩人柳宗元曾追隨王叔文參與政治改革；到了憲宗即位之後，由於王叔文失勢，柳宗元因而也被貶到永州擔任司馬。這首詩就是他在永州時寫的。它在文字面上所描寫的，雖然是一位漁翁在夜晚宿於西巖，然後在隔天一破曉即去汲水燃竹；但等到炊煙消散於太陽光下時，他的身形也已溶化到水上傳來的搖船聲音之中，而只留下「無心」的流雲仍然在巖上相互追逐了。因此，它似乎應該屬於「寫景」的詩。但是，我們如果能夠更細心地從柳宗元爲何會寫這首詩的背景、心情和用意來玩味這首詩的話，應該不難從它所散發出來的孤高風格而體會出其「主題」——即希望表達：自己此刻的心境，其實就如同巖上無心的流雲一般「自由自在」，或者與山中的漁翁一般「隨遇而安」。換言之，在表面上看來是在描寫景物的文字之內，其實暗藏有一條詩人從頭至尾皆未曾間斷的主要題旨——詩人的自在心境——也就是這一首詩的主題，貫串於其間的。

二、選擇寫作的題材

題材，對作者而言，乃是他採用來表達情意、思想和想像的材料；而如果自作品的角度上來看的話，它便是編織作品內容的主要材料了。理論上，由於文學作品的內容可以說是無所不包的，不管是「身之所歷」、「目之所見」、或「心之所之」，只要「它」是我們的感官所能夠觸及的，以及我們的心靈可以奔馳的到的，那麼，不論「它」是屬於人身之外的宇宙蒼穹，或是內心之中的想像境界，必都可以包括在內。⑮換句話說，任何我們所能知道的人、事、物等，不論是何時與何地，都可以被拿來當作寫作的材料。

這些無所不包的材料，有人曾嘗試從各種不同的角度來對它加以分類，例如有以性質來區分的，如：愛情、戰爭、社會、政治、或教育等；也有以時代或地點來區的，如：古典、現代、歷史、未來，或都市、鄉土、高山、海洋、異國等；……。這些分類，雖然讓解釋者在說明時都能獲得一定的幫助，使他們的說法能夠更為具體與精細，然而，我們必須在此指出，當它們在提供我們能夠獲得更為清晰的觀念的同時，卻也都無法避免的把某些必然會隨之而來的缺點，如：以偏蓋全、勉強、僵化……等都包含進去了。

不過，雖然說任何事物都可以成爲作家用來表達其所思所感的材料，但它們也只能算是尙未經過細心琢磨的「素材」而已。因爲，每一位作家不但各有其與衆不同的天生性格和學經歷，同時，每一次的創作也都有其特定的動機和原因，因此，他們對於如何才能夠恰當而有效的將心中的想望、和對外界的感觸表達出來，譬如：選取哪一種文學類型？運用哪一種語言文字？以及決定透過哪一種題材——也就是尙未經過提煉的「素材」？……等等，都是在提筆創作之前必須仔細思索的課題。因此，在確立了作品想表達的主題之後，作者接下來的工作便是如何選擇素材，並將其提煉成爲作品的題材了。

作者在進行素材的選擇時，一般說來，是必然會受到一些條件制約的，而尤其以他的寫作目的、生活經驗（含時代與社會的背景）、個人喜好、與對於創作結果的判斷等數項最爲明顯。但由於本書的篇幅有限，底下，我們就不細分這些制約的條件，而採取將它們混合起來的觀點爲基，籠統地舉一個例子來說明：在創作的過程中，選擇題材的情況大致如何。《詩經・魏風・碩鼠》詩整首由三段文字組合而成，它的第一段如下：

碩鼠碩鼠，無食我黍！三歲貫女，莫我肯顧；
逝將去女，適彼樂土。樂土樂土，爰得我所。⑯

從文字面上來看，這幾行詩所透露的是：農夫們討厭大肥鼠的心聲。在辛辛苦苦的耕種之後，農夫們或者因爲沒有辦法避免、而只好在無可奈何的心情之下忍受，或者因爲擁有慈悲心，而大方地豢養了田地中的大肥鼠；但其結果都是一樣，就是讓大肥鼠一直貪得無饜地啃食他們田中的黍麥。大肥鼠的這種無情的肆虐狀況，不但已經到了讓農夫們難以忍受的地步；而且，還持續了三年之久都未曾稍歇。最後，終於逼得農夫們從內心裡產生了搬離這個家園，而到別處去尋找另外一個讓他們能安居樂業的好地方的念頭。

由於這首詩在修辭與用字上的成功，大肥鼠醜陋的外貌與令人厭惡的行爲，乃栩栩如生地呈現在我們的面前。但是，詩人寫這首詩的用意，眞的只是想刻劃老鼠嗎？根據歷來的解釋，這首詩的主題向來都被說成是「刺重斂」，也就是在批評當政者橫徵暴斂，毫不體恤農民的生活已陷入無助的窘境。換言之，詩人原來的心意是要批評當政者，並提醒執事者：這種情況若不改變，則將會產生逼使農民離開家園、而遷移到別處去的嚴重後果。只是，詩人並不將他的意思直接表達出來，而採用了間接的方式，婉轉的選擇了一組與他原本想討論的「執政者——農民」兩者間的關係，在大致上可以相類比的「碩鼠——農夫」之關係詞組爲對象，然後再對這一個設想出來的新詞組加以仔細地刻劃與描述的手法。但是，即使是在這種並未眞正觸及原本想要批判對象的情形下，詩人的意思也已經在隱約之中，被技巧地透露出來了。

由上所述，我們可以知道詩人在創作的時候，通常是先有創作的動機與目的，然後再選擇他個人認爲最適合他把想要表達的主題呈現出來的題材，去用心布局、仔細刻劃而成的。

三、決定作品的形式與結構

這裡所謂的「作品的形式與結構」，其實與我們現代在討論文學時所稱的「文類」非常相近；有時，甚至可說完全相同。一般說來，不同作品的「外貌」、或者說「形式」，它們彼此之間之所以會有差別，乃是因爲它們的「結構」不同所致；而作品的「結構」，則是爲了能夠將某些抽象或具體、有形或無形的思想、感情、想像，和人、事、物等的靜態、動態，以及外在、內涵等，都恰當地表達與呈現出來，因而設計成的結果。換言之，作品有什麼樣的結構，就會組成什麼樣的外貌和形式。

就二十世紀中的世界文壇而論，我們並不否認在作品的形式上，所呈現出來的是一片各種奇花異卉在爭強鬥豔的繁富景象；但是總的來看，則仍以「小說」、「詩歌」、「散文」、「戲劇」等四種爲四大文類。若我們把地域範圍縮小，以近百年來的中國文壇爲觀察對象，則這一情況更是明顯。這當然不是說我們只有四種文學作品的形式而已；因爲，「文類」觀念之所以出現的主要原因，只是讓讀者能夠根據它的要素對作品做較全面而深入的了解，以及讓作者擁有一些值得參考的原則去創作而已。因此，它的根本特色即是：天生即具有寬鬆的性質。所以上列的所謂四大文類，每一類之下都包含了許多的「次文類」，譬如「武俠小說」便是「小說」的「次文類」；或者在它們之間，也有一些介於兩個或以上的文類間的「跨文類」，譬如「散文詩」就是介於「詩歌」與「散文」之間的「跨文類」。因此，文學作品的形式，其樣貌實在是非常多的。

現在，我們先以《醒世恆言》中的〈錯斬崔寧〉爲例，來說明作品的形式與結構的意涵。首先來談作品的形式；這是一篇話本式的小說。「小說」因爲在內容上是以「故事」爲主體，所以在衆多的文類中，可說是屬於比較能夠把現實世界逼眞地呈現出來的一種。由於〈錯斬崔寧〉的作者想說的，就是有關現實世界裡的一件事，所以他選擇了「小說」這一種文類來做爲他要表達的文學形式。

其次是作品的結構。它的作者所採用的，是「全知的敘述觀點」，而這種敘述法的功能，就是作者讓他選出來告訴我們讀者或觀衆這個小說故事的敘述者站在遠處，不涉入小說的故事之中，而以旁觀者的角度去總攬全局地將整個事件詳細說出來。事實上，作者不但可以藉著這種敘述法來掌控整個故事，而且也可以明白地賦予作品某些他個人想傳達的意義與目的。在這個作品的開頭，我們果然看到了作者爲了使他的作品擁有教育的功能，而特別暗示的「善惡到頭終有報」的警惕觀念。

這篇小說的故事很單純，而且是依照所發生事件的時間先後來進行的。我們就以人物爲主軸，完全按照小說的結構，從頭到尾的將本故事摘要式的陳列如下：

南宋時，臨安人劉貴娶有原配王氏與妾陳二姐；後經商失敗，賦閒在家。某日，與妻赴岳丈家拜壽，獲岳丈支助十貫錢回去準備開店，其妻則暫留岳家。劉貴於歸途中與人喝酒微醺，至天黑後才到家；因其妾已睡，應門過遲，劉貴乃故意嚇她說已將她賣了，並在偷笑中入睡；其妾心生恐恐，乃趁夜逃回娘家。當夜，恰有小偷進來，劉貴被驚醒後遭殺害，錢也被拿走了。次日，鄰居發現血案，一面報官，一面追陳二姐。二姐於返娘家途中休息時，遇見一賣絲者崔寧，兩人因方向相同而同行；不久，被鄰居追上，而一起送官。府尹爲儘速結案，便藉崔寧身上有十五貫錢爲由，而將兩人以殺夫劫錢的罪名處死。劉妻王氏守孝一年後，娘家派一老人家來接；兩人卻於路上遇劫，老人被殺而王氏則從了劫匪。過了數年，劫匪乃聽王氏勸而開店營生，吃齋唸佛。後來，劫匪告訴王氏，他因知冤有頭，債有主，故並不隨意殺人。不過，卻曾枉殺兩個，冤陷兩個，所以想到廟裡去做超度禮。沒想到這四人即劉貴、老人家、陳二姐與崔寧，所以王氏乃告向官府。於是劫匪償命、府尹削職、二姐與崔寧之家人獲得優恤，王氏則將所獲之劫匪一半財產捐入尼庵，並禮佛終身。

從結構上來看，這篇小說的情節顯然是以時間的先後爲主軸所安排而成的。因爲這種時間上的順序與我們在日常生活中的習慣相同——有因就有果，而且順序是：因在前，果在後——所以很容意能讓人瞭解，但也因此顯得比較平淡寡味。作者之所以採用這種結構的原因，我們當然無法確知；但我們仍可大致猜測如下：或許是作者不知有其他的寫作方法？或者他就是偏好這種結構？又或者他的目的就是在使讀者能很容意地了解作品的勸戒功用而去惡向善等等。而在這些可能性之中，若從理論上來看的話，顯然是以「配合作者的創作動機與目的，來決定作品的結構」

最具說服力。

四、語文風格的採用

有關作品的主題、題材和形式、結構等都決定了之後，作者心中還需要考慮的便是要選擇使用那一種類型和風格的語文了。

「風格」的內涵到底是什麼呢？若從比較嚴謹的角度來看，這一個問題不但是中、外的說法不同，即使在中國的文學和語文的歷史上，古、今的說法也不一致。一般說來，我們古代的人們多把它拿來描述「人」的風範、儀態和言語、行爲。譬如晉朝的葛洪（281-341）在他的《抱朴子・行品》中便說：「士有行己高簡，風格峻峭，嘯傲偃蹇，凌儕慢俗。」將「士」人的行爲風格區分爲數類。不過，後來的人卻逐漸把它的用法擴大到「文章」、「文學」上，例如顏之推便在其《顏氏家訓・文章》裡說：「古人之文，宏才逸氣，體度風格，去近實遠。」用「風格」兩字來形容「文章」。換言之，「風格」這一個詞，在中文世界的使用中，顯然不但可以拿來形容「人」，也可以用來形容「文章」和「文學」等以「語言、文字」爲表達媒介的「作品」。⑰

據此，用「風格」兩字和「語文」結合爲「語文風格」一詞，當然也是有其道理的。但事實上不僅如此，這一個專有名詞在近來甚至已經成爲「語言學」領域中的一門新興的學問了。當然，我們了解這一個術語的內涵、甚至功能到底如何，到今天爲止，還正由許多學者和專家在愼重的研究和論辯之中，並沒有定論；不過，爲了讓我們對有關「文學」創作的討論和說明可以繼續進行，我們在此仍然可以從「文學」的角度來對它稍加勾勒。

大致說來，「語文風格」實可以被視爲一種「修辭」，也就是作者或說話人如何運用各種語文的要素，如：語文的聲音、辭彙、語法、和特殊的使用習慣等來表達他的思想、情感，描繪他所要提出的人、景、物，以及敘述他所要呈現的事件，於是乃形成一種屬於他個人所獨有的特色的語文成品——作品。

如前所述，一個作家之所以要創作，當然必有其原因，如：爲了某動機或目的……等，然後再選擇想用來表達的材料，以及表達的形式。而最後，當然便是有關使用哪一種「語文風格」了。一般說來，當作者之所以會使用哪一種風格或類型的語文來創作，大抵是由前面所列的那些相關因素所綜合影響的結果。我們可以舉下面這一首由宋朝的大詩人蘇軾（1037-1101）所寫的詩〈和子由澠池懷舊〉爲例來說明，該詩的全文如下：

> 人生到處知何似？應似飛鴻踏雪泥；泥上偶然留指爪，鴻飛那復計東西。
>
> 老僧已死成新塔，懷壁無由見舊題；往日崎嶇還記否？路長人困蹇驢嘶。⑱

蘇軾，字子瞻，是眉州（今四川）眉山人，嘉祐二年（1057）和其弟蘇轍（字子由，1039-1112）從家鄉一起到京城長安（在今陝西）參加科舉考試，並且同時都考上進士。但在接下來的制科考試時，蘇軾考上了，並被派任爲鳳翔的判官。但蘇轍卻因言論過於急切而受挫。嘉祐六年

（1061），蘇軾從京城要到鳳翔上任時，蘇轍一路送哥哥，經過澠池，直到鄭州，才依依不捨地話別。蘇轍回去後，寄了一首詩〈懷澠池寄子瞻兄詩〉給哥哥，該詩全文如下：

相攜話別鄭原上，共道長途怕雪泥；歸騎還尋大梁陌，行人已度古崤西。
曾為縣吏民知否？舊病僧房壁共題；遙想獨遊佳味少，無言騅馬但鳴嘶。⑲

詩歌題目中的澠池，在今河南；而蘇轍在考上進士之前，曾經被邀請到此來擔任縣簿的職位，只不過在尚未就職前，便因考上進士而無法去。蘇轍在這首詩中所表達的是一種又是懷念、又是失落的複雜情緒：一起從家鄉到外頭奮鬥的兩兄弟，曾經共同吃苦，相互砥礪，期許一起爲人民多做一些事，多爲朝廷多盡一分力。而今呢？自己只能失意地送哥哥到鳳翔赴任履新。送哥哥到鄭原，兩人難過的分手後，自己在回去的路途中，尤其在經過澠池縣時，感慨更多：記得兩兄弟曾經一起住在這裡的奉閑和尚的寺廟之中，並曾一起在寺廟的牆壁上題詩抒懷；更記得自己曾經被邀請來這裡擔任縣簿。現在，相信哥哥必定和自己一樣，對一起住在奉閑和尚的寺廟中的情形記憶猶新；然而，這個地方的人民是否依然記得我這個差一點就來這裡擔任縣簿的人呢？又想到一起從家鄉到京城奮鬥，那一路上漫長而崎嶇路程，不但逼得人困乏勞累，連幫我們背負行李的驢子也都發出了過於勞累的鳴嘶聲了。

蘇軾這首詩是在收到弟弟蘇轍的詩之後，以「和韻」的方式，也就是用前一首來詩的形體「七言律詩」，並完全依照來詩的押韻字和押韻的順序來寫成，然後把它寄給弟弟，當作回函之用。

換句話說，這兩首詩歌作品實相當於今天的書信：弟弟先把自己的感慨和心情寫成一首詩歌寄給哥哥；而哥哥在收到之後，也寫了一首詩歌回給弟弟。哥哥的這首詩，其內容大致如下：

人的一生，到處漂流，四處遷徙，這種情況到底像是什麼呢？用相近的比況來形容的話，我們或許可以用如下的方式來描述：在天上飛行的鴻鳥，在飛行一段時間之後，也會因需要而飛下來；於是，當牠把腳踏到雪和泥土混合難分的地上時，便在雪泥上留下了牠的腳爪痕跡。不久，在牠飛走後，牠所原先所留下的腳爪痕跡，也就隨即消失不見了。但是，大鴻鳥有又怎麼會去計較呢？我們所感佩的奉閑老和尙已經去世了，所以在那裡也就增加了一座新的藏放骨灰的靈塔。他的寺廟已經年久失修，牆壁也已毀壞，所以我們以前在上面所題的詩也就無法再看到了。您是否還記得我們以往曾經走過的崎嶇道路？因爲路途太過漫長，所以我們一行人當時的身心是多麼的勞累困頓啊！連幫我們背負行李的驢子也因走跛了而發出痛苦的鳴嘶聲呢！

蘇軾寫這首詩當然有其特定的目的，也就是要勸慰他的弟弟蘇轍。於是，他便以兩個人的共同經驗和深厚的兄弟知情爲基，希望寫一首完全依照弟弟前一首詩的形體和押韻方式的作品，來達到他這個目的。而在內容上，他用比喻的方式，告訴弟弟：人生的遭遇往往是無奈的。但最值得注意的是，蘇軾在這首詩中，非常技巧地「選擇」了屬於可以表現出曠達的人生觀的「修辭用語」，來表達他對弟弟的勸慰之意。而這一個語文上特色，我們若從蘇軾的一生來看，果眞就是他與衆不同的「風格」。

爲了把「語文風格」與文學創作的關係說明得更清楚，讓我們再拿下面兩個比較屬於現代的情況，從站在「動機或目的」的立足點出發，來加以觀察。假設有一位年輕的男性作者，他突然有了寫作的動機，即是想藉著作品去向一位他所心儀的年輕女性表達愛慕之意，同時，更希望能在短時間內讓對方知道、並留下深刻的好印象。於是，他採取了以下的作法：先去瞭解對方的興趣、性向和程度等；然後，在瞭解到這一位佳人的情況：個性嫻靜內斂、喜好人文、而且程度甚高之後，他選擇了「最能夠直接表達內心眞摯情意」的「詩歌」類型，並採用了「優美且動人的文句」來書寫；而且，更以一天一首的方式來送給伊人。對於這種情況，我們認爲其結果應該會是：他達到目的之可能性非常大。因爲，他所創作出來的「詩歌」作品，包括形式與內容等，不但在性質上非常適宜用來呈現他的眞摯情意，同時，更因爲他在「語文」的使用上，也能針對那一位特定對象的興趣和程度，而採取了「優美且動人的文句」。換言之，這一首詩的「語文風格」乃是依據這位作者的特定對象——即是他心中的佳人，來設計的。

現在，讓我們再用另外一種情形來繼續說明「語言風格」與創作上的關係。另外一位雖然也是雅好文學，但在想法和學識上卻與前面那一位迥然不同的年輕男子，也剛好在某一個情況之下遇見了前面所述的同一類型佳人，並在內心之中產生了追求的動機，並也一樣想用創作的方式來表達她的心意。可是，他雖同樣地選擇了「最能夠直接表達內心眞摯的情意」的「詩歌」類型，但卻以「莽撞直接、且毫無文彩的文句」來書寫。因此，雖然他也用一天一首的方式來送給伊人，但其結果卻極可能和前一位相反，是徹底的失敗。因爲，他所寫作出來的「情詩」，不但會因「毫不掩飾」的表達方式而嚇到伊人，也會因「粗魯無文的文句」而惹她厭惡。這一首「情詩」的作者，當然毫無疑問地在他的詩中表達了他的情意，但是，卻因爲詩中充滿了他自己的「語文風格」——也就是「粗魯無文」，於是乃得到了失敗的結果。

〔註　釋〕

①引自《全唐詩》，第六册，卷一八八，頁1921。北京：中華書局，1992。
②請見劉萍（涂公遂）《文學概論》，頁101。臺北：華正書局，1986。
③引自逯欽立《先秦漢魏南北朝詩》，頁998。北京：中華書局，1983。
④引自《全唐詩》，第十五册，卷五一五。頁5892。
⑤引自《元好問研究資料彙編》，下輯《遺山樂府》，卷上，頁1104。台北：文史哲出版社，1990。
⑥引自《全唐詩》第十二册，卷四〇四，頁4509。
⑦引自《全唐詩》，第六册，卷一八〇，頁1837。
⑧引自《全宋詩》，第九册，卷五〇五，頁6144。北京：中華書局，1998。
⑨引同注③，頁423。
⑩引同注③，頁610。

⑪引自《樂府詩集》，第一冊，卷四十六，清商曲辭三，吳聲歌曲三，頁 668。台北：里仁書局，1984。

⑫請見陳鵬翔〈主題學與中國研究〉，收於陳氏編的《主題學研究論文集》，頁 28。台北：東大圖書公司，1983。

⑬有關這方面的論述，請見裴斐《文學概論》，頁 180-181。高雄：復文書局，1992。

⑭引自《全唐詩》，第十一冊，卷三五三，頁 3957。

⑮譬如六朝時，劉勰即在其《文心雕龍・神思》說：「文之思也，其神遠矣。故寂然凝慮，思接千載；悄然動容，視通萬里。」也就是把所有的時間與空間都包括在內，認爲沒有任何事物不可以成爲作家的寫作題材。引自范文瀾《文心雕龍注》，卷六，頁 493。台北：學海出版社，1988。

⑯引自《十三經注疏》（1815 年阮元刻本），第二冊，卷五之三，頁 221。台北：藝文印書館，1981。

⑰以上引文及解釋，請參見周碧香《『東籬樂府』語言風格研究》，頁 4。高雄：復文圖書出版社，1998。

⑱引自《全宋詩》，第十四冊，卷七八六，頁 9104。

⑲引自《全宋詩》，第十五冊，卷八四九，頁 9822。

第四章　文學的類型

第一節　文類與文體

一、文類

當我們所面對的是一個範圍非常龐大、而且在表面上又呈現出朦朧不清的對象時，想要眞正瞭解它實在是一件非常不容易的事。因此，多數人所採取的方法乃是從「分類」入手。而所謂「分類」，就是在選定某個立足點，針對某對象，從某角度去觀察後，再訂出一套屬於同一系統的標準，然後再根據這一套標準將該被觀察的對象切割成許多部分。結果，被切割出來的每個部分，就是依據這套標準所分析出來的「一類」，而該對象也就成爲一個由這「許多類」組合而成的大整體了。而因爲被切割出來的每一小類，不但由於其範圍比較小而容易被我們掌握，也因它具有系統性的標準和條件，所以便可以被我們更明確地理解。於是，如果我們能夠做到把這些小類都全部瞭解的話，那麼我們也應該有資格說，我們對於該對象的全部也會有比較細緻、精確以及周延性的瞭解了。

「文學」就是一個範圍非常廣袤的領域，因此想要對它擁有深入且明確的瞭解，也就是一件極爲不容易的工作了。不過，「文學」原本就是一個通稱；事實上，如果從「存在」這個角度來看的話，即使我們現在仍無法確定世界上最早出現的「文學作品」是哪一（些）件，但是，人們比較習慣用來稱呼它（們）的，卻多是如下的名稱：「悲劇」、「史詩」、「詩歌」……等，而不是「文學」。換言之，人們比較會用「文類」來稱呼它（們）。而人們爲何會有這種習慣的原因，我們雖然仍無法確知；不過，因爲㈠、「文類」的範圍比「文學」小，故而讓我們比較容易掌握，以及㈡、「它」的諸多特色，譬如：形體、內涵等，也比「文學」更爲鮮明，因此也讓我們比較容易瞭解，應該是兩個非常重要的原因吧。據此，若我們想瞭解「文學」的話，那麼從「文類」的角度去入手，應該是一個頗爲有效的方式。

如前所述，「文類」（literary genre）實可說是「文學的類型」的簡稱。不過，如果要對「文學」進行分類的工作而希望能避免出現差錯的話，則有兩個重要的原則應該要注意才行：

首先是任何文學的分類，都必須依據同一套標準。①例如今日所通行的四大文類：詩歌、小說、散文和戲劇，便顯然是以作品的「形式」來分類的。事實上，這裡的「形式」若再深入一層來看的話，乃是「結構」的表徵；因爲，有怎麼樣的「結構」，才會有怎麼樣的「形體」。所以這裡所謂的四大文類，在基本上也就可以說是從「文學作品」的整體「大結構」上所區分出來的「文學類型」了。而若我們再以其中的一類，如「小說」爲對象，從其篇幅的長短上來對這一類作品的「形體」做更進一步的分類的話，那麼所謂：長篇小說、中篇小說和短篇小說等比較小的類別便出現了。另外，若我們換成別的角度，例如，從與文學作品的「內容」關係密切的「題材」來分類的話，則在大範圍上，我們便可以有：社會寫實類的作品、抒情或戀愛類的作品、神怪或軼事類的作品、以及偵探或武俠類的作品等。總之，在有關文學作品的分類上，「依據同一個標準」可說是一個最基本的原則。

其次是，這個分類所依據的標準必須具有高度的「合理性」；也就是須具備「經得起思辨和推論的邏輯性」。前述所提到的文學作品的「形式」和「題材」，一般而言，可說是屬於比較淺顯易知，甚至於是讓人一看就瞭解的。而這裡所謂的「經得起思辨和推論的邏輯性」，則屬於更深的層次。它們往往隱藏在作品之內而不容易讓人察覺，但卻是讓非常重要。譬如說，在中國的詩歌歷史上，除了有從「形式」上來分類的「古體詩」、「近體詩」、「五言詩」、「七言詩」等，以及從「題材」上來分類的「山水詩」、「田園詩」、「抒情詩」、「社會詩」等類別之外，也可以從更深一層的「邏輯性」來分類。譬如以宋代的詩歌來論，就有許多詩體和派別；其中，就有所謂的「九僧體」、「西崑體」、「江西詩派」、「江湖詩派」等。而這四類，顯然都是從詩歌的「風格」所歸納出來的。但是，若我們在進一步來細分的話，屬於這四類中的前兩類詩歌，大多有注重格律和文辭豔麗的特點，但卻也含有因過於堆砌而致氣骨衰弱的缺點；而屬於第三類的詩歌，則多以奇崛獨創、去陳反俗，和倡議使用拗字、拗句爲特色；至於第四類的詩歌，由於詩人多屬布衣隱士和失意仕人，同時又處於宋室危殆、國事蜩螗之秋，因此，表現出來的特色便有情意淺陋、題材狹隘和氣象孱弱等傾向了。總之，這種分類乃是著眼於從詩歌的內在層次，尤其是「風格」上來進行的。

不過，文學的分類對我們想瞭解「什麼是文學？」固然有很大的幫助，而且它的分類也因係依據一套系統的標準、並具有邏輯性，所以擁有令人一目了然、以及能夠讓人相信的特質；但我們仍然必須加以說明的是，「文類」其實並非是緊密封鎖的狀態。若用比喩的話來說，則「任何一個文類」就好比是一個被黑墨汁滴到宣紙上而形成的圓圈，其形狀和顏色是：中心位置烏黑濃密，然後向周圍做圓形式的逐漸陰開擴散，而顏色也由黑變灰，越來越淡，到最後便消失不見了。該圓形中逐漸變成灰色之處，即表示該文類的分類標準也在變寬、變鬆，而到最外圍的沒有標準——也就是該文類已不存在了。換言之，「文類」其實並非是絕對封閉的一個範圍，爲了某種表達上需要，該文類的嚴格限定標準，其實有時候也是可以容許鬆動的。

而由於「文類」有這種現象，所以在文學的分類上，還有兩個術語必須一提，那就是「跨文類」和「次文類」。

㈠所謂「**跨文類**」，就是有某一些文學作品，當我們從某一（些）標準來觀察它（們）時，其所顯現的特色為包含了分屬於不同「文類」的組成要素。譬如說，現代文學中之所以會有所謂的「散文詩」這一文類，即是因論者認為，這一類的作品既擁有「散文」式的「形體」，又包含了「新詩」的「意象」之故。這種情形在古代文學裡也所在多有；我們可以用宋代的「散文賦」來加以說明。「賦」原來是產生於周朝末年、而大盛於漢朝的一種文類；在漢朝時，這一文類的主要特色是：(1)虛構出一種具有對立觀點的兩造，然後讓他們雙方不停地進行問答；(2)將他們之間的問答盡量設計成譬喻的方式，也就是不直接說出自己的意思，而採用「言在此而亦在彼」的方法來表達；(3)因為譬喻之故，所以被借用來說明的事物，不但在範圍上無所不包，任何鬼怪神魔、飛禽走獸等都可包括在內，而且各個都栩栩如生，活靈活現，因而既含有豐富的想像力，也擁有強大的吸引力。不過，隨著時代的遞嬗，這種表達方式也逐漸有了改變。例如：在南北朝時便演變出一種特重字句對仗、聲音協調的「駢賦」（也稱為「俳賦」）。②到了唐朝，聲音的講就越來越精細的情形，因獲得了朝廷和文人的重視。所以不但使「詩歌」漸漸格律化，並形成了一套以平仄聲調格律為模子的「近體詩」；同時也影響到「賦」，而演變成一種既要求句子要對偶，也要限制其音調的「律賦」。到宋朝時，「古文運動」風起雲湧，而「賦」也因受到「古文」的影響，掙脫了「俳賦」和「律賦」的要求與限制，而產生了一種和文章一樣，以章法和氣勢為內裡，而以散行文句為外表的「散文賦」；換言之，「散文賦」乃是一種融合了「文」和「賦」兩個文類的「跨文類」。

「跨文類」這個名詞之所以出現，固然是因其乃事實的存在；不過，若自理論上而言，它實在是一種居於實際上創作的現實需要而產生的必然現象。換言之，只要作家在創作時認爲哪一種方式會更適合其想表達的內容，他是擁有絕對的權力去做選擇與決定的——即使是要在一個作品中同時使用到不同的文類。

㈡至於「**次文類**」，指的是在某一文類之中，我們繼續依據某一成套的標準與原則，將其再區分出若干更小的文類。譬如以我國的「詩歌」類爲例，當從「形式」上來區分時，則可以有「古體詩」和「近體詩」兩大類。但是，一般說法也都同意，「古體詩」之內仍可再從「是否配樂」而分爲：不配樂的「古詩」和配樂的「樂府詩」兩個文類。而「近體詩」也可以從篇幅長短與平仄格律的立足點，再區分出「絕句」、「律詩」和「排律」等三文類。當然，若我們願意再繼續區分的話，則仍然可以從每個詩行的字數是五個字的「五言詩」或者是七個字的「七言詩」而獲得「五言絕句」、「五言律詩」、「五言排律」和「七言絕句」、「七言律詩」、「七言排律」等六個文類。因此若從「詩歌」這個大文類來看的話，其底下所區分出來的所有文類便都可叫做「次文類」了。

「次文類」的主要意義，當是讓我們可以對該文類的特色有更爲深入和明確的理解。

二、文　體

「文類」這個有關文學分類的名詞，主要是流行於西方的文學界；而一般說來，它應該是遲至二十世紀初才被我國的文學界所普遍採用的。不過，這並不表示說，在我國與「文類」相近的文學觀念也是遲到二十世紀才產生。事實上，早在六朝時，蕭統（501-531）的《文選・序》中即說：「凡次文之體，各以彙聚，詩、賦，體既不一，又以類分；類分之中，各以時代相次。」③。劉勰（466?-539?）的《文心雕龍・雜文》中也說：「詳夫漢來雜文，名號品多，……類聚有貫，故不曲述。」④這些文字中，都談到了文學的「類」；只不過這裡所指的「類」，與現代的「文類」倒不一定全然相同。因爲，「它」不但含有在「外型」上的「類別」的意思，例如：詩、賦、騷、銘……等，同時也含有「語言」上所呈現出來的「風格」的差異，例如：典雅、清麗、繁縟、輕靡……等。換言之，中國古代的「類」，其實是包含了「形式」與「風格」在內的。但更值得注意的是，當時所通行的名稱實爲「文體」。⑤譬如說，《文心雕龍・體性》中就說：「若總其歸塗，則數窮八體：一曰典雅，二曰遠奧，三曰精約，四曰顯附，五曰繁縟，六曰壯麗，七曰新奇，八曰輕靡。」明白的以「文『體』」來指稱這文章的八種風格。⑥又如鍾嶸（468-518）在其《詩品・序》裡說「昔南風之詞，卿雲之頌，厥義敻矣。……雖詩體未全，然是五言之濫觴。……古詩眇邈，人世難詳，推其文體，固是炎漢之製，非衰周之倡也。」⑦也是以「文體」來指稱詩歌形體的差別。

這種把文學作品的「類」和「文體」混合使用的現象，在中國的文學歷史上可說非常普遍；當然，如果以比較嚴格的角度來看的話，「文體」這一名詞要比「類」更爲普遍一些。而若我們把它們拿來和今所說的「文類」相對應的話，我們似乎可以做一個大致性的說明：「文體」的分類標準常包括了文學作品的「形式」和「風格」，而這裡的「風格」，則包括了作品的「語言風格」和其創作者的「個人風格」在內；但我們現代的「文類」，則多以文學作品的「形式」爲主——它比較偏重客觀性的標準，同時多不包含作者的「個人風格」在內。

在我國的文學歷史上，曾於某一段時期中佔有頗爲重要的地位的「文類」其實不少，如：漢朝的「賦」、宋朝的「詞」和元朝的「曲」等。然而，一方面因本書篇幅有限，二方面因它們已經不再流行，所以在此便置而不論。筆者爲了讓讀者能夠容易瞭解，所以底下將討論的「文類」，便以是否流行於「現代」爲考量。因此，乃選擇了：詩歌、散文、小說、戲劇，以及若干在我們台灣地區近來頗爲受到矚目的「文類」，如：報導文學、旅行文學、自然寫作……等。透過這樣的構想和作法，筆者希望能做到不僅讓大家對前面的四種「文類」有所瞭解，同時也能藉此把台灣進來的文學況稍做勾勒。

第二節　詩歌

在中國，「詩歌」這一文類不但出現的時間甚早，而且綿延不絕，同時，各時代也都有許多傑出的詩人和偉大的詩歌作品。我們當然知道，爲何「詩歌」能夠在中國擁有如此突出的地位這一問題非常重要，而且原因也很多；但因爲它並非是這裡所要探討的主題，所以我們可不必在此討論。在此，我們必須詳加論述的問題乃是：「詩歌是什麼？」換言之，也就是有關「詩歌」的定義問題。

在替「詩歌」下定義之前，我們首先必須澄清的問題是：「詩」與「歌」兩者之間的關係是什麼呢？之所以會產生這個問題，其實是因二十世紀初期，當中國的詩歌在當時尋求和創造「新語言」、「新文學」的浪潮影響下，出現了所謂的「現代詩派」——一個以法國詩歌，尤其是象徵詩派——爲模仿對象的詩派。這一詩歌派別在一九五〇年代到了台灣之後，其領航者紀弦即大力主張打破「詩」、「歌」合一的觀念。他說：

「詩就是詩，詩非歌；歌就是歌，歌非詩。而所謂詩歌也者，則為一死去的名詞。」⑧

這一近代西方有關「詩」的說法雖然有其依據，但不僅不足以代表整個西方文學史上有關「詩是什麼？」的看法，即使是把它拿來放到中國的詩歌歷史裡，也會顯得格格不入。這是因爲在整個中國文學史上所出現的那一個綿延不絕的「詩」，基本上可說是與「歌」、或者說是「音樂性的聲音效果」緊緊相關的。我們就在古代和現代的衆多說法中各舉一例來說明：

《詩經・大序》說：

> 情動於中而形於言；言之不足，故嗟歎之；嗟歎之不足，故永歌之；永歌之不足，不知手之舞之，足之蹈之也。⑨

逯欽立《先秦漢魏晉南朝詩・凡例》：

> 編成先秦漢魏晉南北朝詩共一百三十五卷。先秦迄隋之詩歌謠諺，略備於此。⑩

《詩經》的〈大序〉中所傳達的觀念，可說是我國自漢朝以後「詩歌」的權威觀點，而它是將「詩」和「歌」合起來看的。逯欽立則是現代甚受肯定的我國古典詩歌的研究者，他在編輯這一套廣被採用的古典詩歌集時，也清楚地指出：「詩」和「歌」都在他的蒐羅範圍之內，只不過仍簡潔的以「詩」爲書名。事實上，我們也可以從絕大部分以闡述中國歷代的「詩」爲主的書（如「中國詩史」之類）中，清楚地看到它們的內容都包含了與音樂緊緊地結合在一起的「樂府詩」，以及各地的歌謠。因此，我們應該可以根據這一個事實來指出，在我國的詩歌傳統上，「詩」和「歌」是難以劃分清楚的。刻意將「詩」和「歌」硬性劃分成不相關的兩個類別的作法，確有「劃地自限」的缺失。

不論中外，歷來曾嘗試對「詩歌」下定義的學者和其說法已不知凡幾，但都會有讓人在讀了之後，產生一種：雖各有精到之處，卻每有不足之感。鄙意以爲，這都是因爲他們採用了過份簡約的文字來說明一個非常複雜的對象之緣故。⑪因此，底下便以條列項目、分別說明的方式來解答「詩歌是什麼？」這一個問題。

總括來看，詩歌的基本要素應該有下列三大項：

一、傳達媒介：具有音樂性的語言文字

由於詩歌多是以最簡短的篇幅來盛載最可能的豐富意涵，所以它常常被描述爲「最精鍊的語文」。而所謂「精鍊」，其實不但包括詩歌內在的豐富意思和優美的語言文字，而且也應該要涵蓋語言文字中所隱藏的動聽、悅耳的聲音。有關詩歌在語文上應該如何達到意思精鍊的要求，我們留到第二、三項再來討論。現在讓我們先分析詩歌的語文在聲音上的特色。

詩歌語文之所以會擁有動人的聲音，乃是詩人運用其高明的技巧，或者充分發揮語文本身在聲音上的自然特色、或者經由精心的細部設計和全盤規劃等方式所創造出來的。當然，不論是發揮其固有的聲音或是人爲設計出來的聲音，都是以「節奏有致」、「韻律優美」爲其最終的考量。因此，我們接著就分別從這兩個方向來做更進一步的說明。

㈠節奏

在詩歌的語文上，所謂「節奏」，就是使某一個重複出現的方式形成一種規律化的傾向。中

國詩歌上的「節奏」，就是指我們在吟誦中國詩歌時，所產生出的一種在聲音上高低有致、長短有序的效果。但是，這種效果又是如何創造出來的呢？想說明其中的詳細原委，我們必須從「漢字」在聲音上的特色說起。我們都知道，「漢字」最大的特色是「形、音、義」三者合一。而三者之中的「音」，在聲音的長度上，則是「一個字」只有「一個音節」的長度；換言之，它的聲音是頗爲短暫的。但不巧的是，詩歌若要發揮出其聲音上的效果，卻必須要用「吟誦」的方式，也就是使它的語文的聲音拉長。因此，從本質上說，「漢字」似乎並不十分適合用來作爲表達詩歌的工具。不過，古代的詩人卻也想出了一個非常高明的補救方法——將兩個「漢字」組合成一個聲音單位，也就是把吟誦詩歌的基本單位，從一個字的「一個音節」，擴大爲「兩個音節」長。這樣，就可避免吟誦時聲音過於短促的缺點了。這個在長度爲「兩個音節」的中國詩歌吟誦單位，我們可以將它稱爲「音組」或「音步」。

如前所述，一個「音步」的聲音長度當然是「兩個音節」。不過，這裡需要特別指出的是，這「兩個音節」長的「音步」，當然絕大多數是指「兩個字」的組合；但也可以只有「一個字」，只不過這「一個字」必須吟誦成「兩個音節」長。底下，我們就舉兩個例子來說明：

《詩經・周南・關雎》：

關關—雎鳩—，在河—之洲—；
窈窕—淑女—，君子—好逑—。

前面這首詩，整首共有二十個詩行，但爲了節省篇幅，這裡只摘取其前面四個詩行爲例來說明。在這四個詩行中，凡是後面有橫線「—」的，便是一個「音步」；而每個「音步」，剛好都是由「兩個字」組成，也就是都有「兩個音節」的長度。現在，讓我們在來看下一個例子：

斛律金（一說爲不知作者）《敕勒歌》：

敕勒—川—，陰山—下—；

天似—穹廬—，籠蓋—四野—。

這首詩整首共有七個詩行，現在也只摘取其前面的四個詩行來說明。在這四個詩行中，凡是後面有橫線「—」的，便是一個「音步」。雖然，其中的大部分「音步」是由兩個字所組成，但也有兩個「音步」：「川」、「下」，只有一個字。這種情形當然是可以的，只不過它們都必須被吟誦成「兩個音節」的長度才行。

中國詩歌的節奏，就是以「音步」爲基礎，來發揮其聲音上的動人效果的。問題是，要如何以「音步」爲基礎去吟誦呢？一般說來，因爲「詩歌」的整體外在形式是以「詩行」排列而成，所以我們就以「詩行」爲對象來加以說明。

從中國的詩歌歷史來看，通常，一個詩行最少要由三個字來組成；而每每都會超過四個字。換言之，若以「音步」的角度來觀察，那也就是會有兩個「音步」。由於在吟誦詩歌時，我們常會自然而然地把每個「音步」的第二個音節處的聲音稍微拉長，因此，一個由三個字或四個字所組成的詩行，便會有兩個聲音被拉長的地方了。此外，當然有更多的詩行是超過四個字以上的；而在「音步」的制約之下，它們也就會擁有三個或以上的「音步」。只不過，如果一個詩行若至少有三個「音步」，而每一個「音步」所拉長的時間又是一樣長的話，那整個詩行所形成的聲音狀況，豈不是又會落入呆板的規律中，而與詩行之所以要有「音步」來改變一個字一個音節長的單調聲音情況相違背了呢？因此之故，在詩歌吟誦時，如果詩行的長度若包括三個或以上的「音步」的話，我們都會在詩行的中間，選擇在意思上可以稍微切割的「音步」，把它停頓的時間拉得比原來「音步」所需拉長的時間要更長一些。底下，我們可以舉兩個例子來說明：

陶淵明（365-427）〈飲酒詩〉（二十首之五）：

採菊——東籬—下—，悠然——見—南山—；

山氣——日夕—佳—，飛鳥——相與—還—。

這首詩共有十個詩行，爲了節省篇幅，故此處只選擇其中的第五、六、七、八等四個詩行來做例子。在這四個詩行中，凡是後面有橫線「—」者，都是其前的「音步」必須拉長聲音之處。而由於每個詩行都有五個字，再加上句子的結尾處也必須拉長爲一個「音步」，所以也就是都包括了三個「音步」。因爲包括了三個「音步」所以在吟誦時聲音會產生單調的結果。而爲了避免這個缺失，我們便必須在詩行的三個「音步」裡，再選其中的一個可以在意思上稍微切割的「音步」，也就是前面四個詩行中的「菊」、「然」、「氣」、「鳥」四個字，把它的聲音拉的更長，使其聲音更富有變化的效果。於是，經由這樣的吟誦方式，詩歌的詩行便在聲音上呈現出長短有致、輕重與高低有序的效果了；而這就是詩行的節奏。而整首詩若用這種方式來吟誦，則詩歌的悅耳、動聽，自然不在話下了。

以上所舉的例子，雖然都是屬於古典詩歌的範疇。但事實上，這種「吟誦」的方式，對二十世紀初所出現的「新詩」也可以適用。民國以來的「新詩」雖然強調不講究詩的平仄、長短和格律，提倡完全自由的詩，但也因此而被批評為「分了行的散文」。有鑑於此，「新月派」的詩人便努力地嘗試去形塑出一些新的詩歌格律。譬如說，屬於這一派的詩人聞一多，便曾提出所謂「詩歌」的「三美理論」：建築的美、音樂的美和繪畫的美；而在「音樂的美」中，即談到新詩語言的停逗、頓挫等問題。⑫饒夢侃也為了這個問題而一連發表了〈新詩的音節〉、〈再論新詩的音節〉等文章。⑬底下，我們就舉徐志摩〈再別康橋〉裡的兩個詩句為例，用「音步」的方式來呈現之：

在—康河的——柔波—裡—，
我—甘心——做一條—水草—。

在這兩行詩句中，凡是後面有橫線「—」的，也就算是一個「音步」；因此，這兩個詩行也都各有四個「音步」。但由於這兩個詩行都超過三個「音步」，所以便需在其中再選定其中的一個「音步」，把它的聲音拉得更長，以避免吟誦時又形成單調的情況。因此，我們在吟誦時，也就應該在前一行的「康河的」之後、和後一行的「甘心」之後，把「的」和「心」的聲音拉更長一些了。

(二)音律

中國詩歌的「音律」，主要呈現在兩個地方：組合成詞彙的字上和不同的詩行最後一字上。前者的表現方式有三：雙聲、疊韻、疊音，後者則只有一種：押韻。

前面已經提到過，「漢字」的特色爲綜合了字形、字音和字義。其中，與詩歌最有關的當爲「字音」。通常，我們把漢字的聲音簡稱爲「音」，而構成這個「音」的元素有三項，即：「聲」、「韻」和「調」。我們可用注音符號來說明。譬如說「轉」字，它的注音符號可標示爲「ㄓㄨㄢˇ」，「ㄓ」叫做「聲」，是發出聲音的部分，「ㄨ」叫做「介音」，是介於發音和收音兩者之間的部分，「ㄢ」叫做「韻」，是收束聲音的部分，「ˇ」叫做「調」，是表示聲音的高低起伏的部分。

所謂「雙聲」，就是指組合成一個詞彙的兩個字，在聲音上的一開始發出聲音之部位和方式相同—亦即「同聲」。譬如：宋朝詩人王安石〈示長安君〉的詩句：「自憐湖海三年隔」的「湖」、「海」兩字，注音符號分別爲「ㄏㄨˊ」、「ㄏㄞˇ」。它們都是以「ㄏ」來開始發出聲音的，也就是其起音的部位和方法相同，所以叫做「雙聲」。而凡是「雙聲」的詞彙，因它們的起音部分重複，所以吟誦起來不但會讓人覺得印象深刻，而且悅耳動聽。

「疊韻」則是指組成詞彙的兩個字，在聲音的收束處有相同的發音部位和方式—亦即「同韻」。譬如唐朝詩人白居易〈長恨歌〉的詩句：「忽聞海上有仙山，山在虛無縹緲間。」中的「縹」、「緲」兩字，注音符號爲「ㄆㄠˇ」、「ㄇㄠˇ」。它們都是以「ㄧㄠˇ」來收束聲音的，也就是其收音的部位和方法相同，所以叫做「疊韻」。由於組成「疊音」詞彙的兩個字在收束聲音時重複，所以也會造成令人印象深刻和動聽的效果。

至於「疊音」，就是指組成詞彙的兩個字，其聲音上的元素完全相同；所以也可以叫做「同音」。不過，以實際的情形來看，組成這類詞彙的兩個字，除了極少數的例外，絕大多數都是相同的字，所以也叫做「疊字」。譬如：唐朝詩人李商隱〈無題——四之二〉的頭兩句「颯颯東風細雨來，芙蓉塘外有輕雷。」中，最前面的兩個字「颯颯」就是重複字。字既然相同，當然聲音也是一樣的。而因它們是緊緊連在一起的詞彙，所以可叫做「疊字」，也可稱爲「疊音」。這種把兩個相同的聲音緊緊連在一起的結果，的確造成了讓人不僅聽起來印象深刻，而且也會覺得流暢悅耳的效果。

「押韻」雖然也屬於聲音上的運用情形，但是與前面三種產生於「詞彙」內的聲音效果之設計並不相同。它是產生於不同的詩行之間的。更具體地說，它是以整首詩爲觀照點，希望在詩中的某些聲音關鍵處使用相同的「韻」，來造成該首詩在聲音上爲「一個整體」的效果。而在此處，所謂詩歌中的聲音關鍵處，就是指詩歌裡詩行的最後一個字；因爲，這些字都是在吟誦時，聲音必須拉長以顯現出其聲音特色之處。不過這裡必須強調的是，在古典詩歌之中，由於「對偶」的觀念盛行，因此，詩人們都有「兩句爲一對」的普遍認知，於是乃形成了詩歌的偶數行之最後一個字多「屬於同一韻」——亦即「押韻」的情形。當然，這裡仍需要指出，這種情形並非涵蓋「全部」的古典詩，而是指「多數」的古典詩。換言之，古典詩歌中的「押韻」之處，並非全都是在偶數行的最後一字上，而也可以包括某些奇數行的最後一字，譬如第一行；因此，可說是頗爲多樣的。至於到了「新詩」已取代「古典詩」的二十世紀，「押韻」當然已不被現代詩人視爲「新詩」的必要條件了。不過，筆者倒認爲，「新詩」其實不必將「押韻」這種可以利用聲音來深化詩歌內涵和吸引閱聽大衆的優點，視爲毒蛇、猛獸而加以排斥。若能發揮這種優點，筆者認爲，「新詩」的發展前途不但不會有任何阻礙，相反的，更會在吸引廣大的閱聽群衆上產生甚大的幫助。底下，我們便在古典詩和現代詩中各舉一首爲例，來看看其「押韻」的情況：

唐朝詩人杜牧（803-852）的〈江南春絕句〉，全文如下：

千里鶯啼綠映紅，水村山郭酒旗風。
南朝四百八十寺，多少樓臺煙雨中。

這首詩的「押韻」字在第二行和第四行的最後一個字，即「風」和「中」。藉由這兩個字的「押韻」，這首詩在聲音上便產生了前、後相互呼應的整體感。

現代詩人宗白華的〈詩〉，全文如下：

啊！詩從何處尋？
在細雨下，點碎落花聲！
在微風裡，飄來流水音！
在藍天空末，搖搖欲墜的孤星！⑮

這首詩的篇幅甚短，但卻含有細密的觀察、深邃的哲理和精巧的手法。其手法之一，即是將每一行的最後一個字：「尋」、「聲」、「音」、「星」設計成韻部相同或相近。於是，整首詩不但因擁有聲音上的重複出現而令人印象深刻，也因此而使這首詩的聲音形成了整體性。

二、豐富的意象

前面說過，「詩歌」是要以最簡短的篇幅來盛載豐富的內涵；那麼，接下來的問題就應該是：如何才能做到這樣的要求呢？答案就是充分使用「意象」！而「意象」又是什麼呢？分開來說，「意」就是心中的意思，也可擴充解釋為心中的一切活動，因此包括了：思想、情感、想像等。至於「象」則指的是一切的外物的形貌。「意」因在心靈之中，所以是抽象的、無形可見的；而「象」因有外形可見，所以是具體的。

歷來對「意象」的解釋並不一致，但以「意中之象」和「內意外象」兩種最被接受。所謂「意中之象」，就是指創作者在創作之前，其心中已經有了某個事物的形象；而其創作，就是把這個事物用語文呈現出來。而「內意外象」，就是創作者先使其內在的心意和外在的物象相接觸、融合，接著將外在物象賦于其內心的意思，然後用語文將這個已經帶有其內在心意的外在物象技巧地勾勒出來。這種藉著「意象」來表達方式，雖然其表呈現到外在的「象」是具體的，但由於「它」所含有的內容是變動不拘的「心靈的活動」，所以其含意也常常是開闊而不定的，有時甚至會產生讀者們各有不同的瞭解和體會的情形。換言之，「它」的含意是很豐富的。⑯底下，我們就舉兩個例子來說明：

唐朝詩人杜牧的〈贈別〉二首之二，內容如下：

多情卻似總無情，唯覺尊前笑不成。
蠟燭有心還惜別，替人垂淚到天明。⑰

從詩題來看，這是一首有關離別的作品。它的大意是：在離別的前夕，兩人面前雖擺著美酒，卻因將要分離而無心去喝，只覺得心中無限酸苦。同時，即使想勉強裝出笑容，也笑不出來。這個時候，突然覺得蠟燭就像知音一般。因爲，「蠟燭的蕊心」此時正不停的燃燒，而流下一滴滴的燭淚；就好像是它十分瞭解離人的心情正陷入無限的傷感，而替離人的心流下傷心的血淚一般。「心情」是無法從外表看出來的。從「意象」上來看，杜牧在這首詩中，首先借用了「蠟燭」來代表「離別之人」；然後，再進一步描寫「牠」的「蕊心」——因不停地燃燒而流著蠋淚。於是在我們的聯想之下，不但可以看到這樣的一種「意象」：「離別之人」的「心」也因爲正在燃燒而痛苦著；同時，更會看到下面的「意象」：「離人的心」也像蠟燭淌淚一般，正流著鮮紅的血。

席慕蓉（原名穆倫・席連勃，1943-）的詩〈一棵開花的樹〉，全文如下：

如何讓你遇見我
在我最美麗的時刻　為這
我已在佛前　求了五百年
求祂讓我們結一段塵緣

佛於是把我化作一棵樹
長在你必經的路旁
陽光下慎重地開滿了花
朵朵都是我前世的盼望

當你走近　請你細聽
那顫抖的葉是我等待的熱情
而當你終於無視地走過

在你身後落了一地的
朋友啊　那不是花瓣
是我凋零的心⑱

這首詩的題目雖然是「樹」，但其實是一個「女子」，或者更具體的說，即是她的「心」。在「她」的心中，有一個非常喜歡的對象；而爲了能夠和「他」相遇，結下一段情緣，「她」不停地向佛祈求，而終於如願地被佛祖變成一棵樹，長在「他」必經過的地方。於是，「她」乃愼重地讓自己開滿了美麗的花和熱情的葉，希望能獲得「他」的注意。但卻沒想到當「他」經過身旁時，竟然無視於「她」的存在與盼望。「她」當然因此而深深失望、傷心了。

由於這首詩的主題是「女主人翁」的「期盼」，是一種心靈的活動，因此，當然是無法讓人從外表上看到的。所以詩人便使用「意象」來表達。而其方式的進程是，先讓「女主人翁」化成「一棵樹」。接著，讓「她」長滿了富有「熱情」的花、葉；於是抽象的「情意」便附到有外形可見的東西上了。最後，則以花、葉的凋零來具體地描繪出「她」的「心碎」。

三、圓融的意境

我們可以說，任何「文學作品」所呈現的內容，其本身就是「一個世界」，不管「它」包含的範圍是大或小、完全或片面、深刻或膚淺；總之，「它」就是「一個」屬於「該文學作品」的

「世界」。據此而論，則任何一首詩歌，當然也就可以說是「一個」由「它」自己的內容所呈現的世界了。

詩歌作品所呈現的世界，如果從它與其作者的關係而言，當然是其作者所創造出來的。然而，在有關它是否即爲其作者的心中世界，又或者是否與作者想表達的完全一致……等問題上，似乎每個人都有自己的看法。而若從閱、聽者與它的關係而言，其實際的結果亦是每個人也都有自己的瞭解和體會。因此，這類問題所包含的內容，可說頗爲複雜，因爲它涉及到的的範圍有：作者和閱聽者的動機、目的、文學知識、閱歷，甚至於年齡、性別和種族……等等。這些複雜的因素，造成我們很難用簡短的篇幅來將它說明清楚的困境。在這種困難的情況之下，筆者不得已，只好把將要討論的問題：「詩歌的世界」視同「詩歌的意境」，而「詩歌的世界是什麼？」這一問題，也就等於是「詩歌的意境是什麼？」了。⑲

所謂「詩歌的意境」，簡單一點地說，即「詩歌所營造出來的境界」。從其作者的角度來說，也就是一種由詩人的主觀心意和其所觸及的外在物象融合爲一的藝術境界；而若從其讀者的角度出發，則可解釋爲：讀者的內心與詩歌的世界結合而成的一種藝術境界。

因爲前面說過，「意象」乃是組成詩歌的一個重要元素，所以若要瞭解詩歌的「意境」，似乎也不宜忽略它與詩歌的「意象」之關係。而在這一點上，袁行霈有一段話頗値得參考，他說：

> 意境的範圍比較大，通常指整首詩……所造成的境界；而意象只不過是構成詩歌意境的一

些具體的、細小的單位。意境好比一座完整的建築，意象只是構成這個建築的一些磚頭。⑳

筆者認爲，一首詩歌之所以能夠被評定爲傑作，就是因爲它擁有一個「圓融的意境」。底下，就讓我們用例子來說明怎樣的詩歌才能算是擁有圓融「意境」。唐朝詩人李白的詩〈子夜吳歌〉四首之三：

長安一片月，萬戶搗衣聲。
秋風吹不盡，總是玉關情。
何日平胡虜，良人罷遠征。㉑

「子夜吳歌」是南朝樂府詩的曲調，原包括有「春、夏、秋、冬」四首詩。這一首是第三首，所以也被稱爲「子夜秋歌」。它的大致內容，是以一個婦人的口吻來表達其思念被徵調去邊塞戍守、作戰的丈夫，並希望戰事趕快結束，讓丈夫能回家，不再遭受征戰之苦的心情。

從「意境」的觀點來看，第一、二句的「長安一片月，萬戶搗衣聲」便寫得非常成功。要明白「長安一片月」這一句的深意，必須先瞭解中文裡的「量詞」。在文法上，中文的名詞若要明確地指出其數目，其前常需要有「數詞十量詞」的詞彙，如：「一隻鳥」、「四頭牛」、「八匹馬」、「十張桌子」……等。而用來指稱「月」的量詞，依常識來判斷，若非用「彎」來指不全的「月」、便是用「輪」來稱呼圓滿的「月」。但詩人在「長安一片月」裡所選的量詞，卻是超乎常理的「片」字，可見其中必有緣故。原來，「一片」和我們現在的用法一樣，如說：「一片綠草地」是指「全部都是綠色的草地」的意思。因此，「長安一片月」所描述的爲：在深夜時份，整座長安城全都被淒涼的月光所籠罩著。而「月」，除了點出了氣氛淒清之外，當然更含有傳統上的意涵：分隔異地的兩人相互思念、期望團圓的心意。

接下去的「萬戶搗衣聲」，則在意思上更進一步，點出了深夜時份應該是人人睡眠，四周寂靜才對。可是這時的長安城卻並非如此，不但不安靜，而且非常吵雜；因爲，家家戶戶都傳出了急促的用杵搗布，以趕製用來禦寒的冬衣的聲音。而這是因爲如果冬天一來，邊塞的天候將變的非常寒冷，所以在長安城裡的婦女，必須利用秋天的夜晚趕緊製作禦寒衣物，在冬天來臨之前，把它們送到在那兒征戰的丈夫們，讓他們可以平安地過冬。

到了第三、四句，婦人更沈痛的含蓄指出，從西邊吹過來的陣陣秋風，對她們的感受來說，就好比是在邊關的丈夫們對家人的聲聲思念、關懷、或者是無奈，因此不禁由衷期盼，戰爭能趕快結束，好讓他們能回家團圓。

因此，從整首詩的「意境」來看，這首詩先以蒼涼和淒清的月光，把長安城敷染成一片白色；再用應該是寂靜的半夜時份，家家不眠不休地搗製冬天禦寒衣物的聲音，來表示人人心中的焦急；因此，長安城和其內的人民乃融入到一種淒涼的顏色和焦躁的聲音之中了。然後，再以此爲基，讓長安的婦女吐露心中的掛念和期盼；於是，整首詩便自然而然地形成了一個圓融的「意境」了。

我們再以一首現代的作品爲例，來說明其「意境」。卞之琳（1910-）的〈斷章〉詩，全文如下：

你站在橋上看風景，
看風景人在樓上看你。
明月裝飾了你的窗子，
你裝飾了別人的夢。㉒

這首詩的表現手法頗爲特殊；大致而言，是兼採了層層遞進、卻又往返回復的方式。在第一、二行中，首先，詩人以寫景的手法，用文字畫出一幅風景畫，畫中有一座「橋」和一幢「樓房」遠遠相對。這時候，「你」正站在「橋」上欣賞著包括「樓房」在內的風景；但也在同時，「樓房」上也有「人」正在欣賞著包括「你」在內的風景。到了第三、四行，畫面改變成在一輪「明月」之下的「你」和「你」的「窗子」，指出：明月固然可以把「你的窗子」裝飾得更爲漂亮；但「你」卻也是讓「別人的夢」更顯得豐富的主角。而就在這種層層轉進、「人」與「景物」交相融合的描寫之下，這首詩便很技巧地塑造出一種非常「圓融」的「境界」了。

第三節　散　文

一般而言，沒有人會否認「散文」是一種文類。不過，若再進一步談到「散文的定義是什麼？」或者「散文的主要形式和內容是什麼？」的時候，常常出現的就是衆說紛紜的現象了。譬如：在有關「語文技巧」上，有人認爲散文比小說要「簡潔精當」，而有人卻主張它的特色是把詩、小說、戲劇等寫作技巧融合在一起而成的。又如：有關「散文」的「內容」上，有人以爲「它」主要是供作者來「抒情、達意」的，但也有人認爲「它」乃是「親身體驗現實生活」的結果。除此之外，更複雜的是有不少學者，竟然將「它」的領域擴展到幾乎無所不包的境地。在這種情況下，「它」便包括了許多本來性質各異、各有內涵、且各自獨立的文學類別了。於是，不但「隨筆」、「漫談」、「小品」、「雜文」、「遊記」、「尺牘」、「手札」、「評論」、「回憶錄」等篇幅比較短的文章、作品都被劃入「散文」的範圍之內，有時甚至連新近出現的「報導文學」、「傳記文學」、「旅遊寫作」和「自然寫作」等，也都被都包括進去了。之所以會發生這種混亂現象的原因固然很多，但筆者認爲最關鍵的應該是，無論中國或西方，都有把一切「文章」盡認爲是「散文」的文學傳統。

不過儘管如此，我們仍可從有關學者們對「散文」的分類結果，進一步推論出：散文不僅在內容上無拘無束，包羅甚廣㉓，而且在表達方式和外在形貌上，也自由自在，沒有定格。換言之，「散文」實在很難用單一的方式來做全面性的描述。

據此，想爲「散文」下一個古今中外都能適用的定義，當然是一件不太可能完成的艱鉅任務。但爲了讓我們的討論能夠順利的繼續進行下去，筆者將以貫串本書的基本觀念——即「文學」乃以「美學」爲基——，再選擇以條列說明的方式，分別從：內容題材、外在形式、和語言文字等三項，來嚐試爲「散文」下個概略式的定義。

一、內容題材：無所不包

從實際的涵蓋面來看，「散文」類作品的內容和「文學」的內容，其實並沒有什麼差別，也就是上窮碧落下黃泉，沒有任何事物不能被包括在內。不過，這種說法對於想進一步瞭解「散文」的人而言，並沒有太大的幫助。因此，讓我們在此就依其性質上的特色，來對「它」的內容題材稍加勾勒。一般而言，由於「散文」篇幅要比「小說」和「戲劇」短小，因此「它」所能盛載的內容並不適合過多；而若更進一步地追究其原因，則是因爲「整篇散文」乃是「作者在述說、或描繪他（她）的所感、所見、所聞，和（或）他與外在環境的互動。」換言之，如果用一段扼要的文字來說明「何謂散文？」的話，那麼我們應該可以將「它」描述爲：「散文」大致上是從「作者」的觀點出發，而將「他」心靈中的思想、感情、想像……等，和外在的言行、與他人的互動、和社會、時代及自然環境等的糾葛等爲題材而書寫下來的作品。」不過，不論是從實際作品的數量上看、或是從比較具有「文學性」上來看，「散文」實以帶有感性的表達方式的「抒情」類和以記述人、事、物精準眞確爲主的「記述」類爲最受矚目的類別。

二、外在形式：自由多變

任何文學作品之所以會呈現爲某一種外在形式，乃是因爲「它」擁有造成這種外在形式的「結構」所致。「散文」，尤其是「現代散文」，在「結構」上的最大特色就是「沒有固定的模式」。爲什麼呢？因爲「散文」作家的寫作，不但各有其不同的動機和目的，譬如：有人要「抒發」，有人想「記述」，有人要「描寫」……等；同時，在題材的選擇和表達手法上，也各有所好，如：有人要「談心」，有人想「說理」，有人要「記事」……等。因而，其呈現到外在的形式，當然是由其作品全文的深層結構所主導；也就是說，該「散文」作品的形式，是以能達成將其內容完善地表現出來所牽制的。於是，諸多「散文」呈現在大家面前的景象，便是「各有形貌」、「自由而多樣」了。這些現象，再配合上不太長的篇幅，乃使「散文」表現到外在形式上的最大特色爲：外形不固定而篇幅也不太長了。

三、語言文字：自然靈動

在語言文字上，相較於「詩歌」語文的具有「音樂性和意象」、「小說」和「戲劇」語文的「敘述文體與對話文體」兼備，「散文」的語言文字似乎缺少強烈的特色。不過，如前所述，「散文」的表達方式主要是能如願地達成其「作者個人的目的」，所以其語言文字的特色也是可以做如下的理解和推測：首先是其詞彙和句式的屬性和種類，必須要能夠配合該作品的性質的類別是抒情、寫景、記述……等，譬如：若是「抒情類散文」，則在詞彙方面，其詞應以「內心世界的名詞，如：「情」字爲基礎，再以「描述這些抽象名詞」的「形容詞，如：「柔」來刻畫它，而成「柔情」之類。在句子上也是一樣，「抒情類散文」因爲要表達強烈的情感，所以經常會出現「感嘆句」、「疑問句」等句式。這種不得不然的結果，都是爲了讓其作者能夠充分地發揮該作品的性質來達到他的目的。要而言之，「散文」在語言文字上的最大特色是：配合該作品的性質，形成一種流暢有致、凝鍊不雜、明確不歧、或自然生動的語文風格。㉔

在本書裡，「散文」乃指「文學」範疇內的一個「文類」，所以「它」必須要具有「文學」的根本要素之一，也就是「美的質素」。而也正因爲如此，「它」與「文章」並不完全相同，因「文章」並不一定與「美學」有關。居於現代文學研究的特色之一，即是將「文類」做十分清楚的區隔；因此，筆者在底下用來說明的例子，便將集中到現代的「散文」作品上。又爲了使討論的涵蓋面可以稍微擴大一些，底下所選取的兩個例子，則是現代流行的「散文」分類中，「抒情類」和「記述類」各一。希望藉著分析這兩篇作品的內容、表達手法、以及其性質等，將「何謂散文」這個問題做更具體和清楚的回答。

「抒情類」之例：張曉風（1941-）〈魔季〉㉕

很明顯的，這篇「散文」的展現方式，是以作品中的主人翁「我」的眼睛和感受、想像爲主軸線所鋪敘而成的。而其主要的內容，若以「畫面」來比方的話，則是有關某一座美麗的山，在春天來臨時所展現出來的迷人風景。其作品的內容如下：

春天來了，我沿著草坡走上山，看到去年秋天的清瘦山容已被各種生氣盎然的綠色所取代，而這景象和以往的春天所帶給我的，都是一樣的甜美感覺：清和的風、穿梭的蝴蝶、舞動的枝葉、山澗的流水、……等等，合奏出美妙的曲調。此時不禁感慨，人們竟喜歡過著四面都是混凝土的生活，而忘了接觸大自然時能獲得的恬適與興奮。

忽然，一個氣質純樸的小女孩凱凱出現了，她回答我說：「今天是春天，不用上學。」這些話乃使我覺得，學生們確實應該偶而把數學拋到腦後、不必去想任何外文，而利用春假的時間去閱讀大自然界中的山水、風雲和花鳥等。當看著「凱凱」正玩著漂浮在山溪上的花瓣時，我差一點以爲她是活動於山中的春花精靈了。於是，我突然也回想起：從前的自己，不也就是住在江南的環山小城裡那個愛花、愛水的春天的精靈嗎？而現在的她到哪裡去了呢？

此時，我看到遠處的樹蔭裡，在安詳地躺著的母羊旁邊，有數隻毛茸茸的小羊，有的正吃著草，有的則在嬉戲、跳躍著。我往前走幾步，進入了濃烈的花香中，花朵璀璨、花香醉人，這種氣氛連風都被膩住了；而滿山的乍醬草，渾樸、茂盛，更把整座山都壓住了。至於山下，則有一條蜿蜒的小溪，它的水面正在陽光的照射之下正閃著明晃晃的信號——，這一切，眞不由得讓人覺得：春天果然是個神奇的魔術師，祂，巧妙地用魔術棒把地球縮成一束花球、一個音樂匣、更把**春天**變成了**魔術季**。

我下了山，此時陽光如潮、城市也沈浸在春裡。回到家，**他**放下書迎向**我**，讓**我**恍惚中覺得又回到當初在樓梯轉角處與**他**驚喜相逢的一刹那。前庭的榕樹、黃花和蕨草，此時已融成一個魔術般的世界了。**我**進了屋，扭亮檯燈，把從山間採來的花夾入大字典裡。**他**說：「好香，是一朵花嗎？」**我**說：「可以說是一朵花吧。而事實上，是一九六五年的**春天**——**我們**所共同盼來的第一個**春天**。」

在寫作背景上，這是作者二十四歲，也就是結婚後的第一個春天時所寫的。因此，作品中那充滿了迷人景象和氣氛的「春天」，其實也就是「她」內心裡對甜蜜婚姻的直接反射。

這篇「散文」的的最大特色，用比較傳統的文學術語來說，即是「情景交融」。在外表上，被描寫的對象是山的風景，包括：山上的花、草、樹、葉、以及其綠、黃、紫、紅的顏色，和濃馥、淡淺的香味；還有輕拂的和風、飛舞的蝴蝶、徜徉的羊兒、和醉人的陽光；當然也有悠閒的牧羊人、負薪者，以及像是春天的精靈的小女孩等等。若從實際情況來說，這些作品中所出現的人、物、景、色等，本來應該都是早就客觀的存在於那裡的；因此，「他們」的內在是否那麼快樂、行動是否那麼自在？我們其實並無法確知。但到了〈魔季〉這篇散文裡，「他們」所顯現出來的，竟然毫無例外的若非輕鬆悠閒的神態，便是富有吸引人的神彩。爲什麼會這樣呢？那就是因爲這篇作品的內容採用了寫作者「我」爲主角的緣故。由於是從「我」的眼睛和感覺出發，所以作品裡所出現的人、物、景、色等，其實就是「我」所看到和感覺到的「他們」，而不是原來的「他們」。因此，「他們」便不由自主地被敷染上一層「我」的情感色彩了。又因爲「我」這時的心裡所充滿的，是美滿婚姻所帶來的喜悅和甜蜜，所以「我」所看到的和感覺到的一切外在物象，包括動態的和靜態的，也就都一樣地呈現出帶有這種「情感」的色彩和氣氛了。而也正因爲如此，這一篇在外表上看來頗像寫景的作品，其實是一篇典型的「抒情」之作。而且，我們甚至於可以說：「它」已經達到「情景交融」的效果了。

至於讀者在讀了這篇作品之後，爲何從中所感覺到的是一種專屬女性特有的「細膩、柔婉的喜悅之情」呢？通常，這種現象，也被稱爲「作品的風格」。「它」大致上是由兩項因素所決定的，即：出現在作品裡的主要人、事、景、物……等屬於哪一類？以及用來形容「他們」的描述語又是屬於何種性質？而在〈魔季〉裡，雖然一切的人、事、景、物…等，都出現在那座範圍應該是很大的「山」上，但那座「山」卻是被綿密的「乍醬草」覆蓋著的；而在其上頭所出現的人、事、景、物，如：牧羊人、蝴蝶、羊兒、花葉、草木、陽光和溪水等，若非具有嬌小、細緻的外形，便是擁有美麗、可愛的特性。再加上用來描寫這些對象的描述語，如：清瘦、雅緻、美麗、柔嫩等形容詞，和怯怯地坐下、慢慢地涉溪、安詳地躺著、軟軟地攤開等動作，都是屬於悠閒、自在類的用語，於是，〈魔季〉當然就會呈現出「精緻、細膩」的面貌和「甜蜜、喜悅」的氣氛了。

前面曾說過，「散文」在形式上的特色爲自由多樣、長短不拘。〈魔季〉的外在形式確實也是如此。不過，由於任何一篇「散文」的外在形式，都是由「它」的內在結構所造成。所以〈魔季〉這篇「散文」會呈現爲這種外形，當然也是建基在「它」的內在結構上。基本上，〈魔季〉的結構是以「我」爲觀照點，順著「我」所看、所聽與所感來進行。而其進行的方式，若依照作品中的人、事、景、物……等角色和對象所出現的順序來看，我們可以說，其主線乃是與時間的先後相配合的——除了其中有少數地方在時間上突然因「我」的回想而出現逆反的現象。爲了使〈魔季〉的結構清楚地呈現出來，我們若以「時間」和「空間」的組合爲焦點來觀察，則全文的時空架構可大致勾勒爲：

㈠**寫實和抒情**：「我」在春天走上山，四周一片綠，上有陽光、清風、花樹、蝴蝶，以及大自然的音樂。

㈡**轉換場景**，進入內心世界：「我」慨嘆世人習慣於四面混凝土的生活，而遺忘大自然的恬適和興奮。

㈢**回到現世**：看到山澗漂花，並與一穿紅衣女孩對話，描述她如何享受春假，並指出春天時，人們應有與山水接近的自在心情。

㈣**又進入內心世界，回想起自己小時候在江南小城裡的情形**：也穿著紅衣、爬矮牆、採桃花、並在溪邊草地上打滾。

㈤**回到現世**：看到樹蔭裡的羊家庭安詳快樂，進入濃烈的花香中，覺得眼前的一切就好比是得魔術師縮小了的美妙世界。像花束、像音樂匣。

㈥**回到家，感到愛情的甜蜜**：而庭院中、屋子裡、甚至書頁間所夾著的的，就是「我」和丈夫婚後的第一個春天。

據此，這篇散文在「空間」——也就是「場景」——上，並非都集中在「山」上，而是包含了一個感慨㈡、和一個江南㈣。不過，由於它們在作品中並非屬於實際上的存在，是一種只存在於「我」的「心」中的想像世界，因此，如果從「實際」所發生的「地點」來看，這篇散文的結構其實是由時間的先後所串成的：全文由「我」上山開始，到回家結束；所以可說頗為完整。值得一提的是，作者巧妙地藉由㈡和㈣的穿插其間，使得本篇散文因而擁有下面三個優點，即：性質上的虛實交替、地點上的跳躍變動、以及時間上兼具順時與回溯等設計。於是，當我們閱讀全篇作品時，便在自然而然中感覺到「它」因含有若干變化，所以並沒有一般短篇散文作品的普遍缺失：單調和呆板；而本篇散文也因此可以說是成功的抒情作品了。

「**記述類**」**之例**：王鼎鈞（1925-）〈瞳孔裡的古城〉㉖

為了使我們對「散文」能夠有更為深入的瞭解，此處對這篇作品的討論方式將選擇和前一篇作品一樣，以「畫面」為觀照點來進行。首先是其內容。王鼎鈞這篇散文的主要內容，是記述作品中的主人翁「我」回憶其幼時家鄉的種種。我們先依據此作品所記述的內容，按照其進行的先後順序大致勾勒如下：

「我」並沒有失去「我的故鄉」，因當年離家時，「我」曾把「它」藏到「瞳孔」裡。因此，不管「我」到哪裡，「故鄉」都會跟「我」在一起。「我的故鄉」是建築在一片平原沃野間隆起的高地上，外有城牆，而形狀則像一個長方形的盒子，其內住有八百戶人家。「它」在春、夏、秋、冬四季，都有特殊的吸引人的風貌。

據說，祖先們原來是住在一個低窪近水的地方。那裡到處綠波碧草，家家以種桃為副業，都有豐足安樂的生活。但有一次，突然來了大水；幸好有一隻黃狗及時狂吠，警告大家，讓大家能逃離那裡，奔向安全的地方。在回頭看到家園已毀後，大家只好再一起去尋找另外一個可以安居之處了。而為了感念黃狗，家族自此以後，再也不殺狗，不吃狗肉，不舖狗皮了。

在故鄉小城靠近南牆處，有我讀過的小學。校址原是一座大廟，後來為了蓋學校而將其拆掉。唯仍留著一座大殿，內有一尊戴紗帽、穿素袍的偶像，是學生犯錯時必須向其鞠躬，以表示改過的神像；但不久之後，神像也被拆除，同時大殿也改為禮堂，成為週會和畢業典禮舉行的地方。畢業旅行是當地的年度大事，老族長在典禮完畢後，都要親自帶領著畢業生畢業旅行，即走到城裡的每一個有故事的地方停下來，述說先人的嘉言懿行。我畢業的那一年，族長雖已十分衰老，但仍不顧校長的勸阻，即使是需要坐轎子，也堅持要帶領學生畢業旅行；因為，他要藉此讓這些即將長大成人、並且可能離家背景的孩子，對自己的根有清楚深刻的記憶。其中，以老族長帶大家去看祖先挖成的第一口井最讓人印象深刻。

很久以前，祖先們在歷劫後漂流曠野，不知走了多少路，經過了多少年，也不知流了多少的汗與淚，只想找一塊可安居之地。後來，終於來到這塊高地。因地勢高，不會鬧水災，而且四周一片沃土，可供耕作，再加上高地的頂端平坦，適合蓋屋居住，所以便決定在此安身立命——只要能挖出有水的井。而老天保祐，終於如願。從那時起，祖先們便在此一代一代地傳到現在了。

我們畢業生站在一棵枝葉茂盛的槐樹下看到了那口井，它只是一個在荒草間又黑又深的破洞，裡面已經沒水了；但從老族長虔誠的表情中，我們卻也看到了他的內心：對祖先的英靈由衷感謝，因祂們使當初憔悴襤褸的先人繁衍成如今衣冠楚楚的大族，使荒涼的土丘也成為安全的堡壘。而我們在畢業旅行中所看到的，乃是綿延不絕的房子、無法望盡的槐柳和到處上升的炊煙了；至於聞到的，則是從兩旁的門窗散發出來的各種香味：烤蕃薯的、醃肉的、醬菜的和陳年老酒的。

我在故鄉三千里外，聽到故鄉發生旱災的傳聞：有一個夏天，池塘乾沽了，井也乾了，青蛙、老鼠為了找水而死在街上。更慘的是，土匪也在此時蜂擁而至。他們圍城，切斷城外唯一的水源，並環城堆木材，日夜生火，逼得族人皮膚紅腫裂開，只能殺牛羊喝血；此時，族人已自認必死無疑。突然，有人感覺到井旁的那棵古槐樹似有綠意，乃說服大家來淘這口井。終於奇蹟發生，古井又冒出水來，大家都喜極而泣。於是，有人提一桶水從城牆上倒到城外，而土匪就退走了。

我在三千里外，故鄉對我只能屬於傳說的時代。

王鼎鈞這篇散文的故事性很強，可說是一篇「記述」性的作品。而因為作品的主人翁是「我」，所以讓人讀了之後，會自然而然地覺得整個故事乃是「我」在「記述」自己的經驗一樣。於是，便出現了一個強烈的特色，即：故事的內容逼眞可靠。除此之外，還有另外一個讓人讀來深覺印象深刻的地方，就是作品裡常流露著「我」的情感。

在風格上，這篇作品頗有古樸的味道，而且還有一種裊裊的餘韻。我們先來看看何以作品會具有「古樸」的味道呢？細究起來，其主要原因大概有二：即古老的事件和純樸的鄉下；而這兩者，在作品裡其實是密不可分的。為了說明方便起見，我們姑且以事件為主，而以鄉下地方為副來進行分析。從事件上說，這篇散文計包含了一個主要的「我的故鄉」的故事，和兩個與「我的故鄉」有關的故事。而它們之間是有關連的，即：「我幼時的故鄉」的故事為主軸，而其它兩個可算為輔的故事，其一是有關「我幼時的故鄉」之前的故事，另一則屬於「我幼時的故鄉」之後的故事。在事件所發生的「地方」上，因為這三個故事都是在鄉野，所以，「它們」也因此而都擁有一種「純樸」的特色。至於在「時間」上，這三個故事裡年代最早的，是有關「我幼時的故鄉」之前的故事。它的內容是有關祖先們之所以會從遠處遷到故鄉定居的原因，在當時已經是一個傳說，所以在「時間」上已離今非常遙遠，因此，其事件的時間和事件發生的地點，也就具有「古老和純樸」的味道了。至於「我幼時的故鄉」之後的故事，其內容爲故鄉於大旱時族人如何成功地抵禦土匪攻城的情形。在「時間」上，雖然距離今天比較近，但卻是遠離故鄉三千里外的「我」聽來的，所以在空間上也呈現出頗爲遙遠的距離，因此，也具有「古老和純樸」的內涵。而位居主軸的「我幼時的故鄉」的故事，其內容則爲有關「我幼年時」故鄉的種種，所以在「時間」上與今天也頗有距離；而在空間上，也因「我」是在離「故鄉」三千里外的地方，所以距離也非常遠，因此，也就含有「古老和純樸」的味道了。

　　至於這篇散文的「裊裊的餘韻」又是如何產生的呢？這應該要從其主題上來看。「它」的主要內容，從表面上看雖然似在描述「我的故鄉」的種種，但若更深一層來看，「它」的主題其實是「我」對故鄉的深刻「懷念」。也正因此之故，作品中的「年幼時的故鄉」，常會引起「我的想念」，如說：「我並沒有失去我的故鄉。當年離家時，我把那塊根生土長的地方藏在瞳孔裡，走到天涯，帶到天涯。」又說：「我看見水面露出的龜背，會想起起它；我看見博物管理陳列在天鵝絨上的皇冠，會想起它，想起那樣寬厚、那樣方整的城牆。」也說：「我想，這次大旱，一定給故鄉留下許多烙痕，等我去憑弔、撫摩。」等等。這些文字，當然都是在反應「我」心中那股對故鄉的深深「想念」。尤其更關鍵的是，這種「想念」，卻因爲「我」身在「故鄉」的三千里外，無法回去，而在內心之中形成了無可奈何的遺憾。在這種無奈的情況下，「我」唯一能做的，也就是對「它」時時牽掛、隨處繫念，以及把「它」當做一種「傳說」，隨時隨地打聽有關「它」的消息，以稍稍慰解心中的想念而已了。這種無法回去故鄉，只能「想念它」，把「它」當傳說一般來打聽的無奈心情，就是爲本篇散文醞釀出一種讓人同情不已的「裊裊餘韻」的原因所在。

至於這篇散文的形式爲何會呈現出這種面貌，我們還是採取與分析〈魔季〉一樣的方式，以「時間」和「空間」的組合爲焦點來觀察。據此，本篇作品的時空架構大致可勾勒如下：

㈠心中感慨：「我」雖然離開故鄉，但卻用瞳孔隨身攜帶著「它」。
㈡刻畫故鄉的外貌：外圍像矩形，有城牆圍繞，位在平原沃野間隆起的高地上。一年四季各有特色。
㈢祖先們離開原來居處的原因：遭到洪水侵襲，家園已經毀壞。
㈣「我」在故鄉參加小學「畢業典禮」的情形：老族長帶大家走到故鄉裡每一個有故事的地方，告訴大家先們的嘉言懿行，以記住自己的根。
㈤祖先們遭水劫後，如何經過艱苦歷程而選定故鄉的情形：地勢高而有水井。
㈥老族長在井旁老槐樹下虔誠感謝祖先，讓家族壯大；而「我們」只注意有興味的事物和景象。

㈦聽說：故鄉久旱不雨，且遭土匪圍攻。後因奇蹟出現，乾沽古井又被挖出水來，使土匪退走，全族又存活下來。

㈧「我」在故鄉三千里外，「故鄉」的消息只能從別人處聽聞才知。

本篇散文主要的描寫對象，是「我」的故鄉「古城」。但若依據前面所列的時、空架構來看，在「空間」上，作品中眞正再描寫「我幼時的故鄉」的文字，其實只有㈡、㈣和㈥。而若從「時間」來觀察，則㈢、㈤爲祖先們搬到故鄉之「前」的故事，㈦爲「我」離開故鄉之「後」的故事。至於最前和最後的㈠和㈧，則是「我」此時對故鄉的想念和感覺。因此，本篇散文在「空間」上的安排，其實是錯落有致的；而在「時間」上的設計，更是前後交相遞換。於是，呈現在我們面前的作品，便是一篇在結構上頗具靈活變化的散文了。

第四節　小　說

不論「文學」被說成是用來「反映人生」、「批判社會」或「刻畫人情世故」「描寫人間百態」，它們的基本立論都是建立在「文學」和「人」之間的密切關係上。本書在討論「文學的定義」時，也曾對這個問題大致觸及過。而若我們把立足點放在「文類」上，同時將觀察的重點放到「以最接近人的實際生活的方式來呈現」時，則毫無疑問的，在各種「文類」中，當然要數「小說」最能夠達到這一個要求。這是因爲「小說」所擁有的大體結構和敘述方法，其基本功用就是在將人們的各種活動具體地表現出來。

當然，「小說」的這種特殊結構和敘述方法是非常重要的。不過，因爲這裡所要討論的範圍，並不僅限於「小說和人的關係」，而是包括了整個「小說」在內，所以筆者在此實必須把觀照點加以擴大。據此，底下便籠統地以「小說的主要特色」爲名，採分項條列的方式說明如下：

一、小說的敘述觀點（narrative perspective）

從「小說」的內容而言，「它」可以說與「事件」相當；而「事件」之所以能夠用語文呈現出來，則是因爲有一個人把「它」（們）說出來或寫下來。這一個說或寫「事件」的人，就被稱爲「敘述者」。所謂「敘述觀點」，即是產生於「敘述者」和他所敘述的「事件」之間的關係上；一般多將「它」解釋爲：「敘述者的心理過程」。爲了讓「它」的內涵和意義能夠更爲清楚一些，我們不妨依照通行的方式，分別從「時間性」和「空間性」兩個角度，來對「它」做進一步的說明。

㈠**時間性的敘述觀點**（narrative perspective in time）：這種觀點是以「敘述者」和他所「敘述的事件」在「時間」上的關係來定位的。而若更精細一些來區分的話，這一敘述觀點之內又可再分為三種：⑴「敘述者」在敘述的時候，其所敘述的「事件」也「正在進行」。因此，「事件」和它「被敘述的時候」，在「時間」上乃是「同時」的。⑵「事件」在被「敘述者」敘述的時候，已經發生過了。因此，從「敘述者」在敘述時的「時間」上來看，「該事件」實屬於「過去式」。⑶「事件」在「敘述者」敘述「它」的時候，其實還未曾發生。所以，從「敘述者」在敘述時的「時間」上來看，「該事件」其實是屬於「未來式」。

㈡空間性的敘述觀點（narrative perspective in space）：這種敘述觀點乃是以「敘述者」和他所「敘述的事件」在「地點」上的關係來定位的。一般說來，這種關係又大致可細分為兩個敘述的角度：⑴「敘述者」是他所「敘述的事件」的主角、參與者或旁觀者，因此乃以第一人稱的「我」出現。採取這個敘述觀點的「小說」作品，都會產生某些優、缺點。在優點方面，由於「我」和「事件」的距離很近，因而使得「所述的事件」顯得活靈活現，非常生動；其中，尤其是屬於心靈層次的感情和想法等抽象世界，也都可以被細膩地表現出來。至於缺點則是因為「我」係「事件」內的當事人，因此所可能聽到和看到的範圍十分有限；而「我」在時間和空間上的活動範圍既然這麼有限，當然「小說」所能觸及的範圍也就大受限制了。⑵「敘述者」是他「所敘述事件」的局外人，因此都以第三人稱（通常是使用某人的名字）出現。而採用這個敘述觀點的「小說」也會產生若干優、缺點。在優點上，由於「敘述者」是處於「事件」之外，所以他所能看到和聽到的時、空範圍也就可以無所限制；這個特點，可以讓「小說」在事件的進行中隨時應需要而變換場景和時間，於是「小說」所能包含的範圍和內容便大爲拓寬了。不過缺點則是，因受到「敘述者」乃是「局外人」的限制，因此，「所敘述的事件」會讓人讀起來像是在聽「故事」一樣，缺少「敘述者」身歷其境的栩栩如生之感；於是，「小說」也就缺少可信度和感動人的力量了。

至於在「空間性的敘述觀點」上是否能創造出一個既可包含上列的優點、而又同時可排除其缺點的「敘述觀點」，雖然已有不少人在努力中，但迄今爲止，似尚未有令人普遍肯定與接受的成果。我們目前也只能拭目以待了。

二、小說和事實

在我國的文學史上，雖然「小說」這個名詞早在先秦時代的《莊子・外物篇》和《荀子・正名篇》就已經提到過，但「它們」的意思都跟現代所指的「文學」範疇裡「小說」不同。一般說來，比較多的學者認爲，標準的「小說」類作品在中國要遲至唐朝的「傳奇」才算正式出現。唐以前的志怪、傳說等記載，在形式上因爲都是屬於筆錄或雜記，故無法被認爲是完整的「小說」形式。但不論是志怪、傳說或傳奇，其基本性質當是與眞正的「事實」有若干距離才對。至於在西方，如以英國爲例，也是一直要到十七世紀初的小說家費爾定（Henry Fielding, 1707-1754）才提出所謂的「寫實小說」（novel），在其前的「小說」，則都被稱爲「虛構的故事」（fiction），因爲它在基本上是「想像」出來的，而非百分之百的「事實」。據此看來，不論是在中國或西方世界，似都認爲「小說」與「事實」並不相同。

「小說」的基本性質既然如此，那麼我們似乎有必要來對「它」和「事實」之間的關係稍做釐清。由於「小說」所描述的內容，不管是「人們的活動」或是「已被擬人化了的其他世界」，其實都是以「人的世界」爲圭臬；因此，「它」常會讓人覺得好像就是「眞實的世界」一般。但如果我們能更進一步來思考，則應不難理解到，出現在「小說」裡面的人、事、物等以及其活動，即使和「眞實的世界」有密切的關係，但實際上乃是「小說」的「作者」所「創造」出來的。換言之，「它」應該是屬於「作者心中」的世界，是一種已經加上了「作者」個人對「眞實世界」的看法和感覺的世界。因此，「它」雖然和「眞實世界」有關，但卻只能夠算是一個「眞實世界的片面世界」、或者是一個「將眞實世界折射過了的世界」。「小說的內容」絕對不等於「百分之百的事實」。

三、小說裡的角色

「小說」雖然以事件爲架構，但使事件呈現出來的卻是「角色」，包括人和物等。不過「小說」裡的「角色」與「眞實世界」中的他們並不完全相同。以「人」來說，「眞實世界」裡的「人」絕對會有生、老、病、死，但「小說」裡的「人」則不必非如此不可。又「眞實世界」裡的「人」在日常生活中絕對免不了有飲食、學習、工作、娛樂等活動。但在「小說」裡，這些活動卻並非全部都必須出現不可；相反的，當「它們」被安排出現時，乃是要提供某些作用，譬如：推展情節、或者轉換氣氛等。因此，「小說」裡的「人物」常具有下列的特色：

㈠**片面性**：「小說」裡的「人物」雖然有主要、次要、陪襯等之分，但無論是哪一種，都與「眞實世界」裡的「人物」不完全相同。此外，「小說」主要是爲了陳述某些事件，「小說」裡的「人物」雖然是讓事件能夠具體化的基礎，但在「小說」中並無法，也沒必要把他們生活裡的點點滴滴都記錄下來。因此，出現在「小說」裡的「人物」，其實只是他們的一部份面貌，只是「片面」的他們而已。

㈡**透明性**：「小說」裡的「人物」當然和「眞實的人物」一樣，可以有特定的外貌、言語和行爲。但卻有一個最大的差別，就是：他們是「透明的」，也就是他們的內心世界可以一五一十地完全暴露在讀者眼前。在「眞實的世界」中，人們固然可以藉由說話的口氣、方式和肢體動作等，來呈現自己心中的情緒和想法，但這些外象的眞正意思是什麼，則仍然隱晦不明。至於「小說」裡的「人物」，當在情節和內容上有需要時，則「作者」會用文字把他們內心的活動，包括情緒、感覺和想法等無法從表面上看出其含意的抽象世界，既細膩且清楚地寫出來。因此，「透明性」也就成爲「小說」裡的「人物」的一大特色了。

㈢**自由性和變化性**：在「眞實世界」中，「人物」是當然必須隨著時間的順序來成長、來經歷遭遇、來表現言行。但「小說」裡的「人物」則不一定非如此不可，他們可以應事件進行的需求來出現，譬如「回想」方式的寫法：當兩個久未見面的老年人突然相遇時，他們可以暫時把時間停格，用「回想」的方式，談論一些早已過去的年輕時的遭遇。此時，不但時間突然逆反，地點突然改變，連「他們」兩人的年紀、容貌、甚至四周的人、事、物等也都一起突然改變了。

四、小說和時間

從「讀者」的角度而言，讀者完整地讀完一篇「小說」，可以只需幾小時，但也可能需要幾星期之久。同時，他可以是在讀一篇新的作品，也可以是在重溫他所喜愛的舊作。但毫無疑問的是，不同的閱讀方式——尤其是使用時間的多少，常會帶給讀者不同的感覺和體會。不過，要談「小說」和「時間」的關係，則最關緊要的乃是「小說」中「故事」的時間和「角色」的時間兩種。底下就以分項的方式，來對這兩種「時間」的意義做更進一步的說明：

㈠**小說中「故事的時間」**：在時間的「長短」上，「小說」故事所包括的時間，有長達數十年的，但也有短到幾小時、甚至幾分鐘的。另外，在事件「進行的方式」上，雖然大多數的「小說」是採時間上「由前往後」的「直線」進行方式，譬如：主角年幼時如何，成長過程中有何遭遇，如何結婚、生子，以及創立大事業等，於是故事便具有明白易懂，但卻單調的特色。但有時爲了讓「小說」的故事內涵更加豐富或結構更有變化，也有一種把事件進行的「時間」「中斷」

或「歧出」的方式，譬如：當事件進行到：某些公司的主管正在某個會議室討論新的投資計畫時，突然秘書闖了進來，告訴大家公司破產了，趕快到總經理室集合，研商因應措施，於是乃岔出此時之前的一些事件。這種在「時間」上「中斷」或「歧出」的方式，當然會使得故事的內容更爲豐富；但若處理不佳，則會造成結構紛亂的缺點。

㈡**小說中「角色的時間」**：此處所謂「角色的時間」，並非指「角色」在小說作品中「出現的時間」有多少，而是指「角色」的「心理」所「感覺」到的時間是長或短？或「角色」必須應故事的需要而產生了「今」與「昔」的隨時改變。在對「時間」「感覺」或長或短上，我們可舉下面的例子來說明：當小說裡的男主角與他心儀的女生有約會，而在約會的「時間」未到之前，他的心裡便有了「爲什麼時間過得這麼慢？」的感覺。可是，當他們兩人的約會快結束時，他的感覺卻反而變成了「爲什麼時間過得這麼快呢？」然而在實際上，「時間」行走的速度一直是一樣的，根本沒有任何的改變。因此，他之所以會感到「時間」比平常快或慢，實在完全是因爲「心理」的影響所致。至於「角色」在「時間」上會突然發生「今」和「昔」的改變，我們也可以用例子來說明：當小說中的主角某天晚上從公司下班時，在回家的路上突然遇到小學同學，於是便到咖啡店聊天；而兩人所談的，都是年幼時的種種頑皮情形。於是，小說中的「時間」便從「現在」應該繼續往「未來」前進的路線，突然間來個大迴轉，從「現在」跳回到「過去」，而「主角」也從「成年人」變成了「小孩」。當然，這種情況與事實並不相符。不過，由於這是爲了因應小說裡故事的需求而特別安排的，所以我們不但不會認爲「這種安排」不合理而無法接受，相反的，反而會覺得故事因而有了變化，也因此更顯得靈活和吸引人。

五、小說的故事和情節

從組織架構上來看，「故事」和「情節」可說是「小說」的兩大支柱。其中，「故事」（story）可稱爲「小說」的骨幹，「它」是由若干「情節」連結而成的。至於「情節」（plot），則是運用技巧的手法把若干較小的事件組合而成。如果將「小說」比喻成「一棵樹」，則「故事」就好比是這一顆樹的「樹幹」，而「情節」則爲這棵樹的「枝葉」；因此，「它們」兩者的關係不但緊密到無法分開，而且擁有彼此相互輔襯的作用。又若從「它們」的性質來論，由於「故事」乃是吸引讀者去閱讀「小說」的主導力量，所以「它」必須講究要有「動人」的因素，如：新奇、哀怨……等。而因「情節」的功能主要在「扣人心弦」，所以「它」常被要求具有錯綜複雜和懸宕起伏等的特色，來刺激讀者的情緒，讓他們因而發揮出想像力去一查究竟。於是，讀者便在「小說」這兩大誘因驅動之下，在閱讀完作品之後，可達到「恍然大悟」的效果。

底下，我們便從現代的短篇小說中選擇兩個在性質上頗有差異的例子，用前面所論到的「小說的主要特色」爲基來分析，希望能藉此對「小說」做更爲具體的說明。

「第一人稱敘述觀點」之例：李昂（原名施叔端，1952-）〈人間世〉㉗

由於〈人間世〉這篇短篇小說係採取「第一人稱」的敘述觀點，所以故事中所出現的一切，若非是「我」所看到和聽到的現象和實況，便是「我」內心世界的活動，如：感覺、想像……等。因此，這篇作品的第一個特色也就是充滿了「我」的色彩。底下，我們就依序從情節和故事、敘述方式和人物三項，來分析這篇小說：

㈠情節和故事

筆者在前面的論述中已約略指出，我們其實可以把「小說」的內容視爲一個「故事」；而「故事」則是由若干個「情節」組合而成的。因此，我們可以將〈人間世〉這篇作品的「故事」，依其所敘述的內容的先後順序，用「情節」爲單位的方式勾勒出來。不過在這樣做之前，仍有必要說明此處所謂的「情節」，是指某地在某一時間中所發生的事情；也就是說，「情節」等於某一時、空裡所發生的事件。大致說來，本篇作品的「情節」如下：

⑴主人翁「我」被學校公告「勒令退學」，在女生宿舍收拾行李，和同寢室同學道再見，並疑惑：事情怎會變得這樣？

⑵「我」於是想到「他」，因爲即將回故鄉而再也不可能相見。父母責怪他，認爲大半的錯都是由他造成。他的朋友卻爲他不平，因爲他爲我做了太大的犧牲。但我認爲，包括校長、教官、老師，甚至我們兩人都沒有錯；只是，我倆既然遭到如此結果，那到底要怪誰呢？

⑶看著母親吃力地幫「我」提著部分行李，歪斜著身體從四樓下來，心裡一陣酸楚，而回想

起以前。

(4)「我」一向不需母親太操心。小學時讀女校，不會學粗野；功課好，且在許多方面獲得不少獎狀。中學六年也是讀女中，學校功課很重，且禁止談戀愛。老師多是女性；男老師則學校要求需已結婚，且相貌平平。那時，晚上都會幫忙做家事，並努力準備功課。母親要求我考上公立學校，所以只准我跟功課好的同學相處，不許和成績不好、又與男生出去玩的同學交往。同學中有穿胸罩的，流汗時會因衣服黏貼身上而隱約可見；跑步時會使胸前乳房晃動，使我覺得她們不高尚。

(5)「我」上了大學，因曬白棉布底衣而遭到同學奇異的眼光，於是由同學陪伴去買生平第一件胸罩，才知道「它」有許多尺寸、形狀等不同，也才知道爲何以前穿「它」的同學會顯得比較豐腴，並驚訝何以同學會知道這麼多。

「他」與「我」認識不久的一個晚上，在校園散步時突然摟住我要吻我，我躲開，回答他說：「怕有小孩。」他還是吻了我，並要我回宿舍去問同學。同學說當然不會有小孩，並笑我竟然不懂。以後在一起時他常吻我。有一次，他問我而知道我月經剛過幾天，就跟我說同學都去跳舞，不在宿舍，並帶我去他宿舍。在那裡，他以愛我、教我爲理由，跟我發生關係。隔天，我雙腿酸疼，且有血絲流出來。我向一位同學談起，不久，寢室同學都知道了。再一次，在他朋友的房間，他以我們會永遠在一起而要我，而我也依他。之後，便常做這種事。有一次晚上和他有過，第二天卻出血不斷，不像月經，雖然後來停了，但在經過輔導中心時，我便進去問裡面的老師，同時也告訴他許多事。他拿兩本有關生理衛生的書給我回宿舍看。讀完後，我才瞭解這種事可能會發生的後果，如：懷孕，而感到害怕。

(6)第二天下午，我被叫到訓導處辦公室；他已在裡面，神色顯得很倦怠。訓導長說我們違反校規，要受極嚴厲的處罰。他向訓導長強調那是我們兩人的私事，但訓導長則認為發生地點在宿舍，所以是破壞校規的行為。出來後，他原來怪我為何到處去說；但在瞭解我是因不知怎麼辦才去輔導中心後，便不再怪我，並說愛我、會負起責任。是夜，我反覆難眠。

(7)第二天早上，父母親已到學校。母親以我敗壞門風而在女舍前傷心地打我，我跪著不閃躲。到了訓導處，母親向訓導長求情，但並無效。我必須退學，他則被開除。他雖向父母表示願意娶我，但被拒絕了。他向訓導長說美國有些大學可以讓男女生同宿舍，訓導長則以任何人都必須服從這裡的標準回答他。出了訓導處，父母決定要我回家鄉小鎮。我回宿舍收拾行李，聽到同學說這都是我自己造成的；而我也才知道這事會牽連那麼廣，但卻已無法挽回。父親在宿舍外接過母親手中的行李，連一眼都不看我；而我在淚眼朦朧中看到他站在遠處角落，心想：我將再也看不到他了，我愛他嗎？我該怎麼辦？往後我會怎樣呢？這一切，我都不知道。

在「情節和故事」上，〈人間世〉這篇小說的「故事」（通常即是小說的「內容」）大致是由前面七個「情節」依序排列而成。而它們之間的排列，則是建立在一個由小說裡的主人翁「我」

所處的「現實世界」與「我」的「內心世界」交互出現的方式上。也就是說，這篇小說的內容所呈現的方式是，在描述完一段「我」的「實際的情況」之後，便再以「我內心裡的世界」，包括：感覺、回憶、疑問等等來接續。於是，小說的整個「故事」便是由「我」為主軸，然後再以一種「我」在實際上的遭遇之「實」的「情節」，與「我」內心中的活動之「虛」的「情節」先後相間的方式來進行。這種結構上的設計顯然頗有變化，因而也有其優點，就是讓本篇小說免除了作品中的「情節」（也就是「故事中所包含的比較小的事件」）全為現實世界、或是抽象世界的現象，以致於造成「結構」單調、甚至於使「故事」乏味的毛病。不過，無可諱言的是，由於這種「實」與「虛」的「情節」實在「互換」的過於頻繁，所以本篇小說也確實呈現出有一點讓人覺得「呆板」的缺失。

至於在「敘述方式」上，由於〈人間世〉這篇小說是以「我」的觀點來敘述，所以當然屬於「第一人稱的敘述觀點」。這種從「我」的觀點出發的敘述方式，通常因為是以「我」為核心，所以常常會把小說中的世界劃分成「我」所處的「實際世界」，以及「我」的「心裡世界」的情況。但不論是哪一個世界，其中的人、事、景、物等，也都必然無可避免地敷染上「我」的主觀色彩。因為，「我」所接觸到的人、事、景、物等雖然都是客觀的存在於他（它）們的世界，而擁有其獨自的生命，但他（它）們之所以會以這篇小說中所要求的表情、狀態等出現，即是因為「我」認為他（它）們是這樣的。至於「我」的「心裡世界」，諸如：「我」的情感、想法、計畫、回憶等，當然都是從「我」產生出來的，所以更是充滿了「我」的個人色彩了。譬如說，因爲是〈人間世〉裡的「我」親自出來告訴讀者「她自己」的成長背景，所以我們讀者不但全然相信「她」所說的一切，而且也會在瞭解這些訊息後，覺得「她」的內心其實是天眞純潔的，因而「她」在這件事情上也應該是無辜的。又譬如說，因爲「故事」的敘述者「我」就是被學校退學的當事人，所以讀者在讀到小說的結尾部分時，對於那突然出現的一連串「我」深藏在內心裡面的心聲——不知道自己將來會如何的「疑問」，不但不會覺得突兀，反而會被「它們」引發出對當事人「我」的同情。而之所以會產生這種效果，即是因爲本篇小說採取了「第一人稱的敘述觀點」所致。

從「人物」的觀點來看〈人間世〉，我們甚至可以說，「它」實在可以算是這一篇小說裡的主人翁「我」的部分自傳。在小說的文字敘述中，讀者不但對主人翁「我」在實際生活裡的各種遭遇，如：她在中小學時學校的成績表現多麼好、在家時是多麼聽話、幫忙做家事、和努力溫習功課等，以及離家到台北讀大學時，如何與同寢室同學相處，並與男朋友的種種交往等等有了清楚的瞭解；而且對她在獲知將被大學退學之後，因而引發出來的內心世界——這個藏在她的心中，外人根本看不到，而只有她才可能清楚的抽象世界，如：感覺、疑問和回憶等等，也都能夠一清二楚地明白。換言之，「我」在小說裡乃是一個像是玻璃一般的「透明人物」，她是赤裸裸地把自己的一切呈現在讀者眼前的，沒有任何個人的秘密可言。

至於其他人，如「我」的男朋友、寢室室友、父母、輔導老師、學務長等，都只能算是配角，甚至於出來應應卯，跑跑龍套而已。因此，嚴格的來說，他們都只能算是應故事或情節的需要才出現的角色。而也是因此之故，他們若不是只表現出一般人的某個單一或片面的強烈性格，便是呈現出性格模糊、見解主觀的特色，而且常常是偶而才出現，以及很快就消失。我們可以舉輔導老師、學務長、「我」的男朋友等三個人物爲例，來做進一步的說明。首先以「輔導中心的老師」爲例。在小說中他只出現一次，而且時間非常短暫；他在小說中的功能只有兩個，一是讓主人翁「我」瞭解女性的身體構造、與男女之間身體接觸之後可能產生的結果；二是將「我」在男生宿舍與男朋友發生關係的事情報告給學務長，以致於造成「我」和男友被退學的命運。其次再以「學務長」爲例。他雖出現兩次，但每一次的時間都非常短。他在小說中的主要功能也大致只有兩個，一是代表嚴格而無彈性的校規，以及其背後所含的：違規的定義乃是指是否在校內，若是在校內違規，則必嚴格執行，若否，則可不論的偏差觀念；二是將「我」與男友退學的決定者。因此，他們兩個人給讀者的印象是頑固、偏執和不通人情。而這些性格和舉措，當然只是一個人的「部分」或「片面的性格與言行，絕非任何一個人的全貌。最後再以「我」的男朋友爲例。他在小說裡出現的時間，除了「我」之外，比其他人都長的多。但他所呈現出來的形象是：已經服過兵役而顯得世故，教導「我」與他接吻，雖很照顧「我」、卻常忽略「我」的感覺而每次只顧自己興致地與「我」發生關係，無可奈何地被退學、並遠遠地看著「我」被父母接回家鄉。因此，在針對「一個人」的描寫上，「我」的男朋友與小說裡的其他人物比較起來，已可算是較爲全面了。不過，涵蓋面仍不夠全面，且深度也有所不足；在前者上，讀者會對：「他」的長相到底如何？「他」是如何與「我」認識的？……產生好奇心，但卻無解。在後者上，讀者也會對下列問題有興趣：「他」是以什麼條件獲得「我」的青睞？是因爲有錢、家庭背景雄厚？或是很會甜言蜜語、討人歡心？還是因爲功課很傑出、令人喜歡接近？……等等。但小說裡也都沒有交待，而缺少說服力。

不過，這裡要強調的是，小說中配角的寫法本來就不是以「全面而有深度」來考量的；因爲，他們的出現主要是功能性的，是以如何讓他們來使小說的故事進行得更爲順利、情節更爲曲折變化、人物更讓人印象深刻或更吸引人……等爲考慮的重點。因此，我們並不宜以要求主角應如何描寫才好的態度和水準來要求他們，而應以他們是否達到他們在小說中應有的功能來判斷他們的角色是否成功。

「第三人稱敘述觀點」之例：白先勇（1937-）〈永遠的尹雪豔〉㉘

凡採取「第三人稱的敘述觀點」所寫成的小說，其「敘述者」若非以事件的「旁觀者」出現，便是以「參與者之一」的身份出現；因此，「他」並不是小說故事裡的主要角色。而由這種身份的人所敘述出來的故事，當然就不會含有類似「第一人稱敘述觀點」的小說所共有的特色：「敘述者」個人的主觀色彩非常鮮明地貫穿於作品中了。相反的，由於採取「第三人稱敘述觀點」所寫成的小說，其「敘述者」與小說裡的故事常維持著一段距離，所以呈現在讀者面前的故事，也會在自然而然之中產生出一種比較客觀的特色。因〈永遠的尹雪豔〉這篇短篇小說所採取的是「第三人稱的敘述觀點」的寫法，所以當然也就有這種特色了。底下，我們仍依照前面對〈人間世〉的分析方式，分從情節與故事、敘述方式和人物等三個項目，來對〈永遠的尹雪豔〉做更進一步的說明。

㈠情節和故事

我們在此仍然和前面的分析方式一樣，把〈永遠的尹雪豔〉整篇小說視爲一個「故事」，而「它」則是由底下的六個「情節」串連而成的。當然，這裡所指的「情節」也和前面相同，是指在某個地方的某段時間之內所發生的事情。這六個「情節」依序如下：

⑴在十多年前的上海百樂門舞廳，有一個非常著名的舞女尹雪豔。她有高挑的身材、雪白的肌膚、俏麗的臉龐，以及好聽的聲音、輕盈的舞步和靈活的手腕。總之，她非常迷人，而且身旁確也有許多有錢有勢的公子哥兒在捧她的場。其中，就曾有個上海棉紗財閥的小老闆王貴生，天天開著凱德拉克的車子去約她。而爲了累積財富以打倒她身邊那批富有的角逐者，他甚至不擇手段地賺錢；可是卻因官商勾結而被抓去槍斃。最後的勝利者則是當時聞名上海金融界的洪處長；他爲了尹雪豔，不但休掉妻子、拋棄子女，而且還答應她十個條件，才使她變成了洪夫人。於是，她成爲上海上流社會的著名交際者。可是，洪處長也是八字不夠硬，所以在第一年即丟了官、第

二年破產；最後也以分手終場。

⑵尹雪豔在台北的公館位於仁愛路的高級住宅區內，是一幢嶄新的的西式洋房，客廳寬敞，可開兩、三桌酒席，家具高貴精緻，布置妥貼高雅，還有特別設備的麻將間，和有隔音設備的挖花房間，可在裡面玩牌或唱和。加上有冷、暖裝置，所以讓人常流連忘返。事實上，那裡確實常聚集許多她的舊雨新知，而尤其是從大陸過來的老朋友，不論他們在事業或官場上是比以前成功或失意，更常那兒聚會。其中，有一位曾在上海當過銀行總經理的「吳經理」，雖然到台北後只在一家鐵工廠掛個顧問的名義，但因是尹雪豔的「乾爹」，所以也常到那裡發發牢騷。而尹雪豔在那裡所表現的，不但有迷男人的功夫，對女人也很有親和力。她們或是到那裡去一同回味過去在上海時的得意與快樂，或是去那裡拋棄近十幾年來的不如意事兒；又或者在那兒打牌輸了時，會向尹雪豔抱怨；又或者去向她傾吐丈夫外遇的傷心事，而都會得到適當的安慰。

⑶伊公館總是高朋滿座，它不但能吸引老朋友，因爲他們能在那裡覺得自己像以前一樣重要；同時，又因它具有別處所缺少的特色，所以也吸引了不少新知。但最具吸引人的當然還是那裡的女主人尹雪豔了，因爲她能做到讓每一個來那裡的人，不分男女和尊卑，都有賓至如歸的感覺。譬如：在打牌上，她因爲瞭解每位客人的牌品和癖性，故而所安排的牌搭子總配合的十分理想，從沒傷過和氣；又打牌久了的人，她會拿舒服的椅墊枕在那個人的背部，讓他覺得備受關心。此外，還準備有家鄉的年糕和粽子作下午的點心；晚飯則是包括了金銀腿、貴妃雞、醉蟹、搶蝦等

上海名廚的京滬小菜；半夜也有冰毛巾讓客人醒腦，以及雞湯銀絲麵作宵夜。總之，客人的反應簡直可以用「樂不思蜀」來形容。因此，不論是開標、請生日宴、或是打牌等，大家都選擇到那裡去。

(4)有一次，尹雪豔在伊公館替吳經理做六十大壽時，帶來一位中年男士徐壯圖。他有高高的個子、結實的身體、和堂堂的相貌，是上海交通大學畢業的，現任一家大水泥公司的經理，前途遠大而家庭美滿。那天因為情況比較特別，尹雪豔不但把客廳布置得喜氣洋洋，也著實將自己打扮一番：月白旗袍、繡花鞋、右鬢插著大紅鬱金香、耳上吊著一對銀墜子。而經由吳經理的介紹，徐壯圖乃受到尹雪豔的特別照顧，包括在席上親自勸酒菜、席後親自盛冰凍杏仁給他、以及用手按住他的手幫他打牌等。自此以後，徐壯圖就常到伊公館了。

(5)徐太太傷心地坐在家中，她的乾媽吳家阿婆來探望她。阿婆天資異秉，且學過道，所以家裡設有法堂，並頗有信衆。她看到徐太太如此的消瘦而感到驚訝；並仔細聆聽徐太太的哭訴：徐先生平常應酬忙時，她已暗暗為他的健康擔心；但自上個月起，就像變了一個人，不但經常兩、三夜不回家，問他時還摔碗砸筷，也開始動手打孩子。聽說，外面有了人。聽到此，吳家阿婆才說那個人叫尹雪豔，曾經攏過很多有頭臉的人，可說是個禍水、妖孽。於是阿婆便拿了徐先生的八字去給她的老師傅測，以替徐氏夫婦排危解厄。但結果卻是徐先生有一次和工人吵架時，被那個工人刺死了。

(6)徐壯圖的喪禮由吳經理當治喪委員會總幹事。在殯儀館開弔的那天，從早上九點開始，來祭弔的人便絡繹不絕；而徐太太則帶著兩個小孩跪在靈堂前答謝。到了中午時，突然人群裡起了一陣騷動；原來尹雪豔一身素白打扮地也來徐先生靈堂前行三鞠躬禮，並摸摸孩子的頭和握了一下徐太太的手。尹雪豔像一陣風走後，徐太太便因昏厥而被抱到後堂去。而也就在當晚，尹雪豔的公館又有了新牌局；其中，有些牌搭子是在徐壯圖祭悼會後約好的；而吳經理也又帶了兩個新的客人來。吳經理不但自己上陣，而且手氣極佳，還快樂地大聲叫說，他打出了百年難得一見的「四喜臨門」怪牌；而尹雪豔也笑吟吟地說，等一下贏得更多時，要向他吃紅。

如上所述，白先勇這篇〈永遠的尹雪豔〉的「故事」便是由這六個「情節」所結合而成的。「它」的結構並不複雜，即利用第一個「情節」來呈現「十多年前」圍繞在「上海的百樂門舞廳」的某些人、事、物開始說起，而以主角「尹雪豔」爲貫串時間的縱軸。接著從第二個「情節」起，則將「時間」改爲「十多年後」，而「地點」也移到「台北市仁愛路上的伊公館」；然後再以「尹雪豔」爲核心，來敘述出整篇小說的主要「故事」，即「十多年後」圍繞在「台北尹的公館」所發生的事件的基礎。因此，這篇小說的「故事」其實頗爲簡單。大致說來，由於出現在小說裡的大多數角色都是屬於橫跨「上海」和「台北」兩地的人物，而且多是在當時曾經十分顯赫的有錢人，所以描述的重點便集中在他們的享樂生活，如：跳舞、打牌與追求年輕貌美的女主角等上；但作者卻有意地強調「時間」在他們身上所留下的許多無法磨滅的滄桑刻痕。因此，整篇「故事」

也就自然而然地呈現出一種由於常回想得意的過去事蹟而時時感慨今不如昔的氣氛。換言之，作者技巧地以「第一個情節」爲基，然後用其後的「第二到第六個情節」來與「它」對照，再藉由許多「人物」在兩地之間的今昔對比，來鋪敘出一個許多有錢人對自己多年前的得意往事想盡量抓住、但卻不可能如願地抓住的無可奈何的故事。

至於在「敘述方式」上，〈永遠的尹雪豔〉所採取的是「第三人稱的敘述觀點」，因此，便不會像前一篇小說一樣，其敘述者即是故事的當事者或關係者—也就是故事中的「我」—出現在故事裡，而使得故事顯得和「我」息息相關、以及很容易感動讀者的情況出現了。相反的，採取這種「第三人稱的敘述觀點」來敘述的敘述者，與他所敘述的事件是沒有任何關係的，所以當然便會與他所敘述的故事保有一個相當的距離。在優點上，因爲採取這種敘述方式的小說，不會有敘述者跑出來表達自己的想法和意見，所以其故事便會顯得比較客觀，比較像是眞的，所以也就比較容易取信於人。若再進一步說，出現於小說中的人物，也會比較容易被讀者認爲是眞有其人，以及他們的各種遭遇和感受，也比較會被讀者認爲眞的存在於世間。不過，這種敘述方式也會產生一個頗大的缺點，即：因整個故事是由某人「說」出來的，所以「它」與讀者之間的距離實頗遠，於是讀者用來讀「它」的態度也就常常是「冷靜」的了。換言之，這種敘述方式常會造成讀者以客觀的態度來閱讀小說，所以採用這種敘述觀點所寫成的小說，通常是不太容易感動讀者的——雖然這並非這類小說的目的。

我們再從「人物」上來看〈永遠的尹雪豔〉。嚴格來說，這篇小說只有一個主角——尹雪豔而已；其他的人物都是配角、或者只能算是出來跑跑龍套的角色。先來談尹雪豔。雖然「她」在小說中所佔的篇幅比其他人物都多，同時在小說裡也確實居於故事的核心地位，因此當然是小說的主角。但由於「她」並非是敘述者，而是被描述的對象之一，所以「她」也沒有太多的機會來吐露自己心裡的世界，因此，讀者從小說中所看到的「她」，大多是有關「她」的外貌和動作，譬如：身材高挑、皮膚雪白、容貌俏麗、以及聲音悅耳和舞姿輕盈等。尤其是這些特色，竟然在經過了十多年之久後還沒有改變，所以才會有小說的名稱「永遠的尹雪豔」出現。就在這一點上，讀者當然會驚訝於「她」的保養有術，會因爲「時間」在迫使其他人的外表越來越蒼老，而只能沈溺於回憶和感傷的時候，竟沒有在「她」身上留下任何歲月的痕跡，而對「她」印象深刻。至於有關「她」的內在，如：心地、個性、脾氣等，讀者並無法從作品中獲得理解。我們以男女之間的「感情」爲例來說明：在上海時，「洪處長」即是爲了娶「她」而休妻、棄子；但在「他」遭逢一連串的丟官、破產、以及到台北之後的事業不如意後，「尹雪豔」讓讀者看到的反應是，並沒有任何一般人都有的對「丈夫」的安慰、鼓勵、或與「他」同甘共苦，相反的，竟是「她」的離「他」而去。到了台北後，徐壯圖也是爲了待在「她」那兒而常數夜不回家，甚至還變得脾氣暴躁地打孩子；但在「他」因跟工人吵架而被刺死後，「她」雖也去參加「他」的喪禮，但在回到自己的公館後，又照常愉快地和新、舊客人打牌、應酬。因此，相信絕大多數的讀者對「她」

的看法是：「她」是一個「內心」非常冷漠無情的人。但事實上，比較正確的理解應該是，「尹雪豔」在小說裡的內心世界並未獲得作者太多的著墨，因此，「它」給讀者的印象是一種模糊而不清楚的感覺。

至於其他人物在小說裡所呈現出來的面貌，則幾乎可以用「既片面又膚淺」來涵蓋。他們在作品中所獲得的篇幅都很少，所以不論是外在的言語動作、或是內在的心靈活動，都沒有被深刻而詳細的描述。其中，被刻畫得稍微完整一些的多一點的有：王貴生、洪處長、吳經理、徐壯圖、徐太太和吳家阿婆等。洪處長和徐壯圖已如前所述。現在再來看其他四人。首先是上海棉紗財閥少東王貴生，他被描寫成天天開著豪華轎車去接尹雪豔去宵夜，以及不擇手段地賺錢以擊倒其他對尹雪豔的追求者，而最後則因違法犯罪被槍斃。其次是吳經理，他從上海的百樂門到台北的伊公館，從得意的銀行總經理到賦閒的工廠顧問，一直都是尹雪豔的座上常客，而且還是她的乾爹；他的特色是，說話愛半開玩笑又帶點自憐的口吻。當然，最重要的是他常帶一些新客人尹雪豔處到去玩樂。另一個是徐太太，她因先生的改變而著急、傷心、哭泣，努力想法子挽回先生和挽救家庭，更因先生被殺而在殯儀館的靈堂裡帶著孩子穿喪服答謝來弔祭者，並在尹雪豔來行鞠躬禮時昏厥。最後一個是吳家阿婆，她是徐太太的「親媽」（乾媽），因會道法而在家設有法堂，虔誠唸經、佈施散財、救濟貧困，並曾為若干人解決過若干困難，如家庭糾紛等；她也曾想法改變徐先生以幫助徐太太，但卻沒有成功。大致說來，上述這些人可以說是小說裡被刻畫得比較詳細的人物了；但即使如此，讀者對於他們的瞭解並不深入和全面，譬如，他們每一個人的：高矮胖瘦如何？相貌如何？個性如何？脾氣如何？才華如何？等等。但在這裡必須強調的是，由於「第三人稱敘述觀點」的小說重視的是客觀地來陳述「故事」，所以其重點往往放在「故事」上。重點既然如此，那麼在這類作品中，篇幅比較短小的作品當然就更不可能對作品中的人物花太多筆墨了。於是，這種作品裡的「人物」，也就常會造成讀者對他們的印象頗爲模糊的結果了。

第五節　戲　劇

一、戲劇與文學的關係

無可否認的，有不少人主張「戲劇」並不屬於「文學」的範疇之內，因爲「它」是一種「綜合性的藝術」。換言之，一齣戲若要能在舞台上演出，「它」必須具備許多條件，譬如：劇本、演員、化妝、舞台、佈景、道具、燈光、音樂、舞蹈、美術、建築……以及導演、製作人等等。而這些條件中，有許多項是與「文學」無關的。但相反的，也有許多人認爲，「戲劇」應該是「文學」裡的一個類別；因爲，如果「它」只有演出時才存在的話，則不但其生命實在過於短暫，再加上每一次的演出結果也都不會完全相同，所以其變動性也是無法令人忽視的。在這個情況之下，如何設法來盡量使「戲劇」避免出現這些缺點，也就顯得頗爲重要。通常，大家所選擇的方法，就是將「戲劇」寫下來，以作爲每一次演出的依據。而這個「寫下來」的「戲劇」，也就是「劇本」，即是大家認爲「文學」的對象。據此，當有人主張「戲劇是文學」時，他的意思其實是「劇本是文學」。

由於本書所探討的範疇是「文學」，所以在「戲劇」這部分當然也應該以「劇本」爲探討的對象。但是居於「戲劇」若不「演出」，則其不僅將無法呈現、也根本無法存在這個事實，筆者乃認爲，在我們把討論的對象集中到「劇本」之前，如果能夠先以「整個戲劇」爲觀照點，對「它」做全盤性的扼要說明，那麼，對緊接其後的有關「劇本」的解釋，也一定會有正面助益的。

爲了節省篇幅，筆者只能選出幾個「戲劇」中最爲關鍵的特色來稍加說明：

㈠在表現媒體上：「戲劇」若要具體地呈現出來，其所需備的條件有很多，諸如：演員、化妝、舞台、佈景、繪畫、雕刻、音樂、舞蹈、燈光……等等都是。因此，在表現媒體上，「它」可說是一種「混合多種媒介」而成的藝術。「它」和「文學」之所以有關，乃是因爲擁有「劇本」——一種以文字書面寫成、而使「它」能維持基本內容、並持之以恆的依據——的緣故。

㈡在表現方式上：由於「戲劇」乃是一種「表演的藝術」（performing art），所以「它」的基本要求就是能夠提供演出。而爲了達到這個目的，「它」便必須隨時注意下面兩個要點：一個是「外觀性」（externality），也就是需要有外在的形式，如此，才能供人觀賞。另一個是「客觀性」(objectivity),也就是必須避免觀眾陷入讀者個人閱讀作品時的主觀想像,而以能夠迎合眾多的觀賞者心裡面早就營造出來的「想像的舞台」(imagination stage)為要求。

㈢每齣戲劇的生命:從比較正式的「演出」角度來看,每一齣戲的生命長度是非常明確而有限的,也就是「開幕即誕生,落幕即結束」。這是因為每一次的演出情形,包括效果在內,一定不可能完全相同——即使劇本、演員和場地等都不變——之故。事實上,「戲劇」裡面能夠真正使其恆久不變的要素,只有「劇本自身所含有的生命」——而「它」,則是由「戲劇」中所容納的「文學質素」所構成。

㈣「戲劇」和「秀」的差別:「戲劇」的核心是「情節」,而一般則把該「戲劇」的所有「情節」統稱為「劇情」。「劇情」之所以有價值,乃是因為「它」取材於人生,而用文學的質素與技巧將「它」搬到舞台上;如此,人們就能夠從置身事外的客觀立場來看「它」,以瞭解人生的種種情形、深思人生的眞正意涵、並體會自己存在的意義。換言之,「戲劇」是很有深度與頗具嚴肅性的藝術。但「秀」(show)便大不相同;因為「它」只有一個目的,就是「刺激」觀眾的感官。為了達到這個目的,「它」通常多以挑逗、誘惑和煽動為手段,選擇較具極端性的題材,以求激起觀眾的情緒波動。因此,「它」常缺少發人深省的效果,也缺乏嚴肅的意義。

㈤「戲劇」和「史詩」、「小說」的最大差別:「史詩」(epic)是西方文學史上非常悠久、而且也非常重要的一個文類。基本上,「它」是由一個人用說說唱唱的方式把故事說給聽眾聽的;

所以與「戲劇」採「現身說法」的方式表演給觀衆看頗有差別。至於「小說」，只要一經印成書面方式，就被確定而無法改變原貌；但「戲劇」則會依表演的人員、時間、場地的不同，而呈現出一再轉變的面貌和內涵。因此，兩者也有甚大的差異性。

二、古典戲劇的結構

前面是幾個有關「戲劇」的主要特色，雖然不是與屬於「文學」範疇的「劇本」直接有關，但卻是正確瞭解「文學的戲劇」所需的基礎。現在，就讓我們進一步以「文學的戲劇」爲對象來探討。首先是關於「它」的「結構」。當然，並非所有的「戲劇」都有非常完整的「結構」；不過，若以比較符合標準的要求，如「古典的悲劇」來說，則「它」的「結構」大概可以從頭到尾地依序分成：一個小序和四個階段：上昇、高潮、下降、終場。茲將它們的內涵稍微分別說明如下：㉙

㈠**序**：這一階段的內容，主要在說明該戲劇的背景；而其目的，則是使觀衆在進入戲劇的內容之前，能夠先對該劇在時間、空間、和故事、人物方面擁有基礎上的瞭解。

㈡**上昇的階段**：這一階段的內容，通常是以「主角」爲核心，一方面刻畫「他」的特色，如：身份、性格等，然後刻意凸顯一個與「他」對立的力量或情勢正在醞釀中，以營造出一種緊張的氣氛。

㈢**高潮的階段**：這一階段的內容，多以前一階段所營造出來的緊張氣氛為基礎，而描寫「主角」是如何地在內心的掙扎中，決定要採取何種的應對方式。因此，其重點似集中在「主角」內心的衝突上。而由於「主角」的這一決定，不但是其內心衝突的終點，更是整齣戲劇的故事之轉捩點，所以其特色即是「充滿張力」，並因此而被稱為「高潮階段」。

㈣**下降的階段**：這一階段的內容，多在描寫「主角」下了決定之後而採取了許多動作。而在「他」執行決定之後的各項動作中，經常出現的情況乃是「主角」遭遇到許多預料之中或預料之外的挫折；換言之，「主角」常被描述為：即使非常努力地奮鬥，但卻無法挽救其最終的失敗結果。於是在這一階段中，便會產生出一種很能夠博得觀衆憐憫的效果。

㈤**終場的階段**：這一階段的內容，主要在讓前面階段的一切衝突、對抗和糾纏等做個總結。雖然，「它」的結局不一定是圓滿或快樂的，相反的，有時甚且是悲苦的；可是，「它」卻著實使該戲的故事有了了結，並使觀衆能藉著這種結局而深入思考人生、以及其個人的生命意義。

三、戲劇的人物和情節

對「文學的戲劇」要做進一步的分析工作，還有底下兩個非常重要的關鍵點必須加以深入的瞭解才行，那就是「戲劇」的「人物」和「情節」。

㈠「**戲劇**」裡的「**人物**」：前面在討論「小說」時，已曾約略指出，「文學」裡的「人物」

乃是經由「想像」和「虛構」等方法所創造出來的，因此與現實中的眞正人物當然有頗大的差別。現在即以「戲劇」爲範圍，將其「人物」的特性大致勾勒如下：

由於「戲劇」是用「演出」來呈現的，因此，劇中的「人物」到底是怎麼樣的人，並無法用文字來詳細描述，而需要靠其他方法來顯現。一般說來，想瞭解戲劇裡面的人物，主要的是透過他們出現在舞台上時的外貌、對白、動作和別人的敘述等方式；而其中，尤以「動作」和「對白」兩項最爲重要。底下，就讓我們來稍微說明其理由是什麼？

1. 在「動作」方面。在缺少語言文字對「戲劇」裡的「人物」做任何介紹之下，這些「人物」的「動作」就成了觀衆想瞭解「他們」的最重要依據了。因爲「動作」不但是「劇中人」心裡頭的「動機」、而且也可能是「他們」內在的「性格」所顯現到外頭的具體形象。我們在觀賞「戲劇」時，因爲想要對「它」有更深入的瞭解，所以便會產生：爲何這位「劇中人」會發出這個「動作」呢之類的疑問。於是，「動作」的背後的原因原來藏有與其息息相關的「動機」便被發覺了。若我們從比較寬廣的角度來看，則下面幾個項目應該可算是比較主要的「動機」了：渴望愛情、掩飾尷尬、希望成功、害怕失敗、嫉妒、貪心、報復、感謝……等等。此外，「劇中人」的「動作」也常常會在自然而然之中把他們的「性格」，如：剛烈、堅強、柔弱、含蓄、驕傲、謙虛……等等表現出來。㉚

2. 在「對白」方面。從書面文字的資料上來看，「劇本」幾乎可說是由「對話」所組成的，其他的「敘述性」文字非常少。所謂「對白」，即是「劇中人」之間的相互對話；當然，「它」也包括一個人的「獨白」在內。「戲劇」即藉由這兩種表達方式，使得其「劇情」不但得以進行，同時，「劇中人」的內心世界也會因此而赤裸裸地呈現出來。事實上，我們還可更仔細地來體會以下的種種問題，如：他們說話的內容是什麼？所用的文辭傾向優雅或俚俗？語氣是客氣或粗暴？說話時的情緒是平靜或激動？其特定的目的是什麼？以及所透露出來的個性是沉穩或急燥？……等。若我們能切卻掌握這些問題的答案，則有關他們是怎麼樣的人？以及他們正想做什麼？等，也就會了然於新了。不過，在此必須附帶一題的是，有不少人認為：「對話」其實也應該可以涵蓋在「動作」之內。

「戲劇」中的「人物」在全部被「動作」和「對話」包圍的情況下，他們的特色之一當然也就是沒有任何心中秘密的「透明人」了。

除了「動作」與「對話」之外，想瞭解「戲劇」裡面的「人物」，其「外貌」當然也不能完全忽略，因為在「它」的深層裡也蘊含著不少深意在內，如：服裝能暗指身份、長相和化妝能暗示性格等。至於「別人的敘述」這一項當然也頗為重要，因「它」的功能之一，就是很技巧地在隱約之間，把被「敘述到的人物」的某些特色和正在進行何種動作等暴露出來，而觀眾也因而一一知曉了。

㈡「**戲劇**」的「**情節**」：在「內容」上，「戲劇」可說即是在呈現一個「故事」；而這個「故事」，係由若干個「事件」所組成。當我們把觀察的重點放在「戲劇」的傳達特質──「演出」──上時，則會發現：原來這些「事件」之所以能呈現到觀衆面前，是需有「地點」和「時間」兩大條件爲背景才行。換言之，「事件」乃是由某（些）「人物」在某一個「地點」上的某一段「時間」內，經由許多「動作」所串連出來的「事情」。這些「事情」經由精心的編配、規劃後，順著動作的發展，而被一件件地先後組合起來；最後，終於成爲一個完整的「故事」。而在「戲劇」裡，其中的每一個「事件」即被稱爲「情節」。

因爲「戲劇」裡的「地點」和「時間」都是在「表演場地」（通常是「舞台」）上，所以「戲劇」的每一個「情節」若要呈現出來的話，都需要有逼眞、生動和恰當的「布景」以表示事件發生的「地點」、需要明暗相稱的「燈光」以表示事件發生的「時間」、以及適合的「音樂」來烘托「氣氛」……等才做得到。換句話說，每一個「情節」的呈現，實在都是一個頗爲繁複的工程。而一齣「戲劇」又都包含了數個「情節」，所以其工程當然更爲浩大了。爲了盡量發揮這些辛苦工程的功能，「戲劇」的每一個「情節」也就非常講究緊湊的步調和濃密的內涵。於是，當「舞台」上的簾幕一拉開，如何表現出人物的性格、動作的動機、思想考的立場等就成了這一個「情節」的重心；其中，尤以主角內心的掙扎、以及他和別人之間的衝突，更是「情節」裡所要發揮的要點，因爲這種安排會使「情節」充滿張力，以扣住觀衆的心理。這個「情節」也只有在達到類似這種程度的功能之後，再把簾幕拉上，準備更換成另一個簾幕後面的「情節」，「它」所花的功夫和氣力才能算是値得。

爲了對「戲劇」做更具體的說明，底下，我們就從爲數並不算多的現代戲劇中，選擇曉風的《和氏璧》劇本㉛爲例，從「內容、情節和結構」、「人物」和「題材和主題」三個項目來分析「它」的特色。

一、內容、情節和結構

《和氏璧》的劇本由前到後共包括了：一個「人物表」和九個「場」（也就是「情節」）。茲依其先後順序，對其內容、情節和結構稍加說明和分析如下：

㈠「人物表」及其功用

《和氏璧》的劇本雖然並不長，但卻擁有標準的「劇本」結構，也就是在眞正的「本文」之前，列著一份該劇裡的「人物表」，將戲劇中的人物之身分、個性與重要性稍做勾勒。其主要目的，乃是希望藉著這份「表」，不但可以讓讀者（包括「演員」）很快地將《和氏璧》裡的「人物」做一番全面式的瞭解；同時，也可以確實掌握住這些「人物」在戲劇裡的一致性，避免讓他們在劇中發生身份、性格、以及和他人之間的關係等等有前後不一的毛病。

㈡九個場次

第一場

這是全劇的第一場，也可稱爲第一幕，或是筆者前面所謂的第一個「情節」。在這一場裡，主要的內容是呈現本劇的主角「卞和」結婚的情形。不過，仔細分析起來，仍可看出「它」其實包含兩個部分：前一個部分是「卞和」的好朋友們在鬧他的洞房的情形；後一個部分則是在呈現「卞和」的朋友們離開後，他和新婚妻子討論突然聽到鳳鳴聲後的短暫驚恐感覺、以及兩人的希望和樂過一輩子的心情。在這一場裡，特別值得注意的是，作者在主角「卞和」一生中可能是最快樂的時光——洞房花燭之夜，加入了使大家心裡都感到有些不安的「鳳凰鳴叫聲」，不但醞釀出一種「快樂」和「不安」的對立氣氛，同時也成功地爲「卞和」往後的悲劇命運埋下了伏筆。

第二場

這一場是本劇的第二幕。「它」的內容主要在呈現「卞和」所居住的荆山地區，有一群人正聚集在一起討論：爲何像荆山這樣偏僻且落後的地方，會有一對鳳凰飛來此地，而且還棲息了一百多天，趕也趕不走？以及「牠們」爲何常常鳴叫，而且其鳴叫聲已引起大家心中的不安等事情。因爲這些問題連跟他們在一起的長者都無法解釋，所以他們便請了兩位卜者來請教。但是兩位卜者的意見竟然也不一樣。「王卜者」認爲既然是鳳凰，當然屬於「吉事」；可是「汪卜者」確認爲，鳳凰鳥的聲音既然會使大家感到恐懼，當然是屬於「兇事」。最後，他們問剛好正從山上挖玉下來的「卞和」。「卞和」則說，他自己只想做一個普通的玉礦工人，但卻在隱約間感覺到鳳凰正在挖深、拓寬和提升大家的生命，而那是得付出極大代價的。

仔細分析起來，這一場的主要目的乃在暗示主角「卞和」的特殊地位。作者先以甲、乙、丙、丁、戊等人來代表荊山地區的普遍居民，指出他們心中都有因鳳凰的鳴叫聲而產生的疑惑和壓力。而為了消除這種他們無法解決的壓力，他們只有請經驗和知識都比他們豐富的「長者」來幫忙。但沒想到他的感覺竟也跟大家一樣，心中充滿疑惑。至此，這種「心裡的壓力」已在無形之中被加重了。於是「長者」乃提議請職司解決人間任何疑問的兩位「卜者」來為大家釋疑。可是，這兩位神職人員竟然也無能為力。在這種情況下，大家心裡的壓力的更為沈重是可以想見的，因為，這表示再也沒有人能幫助他們了。換言之，大家今後將只能在「疑懼」的心理壓力下生活。但幸運的是，這一無法抗拒的壓力突然之間全都轉到主角「卞和」的身上去了。作者固然沒有在劇本中清楚地告訴我們其來龍去脈何在，以致於形成劇本上的些許瑕疵，但「卞和」的「壓力」之「沈重」，則已因而被明白地揭露出來了。

第三場

這一場的內容包含了三部分：「卞和」和其師弟「咼氏」的對話、「卞和」自己的獨白、以及「卞和」和其族里中人的對話。在與其師弟的對話中，「卞和」表現出一種對石頭中藏有一塊曠古未有的美玉的堅定信念；而其師弟則主張隨波逐流，用人為的方式來製造假玉，以賣給不在意眞僞、只講究外表美醜的大衆來賺錢。在「卞和」獨白的部分裡，他一方面表示自己原來的理想只是希望做個平凡的玉礦工人，能與家人過平淡的日子就夠了；因而乃怨怪蒼天為何選定他，要他來負起使人人瞭解世間確實有天生的美玉之重責大任。但也在同時，他又表現出願以性命來達成這項使命的信念。在「卞和」與族里人的對話部分，大致在呈現大家對那塊內藏美玉的石頭之嘲笑。

仔細分析起來，這一場的內容可說以「矛盾和衝突」爲核心。第一部份爲兩個「象徵」意蘊的衝突：「咼氏」象徵隨波逐流的「現實觀念」，而「卞和」則象徵堅持信念的「理想態度」。第二部分爲「卞和」心中的衝突：一方是渴望能擁有美滿的家庭生活，另一方則是上蒼所賦予的神聖使命。第三部分則是族裡衆人的短視、刻薄與「卞和」了解其孤獨命運的對立。

第四場

這一場的內容也可約略分爲三個部分。首先是「卞和」和其妻子的對話。在這部分中，他的妻子呈現的是：懷孕的喜悅、知道丈夫將負起揭示人間有美玉的重任時的恐懼、以及對人類邪惡本質的不信任與害怕；而「卞和」則表現出要排除萬難地去楚宮獻玉的決定。其次是「卞和」妻的生產過程。經由「她」和產婆的互動，「她」深刻地體會到生產孩子那種幾乎要把人撕裂般的痛苦，以影射那曠古美玉若想要被懵懂的世人所認識和接受，也將會有一樣的艱辛與痛苦的過程。第三部分的內容則指出了「卞和」的妻子雖然非常傷心與無奈，但已不再堅決阻止丈夫去向楚王獻玉的行爲了。

仔細分析起來，在第一部份中，「卞和」的妻子所表現出的是一個以家庭爲重的善良婦女。

若從象徵的意義來看，則「她」實可被視爲盼望能夠擁有幸福的小家庭的代表，而與「卞和」所代表的犧牲小我、完成神聖任務的精神形成了衝突的狀態。第二部分之所以仔細描述「卞和」妻子的生產過程，乃是藉著「她」在經過極端痛苦之後才生出自己的小孩，來暗示「她」終於也體會到世界上其實是存在著比自己生命還重要的東西。第三部分則在表示經過這個過程後，「她」對丈夫的堅持便不再極力抗拒了。

第五場

這一場主要在呈現「卞和」到楚宮後，向楚王獻玉的情形。由於楚王和其左右都瞧不起荆山的文化水準，不相信那種地方會有美玉；加上宮廷的玉人在相過「卞和」所呈獻的玉後，宣稱那是一塊肌理粗糙、質樸無文的石頭，「它」裡面不可能藏有玉；所以「卞和」乃被判犯了欺君之罪，而被刖去左足。

這一場的象徵意義，主要在指出：反對「卞和」的世俗力量，在範圍上已經從他的家鄉擴大到朝廷；在身份上，則除了鄉間小民之外，連朝廷大官們也包括在內。於是，「卞和」已陷入一個絕對孤獨和困難的窘境便呈現在大家的面前。

第六場

這一場的主要內容，是藉由「卞和」在荆山的族里人們的談話，來點出「他」的可憐遭遇：師弟離開「他」了，老母因悲傷而去世了，妻子因哭泣而蒼老了，而自己則撐著被刖去左足的身軀，孤獨地在山上繼續挖掘眞玉，也繼續堅持「他」那個大家都不相信的信念。

從人們在這一場的談話中，「卞和」成了一個完全不理會現實，而只顧自己的堅持，以致於造成了他的家庭陷入了令人同情的困境的悲劇人物。換言之，「卞和」在這一場中，他們所代表的是「對信念的堅持」，而與「現實的世俗觀念」形成了「對立」的態勢。

第七場

這一場的內容約略可分爲三個部分。首先是「卞和」的女兒「瓊兒」和「咼氏」的兒子「咼瑜」之間的互動：他們兩個小孩在這部分中正無憂無慮地玩耍著。第二個部分是「咼氏」叫兒子回去，並教他「製造玉」；但兒子卻提出要去向「卞老伯」學習「辨認眞玉」的學問。第三個部分是「卞和」因楚國有了新的國君而又到楚宮去獻玉；「咼瑜」則徵得父親的同意後，追去拜他爲師。但「卞和」卻又失敗了，而在楚宮被刖去右足。不過，「咼瑜」則成功地拜「卞和」爲師，學習如何辨識眞的玉。

從深層的含意來看，這一場的主要目的顯然是在拉長時間的縱線。由於在這一場之前，包括楚國所有的人、事、物在內，「卞和」已經沒有完成使命的可能了。因此，作者乃將時間拉長，創造出新的人物，如：新登基的楚王、「卞和」和他的師弟的第二代等。於是，不僅「卞和」的信念因而獲得延續下去的機會，他的神聖任務也藉此產生了有可能會完成的契機。

第八場

這一場的內容也大約可分為三個部分。第一個部分是藉由「卞和」的族里人在荊山的對話點出若干事情：「卞和」的女兒死了，徒弟也離他而去了，只剩下他仍以衰老的身體還繼續在山上砍石頭，而引起大家的同情，並對他到底在堅持什麼深感疑惑。第二個部分則是透過「卞和」和妻子的對話，指出他的妻子對自己家人竟然無端地遭遇到這種不幸，心中實含有極深的傷感、怨恨和無奈。但已經顯得蒼老、迷糊的「卞和」，卻對於上天要他把美玉揭示給天下人知道的這個神聖使命，仍抱持著堅定的信念。第三個部分則包括了：「卞和」對自己竟無法獲得任何人的信任，心裡實也有強烈的疑惑與不滿；此外，也突然出現了兩位官員，來告訴他楚國又有了新的國王，所以「卞和」又決定再去獻玉了。

在深層含意上，這一場也有兩個主要的目。一是在藉著「卞和」女兒的死亡、徒弟的不告而別，和妻子心中的不平，來凸顯他的孤獨；二是以甲、乙、丙、丁和戊的老態、長者的去逝，來指出這件事已經延續了很久的時間，但「卞和」卻以衰老不堪的身體仍孤苦地堅持著，以顯現出他的信念並無任何動搖。

第九場

這一場主要是呈現「卞和」第三次到楚宮獻玉時，因有他從前的徒弟「咼瑜」以宮中玉人的身份來協助，故得以鑿開石頭，讓藏在其中的曠古未有的美玉顯現出來，而被楚王奉於宗廟，昭示天下，並以之為國寶。於是，「卞和」多年來的種種不幸，包括：為此所失去的雙腿、老母的去世、幼女的死亡、和妻子的蒼老，以及自己被人的誤解和嘲笑等，總算是有代價了。

在這個本劇的最後一場中，因作者所安排的是：「卞和」之所以能完成這一個神聖的使命，乃是因「他」有一個認知和信念與其相同的「徒弟」在宮廷裡幫助他。因此，這一場的深層含意中，應當有「卞和」這一信念已經有了「新的繼承人」，而且也會將「它」廣爲宣示和延續下去的意思。

綜觀起來，本劇這九個「幕」的內容大致可勾勒爲：主人翁「卞和」承受天命，將一塊埋藏於楚國荊山的曠古未有的「美玉」挖掘出來，呈獻給楚王，使得「美玉」能夠昭示天下。由於這整個過程乃是依據的時間先後排列而成，所以其內容頗易讓人瞭解了。但如前所述，在它的每一個「場」裡面，其實都含有非常深刻的衝突張力和象徵意義，因此，我們在閱讀或觀賞它時，若能注意到這一層的話，那麼將會有深刻的心得和豐富的收穫。此外，本戲劇在結構上的安排也是起、承、轉、合自然流暢，使其意思能夠一氣呵成，所以可說是頗具匠心的。不過，比較讓人稍微覺得應該把握、但卻被作者疏忽掉的是，因其結尾未能進一步把「卞和」終於成功的消息傳到荊山，並描述該地人們對此的反應，譬如：慚愧、懺悔……等，所以該劇的後續力道便因而減弱了不少，實在可惜。

二、人物

前曾述及，多數的戲劇作家爲了維持其劇中人在個性、出身背景和才華等的一致性，並使讀者能快速地瞭解戲劇裡的大致人物，進而掌握其大意等，便在其劇本的「本文」之前附上一份該劇的「人物表」。《和氏璧》的劇本即屬於此類。

在《和》劇裡出現的人物並不少，每一個人物也都有值得討論的地方；然因受篇幅所限，底下只能約略地以他們在戲劇理得重要性，區分爲三類來討論。

首先是貫串全劇的中心人物，也就是全劇的主角「卞和」。從性質上說，他絕對可算是一個悲劇人物。才剛結婚，開始要享受人生中最快樂的日子時，心情便受到鳳凰鳴叫聲的影響，而產生了不安的感覺。接著是爲了堅持完成上蒼所賦予的沈重使命，亦即去昭告懵懂的天下人：世間確有潔白無暇的美玉；但卻因而遭遇到一連串的沈重打擊和挫折，包括：老母和女兒的死亡、妻子的傷悲、和自己的傷殘等——雖然他能做到在心中無怨無悔。至於他爲何會有如此悲慘的遭遇，則因劇作者明顯地爲他提供了許多將內心世界展現出來的機會——劇本中的獨白，所以並不致太令人難以理解。換言之，他不但是一個沒有秘密的「透明人」，同時也是一個有血有肉的「立體人」。而在他獻玉的整個過程中，他更象徵著一種「承天之命，犧牲小我，堅持不撓，無怨無悔」的「人格」。因此，讀者在讀了該劇本之後，不但會引發出同情他、瞭解他的心裡，更會產生一種欽佩他、甚至於受到他的精神和行爲所感召的感覺。

其次爲重要的輔助角色，即配角。他們包括了：「咼氏」、「卞和之妻」和「咼瑜」等。先說「咼氏」，他的身份是「卞和」的師弟。在劇本中，他的背後其實隱含著一種和其師兄相對立的象徵意涵，也就是「隨波逐流」的觀念和行爲。毫無疑問地，他的出現，清楚地凸顯了「卞和」那種堅持信念、不屈不撓的可貴和孤獨。至於「卞和之妻」，則在她丈夫所代表的「犧牲小我、服務大我」的精神對照之下，代表著一般「小老百姓」的「渺小的心願和希望」，亦即：擁有一個屬於自己的幸福家庭的期盼和無奈。在本劇中，她當然也是悲劇性的人物，因自己不但無法阻止丈夫的堅持理念，而且還必須在窮困的實際生活中隨時擔心丈夫的安危；更慘的是，她甚至連自己經過極端痛苦才生下來的女兒也無法養大——因貧窮和疾病而死亡。最後是「咼瑜」，他也頗爲重要，因他不僅扮演著使「卞和」能完成使命的臨門一腳角色，同時更代表了在人世間，「理想和希望」也終於有了年輕的繼承者和發揚者。

三、題材和主題

在題材上，《和氏璧》並非是劇作者張曉風新創的，而是改編自《韓非子・和氏》中的故事。㉜不過，作者自己卻明白表示，她之所以編這個劇本乃是有原因的。因她在過完三十三歲的生日後，突然深切地感受到，耶穌基督也是在三十三歲受難，並因而成功地展示了一個「人之爲人」

的高貴和尊嚴；於是，她也開始眞正深入地思考起「如何去做一個人」的問題。而結果是，爲了發揚「信、望、愛」的基督教精神，她便藉著古書中的「和氏」故事，將主角「卞和」寫成一個傳教士的典型，展現出如何犧牲小我，堅持將「美、善」昭示天下，並爲人所接受的精神。㉝

至於在主題上，這一齣戲所遭受到的評論包括了正、反兩面。持正面態度的人認爲，《和氏璧》不但技巧地採用了現代的方式將古代的故事重述出來，而且也聰明地透過國人所熟悉的「傳統中國」題材，在自然而然之中將「基督教的信仰」普遍傳達出來了。但是持比較反對的態的人卻以爲，這樣的作法實或多或少含有不尊重、甚至於扭曲「中國古代的歷史」之嫌。平心而論，這兩種評論當然都可說是言之成理，持之有據的；只不過都含有立足點太單一和過於強調事實的傾向。筆者則以爲，在閱讀一篇文學作品時，讀者應該可以選擇從文學和美學的角度來欣賞「它」、甚至評論「它」，譬如：人物是否栩栩如生、情節是否扣人心弦、結構是否緊湊完整、以及感人的力量如何、讓人體會的境界高不高……等。當然，因本劇的「主題」乃是作者所考量的重點，所以該劇是否具有足以淨化讀者的心靈、昇華讀者的精神之力量……等，便也可以算是關鍵之一了。總之，以《和氏璧》這個劇本來看，它的主題倒是頗符合這個要求的。

第六節　其他文類

如前所述，「文類」乃是一些具有相同或類似表達方式、書寫成規、形式……等「文學作品」的共名。但在實際上，因爲有許多作品是無法被歸入迄今爲止被絕大多數人所共同認知的任何一種「文類」之中，所以自「範圍」上而言，「文學」所涵蓋的領域實遠大於所有「文類」的總和。因此，我們前面雖然已經介紹了四種頗爲普遍的「文類」，但嚴格說來，其涵蓋面實際上只包括了「文學」領域裡的一部份而已。底下，爲了盡量使我們在此處的介紹範圍不至於產生比「文學」的領域小太多的情形，筆者便以台灣地區的現代文學爲觀照點，再介紹幾個也頗具普遍性的重要「文類」：

一、報導文學、新聞文學、報告文學

「報導文學」是在二十世紀七〇年代流行於台灣地區的一個新名詞。不過，因爲它乃源自於三〇年代大陸地區所流行的「報告文學」，所以我們在此的介紹便可以從「報告文學」說起。

從清末、民初在語文和文化史上的演變過程來看，與「報紙」息息相關的梁啓超（1873-1929）所創的「新文體」頗被認爲是「報告文學」的源頭。其原因有二，一是因爲這種文體的特

色就是在以平易流暢的文字，夾雜著民間性極強的俚語、俗語，將新的思想和事務條理明晰地傳達給大衆；二是因爲「它」的傳達媒介爲報紙和雜誌。事實上，也正是因此之故，「報告文學」有時也會被稱爲「新聞文藝」或「新聞文學」（reportage）。

在二十世紀的三〇年代，大陸地區正遭逢急遽的變動，因此，一者是在有識之士與媒體工作者的努力下，創造了一種可以將社會上的各種現象快速而有吸引力地報導出來的作品類型；二者是當時的「左聯」也正式提出「報告文學」的名詞並加以大力地推動；三者是正好有若干的外國的「報告文學」理論著作和作品被翻譯出來，於是，乃出現了「報告文學」的風潮。而它的成果，則可由幾本「報告文學集」，如阿英（1900-1977）於一九三二年編的《上海事變與報告文學》、茅盾（原名沈德鴻，1896-1981）於一九三六年編的《中國的一日》等㉞。要而言之，該時期的「報告文學」是以具有下列的特色爲期許的寫作形式：內容爲社會上發生的實際事件、同時具有新聞的價值，然後再將文學的形象性融合到感性的語調中的新文類。

自一九四九到七〇年代，這個文類在大陸地區出現了以宣傳和鬥爭爲使命的傾向；換言之，就是以政治正確爲導向。於是，乃形成了以下的特色：在內容上，以報導各地方具有革命性的新人物、新思想和新事物居多，在主題上，則以歌頌刻苦耐勞的精神和堅忍不拔的毅力爲主，而在目的上，則大力提倡人民應該有爲了共產黨和國家而犧牲自我的信念。總而言之，「報告文學」在此時期已逐漸失去其應有的「新聞性」和「文學性」，而成爲宣傳的工具了。㉟

到了八〇年代，大陸地區的「報告文學」因隨著政治和社會的變革風潮，也產生了巨大的變動。大致說來，「它」在觀照的立足點上更爲多元了，亦即：有許多作品成功地延續了這個文類最基本的新聞視角和文學性，同時，也有爲數甚多的作品選擇了從社會、文化、經濟、哲學、歷史、心理或科技的角度去書寫。其中，最值得注意的是出現了混合多重觀照點的「宏觀式」作品。由於這種作品係以多項視角爲立足點去觀察、並提出報告，所以其內容所包括的訊息便十分豐富；這一特色，使得這種「報告文學」在反映社會的眞實現象上能夠更加周延。除此之外，這時期的「報告文學」在形式和結構上也顯得比以前更爲開放和靈動。而若我們把觀察點放到此時期的「報告文學」的作家上，則他們所表現出來的明顯特色，便是具有「專業化」的傾向了，也就是他們習慣以自己的專業領域爲基，去觀察和書寫。因此，他們常會在其作品中自然而然地呈現出屬於自己所特有的的創作風格和水準。在這一點上，最值得注意的即是有許多「報告文學」的作者，因爲他們原來是小說作家，所以他們所寫的「到告文學」便常具有「小說化」的特色。不過，這時期的「報告文學」其實也含有若干缺點，譬如：資料堆砌太多，致使報告的內容常顯得枝蔓橫生，主題不明；又如：常以理性的析論方式來報告，以致於產生了報告性壓過文學性，致使可讀性不高……等等。㊱

在台灣地區，「報導文學」則是與「新聞寫作」息息相關的一種文類。其產生的背景，乃是因爲在二十世紀的七〇年代，台灣在政治、經濟、社會、和文化……等各方面，都發生了轉型式的巨大變動，因而，將這些現象和其原因、影響等據實報導、甚至於深入探討的「新聞報導」，也就有其實際上的需要。其中，尤以民國六十四年高信疆先生在中國時報副刊開闢了名為「現實的邊緣」的「報導文學」專欄，最值得注意。因為，「牠」可說是台灣地區「報導文學」的先聲。自此，便有許多報紙和原來就有的文學創作獎項中，也開始頻頻設立或加入「報導文學」獎項，於是，乃造成了一股「報導文學」作品的創作風潮。㊲

為使「報導文學」能更為具體地顯現出來，底下便舉馬以工（1948-）的〈幾番踏出阡陌路〉為例來稍加說明。該作品曾獲得中國時報「報導文學」獎和吳三連文藝獎，所以應該頗受肯定。其內容大致是以大約在三百年前，從福州經由廈門而到台灣的郁永河，以將近一年的時間，自南而北地踏過、開闢台灣的故事為基；然後再以作者用了四天的時間，循著郁永河的足跡親自走一次，一方面可看看台灣兩百八十年來的變化，同時更對照出蒼海桑田的無奈事實。

毫無疑問地，這當然是一個非常理想的「報導文學」的題材和作法。不過，誠如張大春所批評的，郁永河以用了一年的時間才完成的艱辛旅程為根據所寫出來的《裨海遊記》，馬氏處理它的方式乃是草率地將它的若干內容用「剪貼帶語譯」的方式裝點到她到的作品裡的；同時，她自己親身去實地觀看的時間，又只有四天，而且字裡行間又常充滿其個人的情緒，所以實在只能算是一種「走馬看花」的「感想」。因此，她這篇作品的性質，應該比較像是一篇「觸景生情的遊記」，而與「報導文學」產生了一些差距。㊳換言之，馬氏這篇作品，雖然具有「報導文學」的上好「題材」，但卻因所「報導」的內容與「事實」之間有若干距離，所以雖然仍可被視爲「報導文學」類的作品，但嚴格說來，似乎不能稱爲是傑出的「報導文學」作品。

二、自然寫作

「自然寫作」在起源上，與環境保護和自然生態有非常密切的關係。因此，也有人把「它」稱爲「環保文學」、「自然生態文學」、「自然生態寫作」等。嚴格說來，台灣地區的「自然寫作」遲至一九八〇年代才開始，也就是從一九八三年韓韓（原名駱元元，1948-）和馬以工出版了《我們只有一個地球》之後才逐漸受到矚目。由於這一類型的文學寫作模式之所以出現、並形成風潮，實在與全世界的人們對土地、環境和自然生態的觀念之演變有非常密切的關係，所以若想深入且全面性地瞭解「它」，則非將我們的觀察範圍擴大到整個世界不可。因此，讓我們在此先描述一下西方在「自然寫作」上的大致情況。

因西方的「自然寫作」與其生態學觀念的演變息息相關，所以西方自二十世紀下半葉以來，有關生態保護和經濟發展兩者之間應如何相容的等問題的討論情形與結果，㊴也可說是「自然寫作」的基礎。而在實際情況的發展上，經濟如何才能快速地發達所受到各國政府的重視程度，常常超越了各界要求應該重視生態保護的呼聲；幸好，並不曾發生前者完全壓倒後者的情況。而令人覺得欣慰的是，自二十世紀九〇年代開始，生態保護的觀念不但已有越來越被重視的趨勢，而且也逐漸在行動上展現了出來。這一情形，也可從近年來西方「自然寫作」的逐漸受到矚目和肯定獲得印證。大致說來，西方近年來的「自然寫作」領域裡，比較受重視的有李奧・帕德（Aldo Leopold）和他的《沙郡年記》（A Sand County Almanac）、瑞秋・卡森（Rachel Carson）的《寂靜的春天》和雷夫金（Jeremy Rifkin）的《能趨疲：新世界觀》等。這些作品中所觸及的內容固然甚廣，但其主要目標則只有一個，就是強調人類應該有尊重我們的土地環境的態度，以及愛護我們的大自然生態的行動。而這類作品，也就是台灣「自然寫作」者所敬佩和學習的對象。

「自然寫作」會在一九八〇年代的台灣出現、並受到重視，當然也是有若干背景的。譬如說在政治上，威權政治在此時已逐漸動搖，而民主思想也日益普及；在經濟上，過度的土地開發所造成的重大災害，引起了人們不得不對環境保護與經濟發展兩者宜如何調處做深刻的反省；在文學和文化上，則恰巧有報導文學的出現，而將這類問題精彩地揭發出來，同時，外國有關生態學的知識的，也在此時被有識之士引進……等等。這些因素，都是促成這時期「自然寫作」產生、並流行的基礎。

大致說來，從一九八〇到二〇〇〇年之間，台灣「自然寫作」作品的數量並不少，而品質也有可觀之處。底下即自題材、表達媒介、形式等三個角度來勾勒台灣「自然寫作」的特點。

在題材上，「自然寫作」作品多以「自然界」，如：山、河、海、山、城市、以及各種動物和植物爲主要的描述對象，譬如：王家祥的（1966-）《山與海》、劉克襄（原名李鹽冰，1957-）

的《風鳥皮諾查》、心岱（原名李碧慧，1949-）的《大地反撲》、陳冠學（1934-）的《田園之秋》、洪素麗（1947-）的《守望的魚》……等。事實上，若從題材的角度上來看，「自然寫作」的作品的確很少以「人」為主角；而當作品選擇了「人」為主要的刻劃對象時，「人」經常被創造成「自然界」的破壞者，並因此常在作品中遭到嚴厲的批判。例如《山與海》就是在描述純樸但卻落伍的平埔族原住民，在漢人所帶來的工業文明侵逼下，如何逐漸被消滅的悲慘過程。顯然，作品的重點便是在批判漢「人」的所作所為。而「自然寫作」在題材上的這種傾向，無疑地是受到生態保育和反工業文明觀念的影響。

其次為表達媒介。「自然寫作」作品之所以被區分為「文學」和「非文學」兩類，主要就是因為它的表達媒介所致。屬於「文學類」的作品，在早期原佔有主流的地位，而由於重在描述事實和刻劃景況，所以表現在文字上便有四個特色：一是文字質樸直接，很少使用華麗和誇張的修辭用語；二是刻劃詳盡，經常把細節部分清楚地展現出來；三是與描述對象有關的專業術語很多，且有些甚至讓一般讀者無法了解；四是包含許多數字，如：年代、高度、距離……等，因此常造成作品有如資料的堆砌物一般。至於「非文學類」的作品，則在上述的文字特色之外，還加上許多照片、繪畫、圖表……等；有時，文字甚至於只扮演著說明圖片和繪畫的工具角色而已。

最後是在形式上。「自然寫作」的作品中，有的使用散文形式來表達，如心岱的《大地反撲》；有的以小說形式來表現，如劉克襄的《風鳥皮諾查》；也有為數較少的作品選擇了新詩的形式來呈現，如向陽的《生態詩》。這些作品，當然屬於「文學類」的範疇。至於「非文學類」的作品則可大致區分爲以下兩種：一是「觀察記錄」，即把觀察對象的某些方面詳細地「記錄」而成的作品，如：沈振中（1954-）的《老鷹的故事》，作者即根據其觀察，把老鷹細分爲一百零八種；同時，也就各種老鷹的外貌體態、飛翔姿勢、居住地點，以及生活習慣等都一清二楚的記錄下來。因此這類作品基本上實屬於一種「記錄」，而非文學作品。一是「博物誌」和「地方誌」，也就是以一個大自然界中的某個物象或某個地方爲「考察」的對象，而深究其來龍去脈，如：楊南郡（1931-）的《台灣百年前的足跡》，運用大量的照片和圖畫，再配合一些說明性的文字把台北萬華在五十年前和一百年前的情景——尤其是各式各樣的建築詳細的展現出來。因此，它十足像是一本萬華地區百年來的建築史，而不是文學作品。

以「自然」爲作品的描寫題材，在古今中外的文學史上已有非常豐碩的成果。但台灣的「自然寫作」作品，內容精彩動人者固然不少，所蘊含的意義也頗爲深廣，但在生態和環境保護等觀念的強力主導下，卻常以批判「人」和「現代文明」爲基本立場，因此距離「人」越來越遠。另外，它在表達媒介上，文字的比重也有被圖片和數字取代的趨勢，所以其發展也有走向「非文學類」的傾向。因此若從「文學」的角度來審視，「自然寫作」的這兩大傾向，其實是值得有心人深加斟酌的。

〔註　釋〕

①張漢良曾指出，「分類」時必須注意兩個原則：一是其過程必須是嚴格的推理過程；二是在同一功能性範疇的分類系統中，不可以使用多重標準。此說可以參考。見張氏的〈何謂文類？〉，收在其《比較文學理論與實踐》，頁111。台北：東大圖書公司，1986年。

②有關「駢賦」、「律賦」和「散文賦」等的內涵與演變，請參考褚斌杰《中國古代文體學》，頁79-110。台北：學生書局，1991。

③引自蕭統《文選・序》，頁2下。台北：正中書局，1971。

④引自范文瀾《文心雕龍注》，卷三，頁256。台北：學海出版社，1988。

⑤有關我國古代「文類」和「文體」之間的關係，請參考：徐復觀〈《文心雕龍》的文體論〉，收入其《中國文學論集》，頁1-83；台北：學生書局，1995。以及龔鵬程〈《文心雕龍》的文體論〉，收入其《文學批評的視野》，頁105-119；台北：大安出版社，1990。兩文之間的論辯，頗可將「文類」和「文體」的關係做一個釐清。

⑥引自范文瀾《文心雕龍注》，卷六，頁505。

⑦引自《鍾嶸詩品箋證稿》，王叔岷撰，頁50。台北：中央研究院中國文哲研究所，1991。

⑧引自紀弦〈社論：詩是詩、歌是歌，我們不說詩歌〉，《現代詩》第十二期，頁131。台北：現代詩出版社，1955。

⑨引自《十三經注疏》（1815年阮元刻本），第二冊，卷一，頁13。台北：藝文印書館，1981。

⑩請見逯欽立《先秦漢魏晉南北朝詩》，上冊，頁1。北京：中華書局，1983。

⑪有關這一個觀點和作法，請參考本人的《中國歷代詩歌大要與作品選析》，上冊，頁1-34。台北：新文豐出版公司，1996。

⑫請見聞一多的〈詩的格律〉，收於《聞一多全集》，第三冊。北京：三聯書店，1982。

⑬饒夢侃之說，請見徐志摩主編的「晨報」副刊〈詩鐫〉，1926.4。

⑭引自《全唐詩》，第十六冊，卷五二二，頁5964。北京：中華書局，1992。

⑮轉引自陳遠征《現代中國的詩人與詩派》，頁107-108。湖南：湖南師範大學出版社，1994。

⑯有關「意象」的深入討論，請參見張雙英《中國歷代詩歌大要與作品選析》，上冊，頁28-33。台北：新文豐出版公司，1996。

⑰引自《全唐詩》第十六冊，卷五二三，頁5988。

⑱引自張默、蕭蕭編《新詩三百首》，上冊，頁562-563。台北：九歌出版社，1995。

⑲袁行霈曾有「詩人之意境」、「詩歌之意境」和「讀者之意境」的說法。請見其《中國詩歌藝術研究》中的「中國古典詩歌的意境」，頁47-51。台北：五南圖書公司，1989。

⑳同前注，頁63。

㉑引自《全唐詩》，第五冊，卷一六五，頁1711。

㉒引自張默、蕭蕭編《新詩三百首》，上册，頁 200。台北：九歌出版社，1995。

㉓其實，藉著學者們對散文的分類，也可以讓我們大略窺知散文的範疇。而有關散文的分類，則呈現出一種言人人殊的現象。這種情形，請參考以下兩本書：㈠李豐楙、呂正惠等編著之《中國現代散文選析》，第一册，頁 5-12。台北：長安出版社，1989，三版。㈡羅宗濤、張雙英的《台灣當代文學研究之探討》，頁 119-124。台北：萬卷樓圖書公司，1999。

㉔此處所述有關散文的定義與特色實頗簡略，較爲詳細的論述，請參前註內之㈡，頁 119-126。

㉕引自李豐楙等編著《中國現代散文選析》，第二册，頁 912-917。台北：長安出版社，1989。

㉖同前注，頁 672-679。

㉗引自施淑編《李昂集・人間世》，頁 57-72。台北：前衛出版社，1993。

㉘引自施淑、吳達芸等編著的《中國現代短篇小說選析》，頁 303-347。台北：長安出版社。1984。

㉙請參見 C. R. Reaske 著，林國源譯《戲劇的分析》（*How to Analyze Drama*），頁 31-36。台北：書林書店。1986。

㉚同前注，頁 51-54。

㉛引自張曉風《曉風戲劇集》，頁 313-395。台北：道聲出版社。1976。

㉜請參見《二十二子》，第七册，頁 133-134。台北：先知出版社，1976。

㉝請見張曉風〈一塊玉的故事〉，同注 31，頁 396-401。

㉞請見朱楝霖、丁帆、朱曉進《二十世紀中國文學史》，下冊，頁 682-683。台北：文史哲出版社，2000。

㉟這時期的大致狀況，請參考前註，頁 685-690。

㊱其較為詳細的狀況，請參考註 35，頁 705-713。

㊲雖然有人認為「報導文學」和「報告文學」仍有若干差亦之處：但一來，因高信疆自己即認為：後者實源於前者，二來，兩者的差別時在並不大，所以筆者仍將它們視為同一個文類。請參看國立中央大學中國文學研究所民國八十八年六月楊素芬的碩士論文，頁 1-3：39-42。

㊳請見張大春〈幾番阡陌草率行〉，收於《當代台灣評論大系》，第五冊，散文卷，頁 469-477。台北：正中書局，1983。

㊴請見王勤田《生態文化》。台北：揚智出版社，1997。

第五章　文學的功用

「『文學』有實際的功能嗎？」這是一個在現今科技掛帥、講究實用的社會中不少人時常會提出的問題。觀念比較直接的人大都會從他們自己在日常生活中的體會出發，而斷定「它」毫無實際的用處；態度比較緩和的人可能稍好，他們雖也不重視「文學」，但偶爾也還會肯定「文學」有時也能擁有讓人打發時間的休閒性功能。然而，不論中外，古人們似乎都不這麼認爲。以我國爲例，孔子即曾說過：

小子！何莫學夫詩？詩可以興，可以觀，可以群，可以怨；邇之事父，遠之事君，多識於草木鳥獸之名。①

墨子也說過：

今天下之君子之為文學也，非將勤勞其喉舌，而利其脣吻也；中實將欲為其國家、邑里、萬民刑政者也。②

在這兩段先秦時代聖哲所說的話中，《論語》顯然針對「個人」而言，指出「人」如果能夠把

「詩」（指的是《詩經》，或《詩三百》）眞正學會的話，那麼不但對自己在性情上的涵養和見識的增益等有所幫助，而且在人群中與他人相處上，也能達到和諧的境界，同時還能讓自己恰當而有效地侍奉自己的父母和服務自己的長官。而《墨子》則一方面警惕人們不要認爲「文學」只是屬於純粹的口頭言談之事，因爲它所涉及到的範圍包括了國家和萬民。這種例子在我國古代的典籍中，可謂不勝枚舉。因此，對我國的古代人來說，「文學」具有實用的功能是毫無疑問的。我們可以再舉兩個西方古代的文藝理論家爲例來看看。賀拉斯（Quintus Horatius Flaccus, 65-8 B.C.）說：

> 神的旨意是通過詩歌傳達的；詩歌也指示了生活的道路。……最後，在整天的勞動結束後，詩歌給人們帶來歡樂。③

狄德羅（Denis Diderot, 1713-1784）也說：

> 假使政府在準備修改某項法律、或者取締某項習俗的時候，善於利用戲劇，那麼，將是多麼有效的移風易俗的手段啊！④

前者將詩歌上通爲神的旨意，認爲它不但可指引人們，而且可以讓人們自其中獲得辛勤之後的快樂。後者則認爲小自禁止人們的行爲，大至移風易俗，若能以戲劇的手段來進行的話，將遠比採用強制的方法要有效。

對於古代人這種「重視文學功用」的觀念，現代人固然可以用「時代改變了」一句話，來說明那已是事過境遷的事，古代人的各種情況並不一定適合現代人所處的環境；「文學功能」在現今已煙消雲散了。然而，根據前頭我們對文學性質的說明，若「人」仍然重視內心中的活動，如：情感、思想、想像和理性等的話；若「人」所追求的仍是安定而快樂的生活、自由而豐富的心靈、和平與安全的環境、以及多彩多姿的世界的話，那麼，「文學」其實仍然與古代一樣，擔任著如何把「人」與這些境界接軌、結合的橋樑性重責大任。這一境界，古代人雖然未曾眞正能完全都達成和享有，但難道現代人目前就已經實現了？因此，今人所追求的終極目標之一，其實仍需經由「文學」來完成的。換言之，若說「文學」缺少、或沒有實際的功能，其實可說是一種不具深度、未曾深思的膚淺之論。

至於「文學」的功能是什麼？自近代以來，即有不少學者做過描述。譬如馬宗霍與裴斐兩人之說就頗具條理，故我們可用他們兩位的說法爲例，來做進一步的思考。馬宗霍在其《文學概論》中，即將「文學的功能」整理成下列五項：

一、**載道**。馬氏以爲，「道」即孔門所謂「一以貫之」的「中庸之道」，也就是韓愈所謂「由是而之焉者也」的「文以載道」的「道」。換言之，「文學」的內涵乃是「可指引人們的不偏不倚的道路」。

二、**明理**。馬氏以爲，陸機所謂的「精理爲文」和魏禧說的「文章之能事，在於積理」，即「文學」的功能。換言之，「文學」可用來探究宇宙中萬事萬物之內的原理。

三、**昭實**。馬氏以爲，文可以記事，而事又必須徵實，所以漢代王充才會說：「文豈徒調墨弄筆，爲美麗之觀哉?載人之行，傳人之名也。」換言之，「文學」若所記載、描述之事符合事實的話，也能具有保存史實的功能。

四、**匡時**。馬氏以爲，文可察民隱、道善惡，尤其能使居上位者敷德於下，在下位者達情志於上，而使君主匡、人民和。因此，具有匡時的作用。

五、**垂久**。馬氏以爲，古人不僅認爲文章可以用來經營國家，而且可以垂之不朽——如果作者能做到精研文字，深研道理，並用他的文章來傳「道」的話。⑤

馬氏所列的這五個文學功能，因都是根據古代的文獻歸納出來的，當然言而有徵。不過，細讀之後，實讓人覺得有些過於傾向「道德」和「政教」作用的色彩，而較缺少「文學」也應具備的「感動」、「興味」、「想像」等特色。今人裴斐在其《文學概論》中的說法，便比較具有現代的觀點。他認爲，若從「作家創作的動機」（目的）而論，則「文學」可以有功利內涵，也可以無功利色彩；但若從「作品產生的社會效果」而言，則「文學」必有其功利性。⑥這種說法可說較爲周延，因爲前者可用「作家」對「藝術」與「人生」的追求爲例，而後者則可用服務政治、影響社會風俗等爲例來加以證明。不過，若以綜合性爲觀照面，而且能夠配合本書的理論架構爲基來觀察的話，前面兩位學者的說法便會出現缺少整體性和順序性的弱點了。爲了避免說明方式流於抽象和籠統，筆者計劃採取以「文學作品」爲立足點，以當代文學理論爲架構，再以「美學」

爲討論重心，分項而逐步地來論述「文學」的影響力——也就是文學的功能。

第一節　文學作品對作者的功用

「作品對作者有何功用呢？」關於這一問題的答案，近代曾有若干西方學者嚐試自「作者」的「創作動機」出發而區分爲「作者有意、或有目的」，以及「本來無心、最後卻產生實際的效用」兩種。這種區分的觀照面顯然有二：其一，當「作品」在「被創作的過程中」時，以及二，當「作品」被「完成之後」，其結果對「作者」有何作用。爲使本論題能較有系統地來討論，筆者認爲，選擇從作者的內心到外在活動的順序來進行，應該可以獲得較爲具體，且有系統的結論。

有關「心靈活動」的內涵，本書的第三章在說明「作者的心靈活動」時，即曾指出：它主要包括有情感、思想和想像。因此，這裡便依序來做進一步的討論。

一、文學作品可以讓作者達到抒發情感的目的

劉勰在《文心雕龍・明詩》裡曾說：

> 人稟七情，應物斯感；感物吟志，莫非自然。⑦

這段話指出，在人類的天性中，實包含有種種的情感。何爲人情？《禮記・禮運》曾歸納出七種：

喜、怒、哀、懼、愛、惡、慾⑧。當「人」與外在世界接觸時，其內在的情感就會自然而然地產生波動。事實上，「人」本來就是「動物」，因此，不但會藉此天性與靜止的大自然隨時主動或被動地接觸，更會與其他的「人」互動。當這些情況發生時，每每會讓「人」表現出種種的反應行爲。而這些行爲，則是以潛藏於人內心中的情思與想像爲基而表現出來的。而當「人」選擇了用「文學作品」將這些內心中的活動抒發出來時，則不論其表達的方式爲直接或婉轉，含蓄或強烈，都可讓「作者」達到抒發情感後的滿足感。我們可舉一個例子來加以說明。北朝時代的樂府民歌中，有一首無名氏作的〈捉搦歌〉，其全文如下：

黃桑柘屐蒲子履，中央有絲兩頭繫；
小時憐母大憐婿，何不早嫁論家計。⑨

本詩的作者是誰雖然難以確定，但依據其內容來判斷，極可能是一位年青的女子。她寫這首詩的目的在婉轉地向其母親表示，希望能讓自己早日婚嫁。只是她內心因顧慮到母親對她的不捨心情，以及憂慮母親可能會有不諒解她結婚的心情，所以便採用「比喻」的方式來呈現她的願望。首先，她以桑柘樹所製成的木屐和蒲子草編成的鞋子來比喻，藉著它們必然都是成雙成對的特性，先把其中的一隻屐和鞋比喻爲自己，再將另外一隻分別比喻爲自己的母親與未來的夫婿，表示出自己不論是和母親、或是未來的夫婿，都有不可分離的緊密關係。另外，再以兩隻木屐和草鞋中間必有的那一條牽繫兩隻而成一雙的絲繩來比喻自己，再把母親和未來的夫婿分別比喻成那雙屐和鞋中的一隻，來點出母親和未來夫婿的關係對她的重要性。對她而言，母親和未來夫婿其實是同樣重要的；惟一的差別只在「時間」上：自己在出生到婚嫁之前的時間裡，最親愛的人當然是母親，但在結婚之後，最親愛的人就會自然地轉作夫婿了。總之，這位年青的女子——作者，她長期壓抑的緊張和期待心理，在這首詩中可說已成功地表達出來了。我們不知道她母親看到這首詩了沒？也不知道她母親看了之後，事情的結果如何？但我們應該可以相信，她積在心中的壓力在寫完本詩後，應該可或多或少地得到紓解了。

二、完成作者表達其思想的目的

筆者在此所用的「思想」一詞，並不完全等同學術界對它的嚴格定義，而是以比較寬鬆的態度來賦予它比較寬闊的範圍。具體地說，這裡的「思想」指的是作者心中「比較穩定的觀念和看法」。但它並非是固定不變的，所以如果從不同的時間、地點和事件來細分的話，它便會變成不同的意圖與目的。而「文學作品」的主要功能之一，即是讓「作者」可以將其「思想」表達出來——當然，並不一定非要去討論其結果如何不可。底下便以魯迅（1881-1936）的名著《阿Q正傳》為例，來說明「作品對作者」在「表達思想」方面的功用。

二十世紀初，中國在滿清政府統治下，飽受世界列強的蠶食鯨吞，卻無法作有效的反應，被欺淩已久的中國內部自此形成了一股尋求新文化、新生活和新思想的風潮。後來滿清政府被推翻，民國肇始，仍無力應付列強的豪取強奪，於是在五四新文化運動之後，乃發生了一種思潮上的轉變——救亡圖存的強烈渴望壓過了尋求新文化的期待。這股救亡圖存的浪潮，主要的積極作爲當然是引進外國的先進制度和觀念，而這卻是只有少數有這種能力的有識之士才能做到的，所以需要比較長的時間。但在消極上，卻產生了一種以破壞原有舊制度、舊傳統和舊思維爲目標的手段。魯迅的《阿Q正傳》即屬於這一範圍內的成果。他寫作此小說的主要目的，便在表達他主要的思想：諷刺中國舊有的愚騃民族性。在作品中，他以自己的體會和經驗，創造了一個既冷酷、無知，又現實、無情的社會和民衆，然後再創造出一個愚蠢而麻木不仁的人物「阿Q」。神經質的「阿Q」在那個封閉的社會中，可說處處都遭到無情的嘲笑和打擊，但卻無任何能力去反擊；於是便以逃避現實的方式，在心靈中幻想自己擁有能力去挫折對方，而取得虛妄的自慰。最後，在整個社會佈滿重重荆棘，充斥虞詐而缺少光明前程的事實下，他自己終於無法逃脫被處決的命運。魯迅在這本小說中所要表達的思想可說是十分清晰的：中國人（其實在小說中所描述的乃大多數缺乏知識的鄉下人）麻木不仁、懵懂無知的民族性，已根深柢固，而這正是他最感到憂心之處。因此，他便想藉由對中國人靈魂深處中最需被拔除的缺陷，提出尖銳的諷刺和批判，希望能喚醒仍在沈睡中的國人。當然，從結果來看，魯迅想把自己這種「思想」表達出來的目的，應可算成功地完成了。⑩

三、滿足作者馳騁其想像的目的

「文學作品」的世界要開闊，「想像」是其最重要的條件；凡具有豐富想像的作品，或可形成飄逸的風格、或可呈現蓬勃的氣象，甚至於還會產生震撼人心的力道。所以劉勰在其《文心雕龍．神思》中說：「文之思也，其神也矣。故寂然凝慮，思接千載；悄焉動容，視通萬里。」⑪這段話中的「思」字，雖有人將它解釋爲「思想」；但若從性質上來思量，由於它並不在描述內涵，而是指特色，所以將它解釋成「想像」似乎更接近其原意。換言之，一個人其實是可以坐在屋內不動，而讓他的想像任意在無限的時間和無窮的空間中馳騁：包括距今幾千年和離此數萬里的時代和環境都在內。我們可以用蒲松齡（1640-1715）的《聊齋誌異》⑫爲例來說明此這個觀點。

在《聊齋》中，作者彙集了自己創作的許多神奇故事；而那些神奇故事的主要角色中，有許多妖、魔、神、怪。這些「非人」的原形雖然稀奇古怪，甚至嚇人，但在小說中，經由作者「擬人化」的手法，而和「人」發生了許多不同方式的往來。他們說人話、擁有人類一般的情慾，更有上天下地的法術和移形換位的能力。尤其令人感受更深的是，他們有時比「人」更講「情義」。蒲松齡創作此小說的眞正目的，或許是爲了諷刺「人」比「非人」還缺少情義，也或許要批判社會制度的僵化與傳統觀念的不合時宜。但若從作品對作者的功用而論，它讓作者盡情地發揮其奔放無拘的想像，無疑地是成功的。

四、帶給作者名與利的具體收穫

先談「名」的方面。文學作品可為其作者帶來名聲的例子很多；只要是好的、動人的作品，自然會有這種效果。遠的如我國文學名著《紅樓夢》，從清朝乾隆時開始，一直到清朝結束，《紅樓夢》的作者是誰都無法確定。直到民國以後，「紅學」突然成為顯學，同時在胡適（1891-1962）等學者的耐心考證之下，「曹雪芹（1715-1763）」才變成文學史上赫赫有名的名字；我們甚至可以推斷，曹氏的名字將永垂不朽乃是無庸置疑的。又如那一首與風景名勝「西湖」幾乎合為一體的詩：「山外青山樓外樓，西湖歌舞幾時休？暖風薰得遊人醉，直把杭州作汴州。」⑬這首詩不但去過西湖的多能朗朗上口，連沒去過的人也大都耳熟能詳。然而其作者林洪的生平、經歷，卻不見於任何文獻資料。我們只知他是南宋孝宗紹興至淳熙年間的詩人而已。這首詩之所以如此廣泛地流傳，並不只在於其文字美麗和音韻朗暢而已，而且是因其含意的沈痛和深刻：歷史告訴我們，北宋朝廷在金人侵逼之下，從汴京南遷至杭州，目的當然在以杭州為基地，設法反攻，收復原來的京城汴京。但沒多久，這座臨時的京城杭州，卻成了醉舞酣歌、燈紅酒綠的處所，顯然，南宋朝廷上下已忘了自己正處於暫時偏安的狀況，忘了隨時有金人的虎視眈眈，更忘了留在長江之北，未能追隨朝廷逃到南邊的百姓——他們早成胡人鐵蹄下，天天南望王師北上拯救他們、收復河山的遺民了。詩作諷刺之深刻，使這首詩永垂不朽，而作者「林洪」卻也因此而名留青史了。

再從「利」方面來看。若一本文學作品能夠暢銷的話，它的創作者當然可以獲得豐厚的金錢報酬，此可以用近來暢銷全世界的兒童小說作品《哈利波特》爲例來說明。我們知道英國羅琳女士（J. K. Rowling, 1965- ）所著的《哈利波特》（*Harry Potter*）[14]小說系列，每一集都銷售數百萬冊，若再加上世界各國的翻譯本，其銷售冊數已達千萬以上，因爲小說暢銷的緣故，羅琳女士早就從生活頗爲窮困的單親母親，一變而爲「大富婆」了。其實古代中國也有類似的例子，如漢代有不少善寫「賦」的作家司馬相如（179-117 B.C.）、揚雄（53-18 B.C.）等，因創作了不少他們長官喜好的「賦」，所以獲得了包括幣帛與官位在內的實際利益。這些都是「文學作品」爲作者帶來名利的例子。

五、供作者與他人互動、往返

由於我國古代的詩人大多具有官員的身份，他們之間藉由「詩歌」的唱和來互相酬酢可說是非常普遍的現象。換言之，「詩歌」對他們而言，所含有的功能包括了向親戚、長輩請安、問候，向家人、知己訴說情懷，以及和別人互相討論問題……等。因此，作者藉著這類作品的寫作，可以使自己在處理與他人的關係上獲得成功的結果。由於這類作品多屬於詩歌，而詩歌又是我國文學史上最源遠流長、也是數量、質量最豐的文類，所以筆者把這一項作品對作者的功能列進來，應是可以被接受的。而這類例子，也就多得不勝枚舉了，如以唐朝爲例，大詩人白居易（772-846）和友人元稹（779-831）、劉禹錫（772-842）之間的唱和之作，元稹與友人李紳（772-846）、李餘（789-?）、劉猛之間相酬答的詩文都是。⑮

第二節　文學作品對讀者的功用

文學作品除了對其創作者有如前所述的功能之外，也可爲其讀者帶來不少好處，針對這一點，長久以來雖然有不少中外學者提出過各種看法，但自周延性來看，似仍有不夠全面的侷限性。底下，筆者即著眼於系統化，以分項的方式來加以說明。

一、文學作品可以感動讀者、陶冶其性情，並深化其體會、引動其想像力

周濟（1781-1839）在《宋四家詞選・目錄序論》中說：

> 夫詞，非寄託不入，……賦情獨深。……讀其篇者，臨淵窺魚，意為魴鯉魚，中宵驚電，罔識東西；赤子隨母笑啼，鄉人緣劇喜怒，抑可謂能出矣。⑯

對於以「情」爲本，深含寄託的「詞」類作品，讀者誦讀時，經常會在作品的牽引下，逐漸將自

己的情感融進去；並於無形中引出自己的喜、怒、哀、樂的情緒；到最後，終於讓自己的心靈獲得紓解和滿足。周氏這種說法，日本作家廚川白村（1880-1923）也有類似的體會，所以他在《苦悶的象徵》中寫道：

> 文藝作品所給與人們的，不是知識（information），而是喚起作用（evocation）。就是刺激讀者，使他自己喚起自己的體驗內容。⑰

事實上，讀者經由閱讀作品而引發心靈震動，進而產生心中的反應，其種類除了前述的喜、怒、哀、樂等情緒外，其實還有許多其他結果，如體會、了悟等。我們可舉下一首詩爲例來說明。蘇軾（1036-1101）〈題西林壁〉內容如下：

> 橫看成嶺側成峰，遠近高低各不同；
> 不識廬山真面目，只緣身在此山中。⑱

廬山是自古以來的風景名勝，古往今來，到過廬山的人也已不知凡幾。可是去過的人在賞玩之餘，對廬山卻各有不同的感受和描述。宋朝大詩人蘇軾有感於此，才提出自己的見解。他先把歷來對它的不同描述鋪呈出來：當橫著看廬山時，它十足是座綿延廣大的山脈；但若從側面看它時，卻又成一座高聳入雲的山峰。此外，遠遠地看它，與從近處看它，感覺也不一樣，有時覺得它很高，有時又覺得它頗低。到底，廬山的眞面目是什麼呢？對這種現象，蘇軾想出自己的解答：凡是置身在廬山之中的人，不管是在什麼地點看廬山，當然都會有不同的認識；因爲他也是廬山的一部分，無法置身事外地去客觀了解它。換言之，蘇軾已從歷來的「寫景詩」那種純粹把廬山當作景物來描寫的框框跳脫出來，以「哲理」的角度去看廬山，而體會出：只有掙開牢籠，才會有海闊天空的了解。

另外，引動讀者的想像力，也是文學作品對讀者的功能之一，如明朝人吳承恩（1500-1582）寫的名著《西遊記》。這本小說，吳氏是以《大唐三藏取經詩話》為基而寫成的。從表面上看，它當然是屬於「神怪」類的小說，因爲，其中的主要角色，如：孫悟空、豬八戒、沙悟淨等，原是屬於猴子、豬和魚的「非人」，只是借由神通法力化成人形。他們三「人」以徒弟的身份保護師父唐三藏去西天取經，而一路上，出來攔阻的也都是各種不同種類的妖魔鬼怪。再加上師徒和師兄弟間的衝突，這本小說眞可謂精彩萬分、熱鬧非凡。雖然有學者從吳承恩的出身與其時代的關係中推論，《西遊記》實爲「諷刺小說」，因爲好吃懶作、膽小善讒的豬八戒乃暗指讒佞之臣；老實遲頓、無多大本事，且缺少主見的沙悟淨，係在暗喩庸碌，甚至尸位素餐的人；至於忠良膽大、能幹卻性燥的孫悟空，則在暗指迭遭打擊，愈挫愈奮的忠臣；當然，單純耳軟、優柔而偏袒的唐三藏，則是暗指信任佞臣，逐斥忠臣的昏君明世宗了。⑲這一說法當然甚有見識。不過，筆者這裡想強調的，倒是《西遊記》中那上天下地、奔馳無拘的想像力，而也是這個特色，十足地引動了讀者的想像力，也因而開闊了讀者的想像世界。

二、文學作品可以深化讀者的見聞與開拓其知識領域

英國詩人雪萊在其《詩辯》裡說：

> 詩的機能有二重功用：一重功用是給知識、力量、快樂、創造新的資料；另一種功用是給心靈產生一種願望，要去再度產生這些資料，並依照所謂美和善的某種節奏和秩序，來安排這些資料。⑳

這段文字的意思，顯然比前述廚川白村所說的：「文藝作品」所能給予讀者的並非「知識」，在見識上要開闊許多，因爲廚川氏的看法實有太過強調作品的感動力而忽略其他功能的缺憾。文學作品的功能其實甚多，而雪萊此處所指出的它可讓讀者獲取知識力量，即是其中頗爲重要的一項，這也是爲何俄國學者車爾尼雪夫斯基（Nikolay Chernyshevsky, 1828-1889）會說：「詩歌向讀者群眾普及大量知識」㉑的原因。

文學作品對讀者在有關見聞和知識上的功能，可分從「時間」和「空間」兩方向來進一步討論。首先是有關「時間距離」上。譬如我們讀一千多年前的唐朝詩人杜甫（712-770）所寫的〈石壕吏〉詩句：「暮投石壕村，有吏夜捉人。」㉒時，才恍然了解，原來以保國衛民爲天職的官兵在戰爭發生之後，竟然會像粗暴無法的土匪一般，在沒有任何依據下即隨意捉人去充軍，而且態度更是「吏呼一何怒」般的惡劣。後來不論老婦人如何苦苦哀求，甚至婉轉報告自己的兒子都已

被調去當兵，有的甚至爲國捐軀了，然而所得的回應竟是：她雖年齡老邁，但仍有工作能力。結果老婦人被強行帶走，到軍中去做炊事的工作。根據歷史記載，唐肅宗乾元年間，叛將安慶緒被九大節度使合圍於鄴下，後被另一賊匪首領史思明所救。各節度使在率領軍隊回歸自己藩鎮的途中，行徑便像盜匪一般的劫掠百姓。本詩即以個案爲描述焦點，讓讀者了解到粗略歷史記載的背後，其更深入，和更眞實的情況爲何。

其次，再從「空間距離」來看，文學作品也可以拓寬讀者的知識範圍。譬如頗爲著名的俄國十九世紀作家普希金（Aleksander Sergeevitsch Pushkin, 1799-1837），既被譽爲俄羅斯民族文學的代表作家，又被稱爲俄國的偉大詩人、散文家與小說家。如果我們能仔細閱讀他的短篇小說，如〈射擊〉、〈暴風雪〉、〈棺材情人〉、〈驛站長〉、〈鄉村姑娘〉等作品後，不但更深入了解在十九世紀中，俄國的下層階級的百姓們實際的生活方式及其心中的感受和想法，也可以對「何謂散文小說」、「何謂批判性寫實小說」等文學術語擁有更具體的認識；當然也會對普希金個人的性格、風範，以及其精鍊的文字和簡要的風格有更進一步的體會。㉓

若以台灣地區來說，近年來的「旅行文學」和「自然寫作」作品中，也含有許多可以讓讀者視野和知識擴大的內容，如讀了席慕容遊歷中原邊塞的詩和散文㉔，可以擴大讀者的見聞，讀了劉克襄和王家祥的自然寫作作品，也能獲得對鳥類和鯨豚等生物，甚至對自然生態環境的深入了解㉕。

第三節　文學作品對社會的功用

想談論文學作品對社會的具體功能，無法不先聯想到《詩經・大序》中的一段話：

先王以是經夫婦，成孝敬，明人倫，美教化，移風俗，蓋王政之所由興也。㉖

從宏觀的角度看，這段話的基本立論顯然是以政治爲主的；而有關「詩經」（或「詩歌」）的功能果眞如此巨大嗎？這個問題，筆者以爲若只是從我們今日的觀點去否認或肯定它，其實並沒有什麼深刻的意義。其中最値得注意的，應是它所強調的「詩的功能」，可說沒有一項不屬於「社會」。

根據前面已做過的引述與論證，文學作品對「作者」和「讀者」確實具有不少功能。而「人」，包括「作者」和「讀者」，乃是「社會」的主要組成分子，當然「文學作品」對「社會」也就必然會產生影響了。或許，前面所謂的「經夫婦，成孝敬，明人倫，美教化，移風俗」等文學作品可能產生的功能，不是太過，便是太抽象，故而很難令現代人理解與相信；但筆者認爲，我們仍可從「文學性質」上來論述這一點。

在比較具體的層次上，「文學作品」與「人」——尤其是「讀者」接觸的根本方式乃是「閱讀」；而「文學作品」的「閱讀」，係一種由外在的行爲來引起內在心靈震動的過程。這種過程當然頗為複雜，因它牽涉到閱讀者的性別、個性、年齡、經驗、甚至於語文能力和學識程度的高低等。這些因素綜合之後，當然會形成各種不同的式樣。不過，它仍有一個共同的標準可依循——即文學的「審美」方式與價值。換言之，讀者若從「審美」的角度去與作品接觸，其結果必然會有若干交叉——即雖然有萬千個不同的讀者，他們在閱讀文學作品之後，其結果應可放在某一個相同的範圍中去深入檢視。

這一審美過程，如本書前面曾經討論過的，其作用大致如下：

首先，文學作品係以語言文字為呈現的媒介，這種媒介，把作品的內容，包括全然抽象的事件、人們內心的情感和理性等，以及比較具體的景色和物象，具體地呈現出來，讓讀者能夠獲得更為具體的了解。

其次，讀者閱讀文學作品之後，一方面透過其想像和聯想等能力，理性地具體了解作品的內容，而且常常更進一步地獲得深刻的領悟，或者在情感上深受感動，以及在情性上受到陶冶。

第三，由於人們天生即有各種情慾和理智，而且能以各項感官與外在接觸，再產生反應；因而在長期的生活習慣，包括傳統價值與習俗模式等的影響之下，已分別從視覺上的形貌和聽覺上的聲音等，產生一種共同的標準反應，如：眞、善、美和其相對立的僞、惡、醜等價值標準。譬如說：當人們看到令他們感動的事，如有人捐錢濟助殘障、或捐血救助病患等，一定會在心中感到「那是一件善的行為」而十分高興、佩服。相反的，若人看到有人以大欺小，或殺人放火等，也會自然地感到那是一些令人嫌惡的事情。這種方式，也就是所謂審美的作用。所謂文學作品對社會的功能，其實就是文學作品在與社會上的衆多人士接觸後，經由這一「審美過程」，而在無形中塑造出社會的某一（些）新觀念、新風氣，或者改變了原有的習俗與價値。我們可以用我國古代的小說與戲劇爲例來申論。

《東坡志林》上曾有下列這段文字：

塗巷小兒薄劣，為其家所厭苦，輒與錢，令聚坐，聽說古話。說至三國事，聞玄德敗，則顰蹙，有出涕者；聞曹操敗，則喜躍暢快。以是知君子小人之澤，百世不斬。㉗

這段記載清楚地說明了古人早就注意到「聽故事」的功效：當聽衆聽到魏、蜀、吳的三國「古話」時，每每會因劉備所代表的正義一方失敗而涕泣；若曹操代表的奸僞小人失敗，則歡喜雀躍。尤其是連家人都無法管教的小孩，也送到這個聽故事的場合，希望能學到分辨忠奸善惡的觀念。小說的社會功效如此，戲劇在我國的古代社會上，教育功能更是倍受肯定。所以尹雪曼就曾說：

國劇劇情的最大長處，在於能辨明親疏、長幼、尊卑、是非、善惡、忠奸、正邪的不同，並將其間的關係交待得清楚明白，使得一般民衆，即使沒有機會讀書識字，也能透過觀賞戲劇，而對我國固有的倫理道德有所認識。㉘

這裡所指的「國劇」，又稱「京劇」或「平劇」，是一種以「皮黃」爲基，而融入弋陽腔、崑腔、秦腔，以及許多地方戲和小曲在內，而於咸豐、同治年間大盛的戲劇。它不僅含有原來各戲的優點，而且在演出的戲劇內容上，也多以教忠教孝，勸世戒俗爲主，因此頗獲文人及百姓的尊重，譬如有名的余治的「庶幾堂今樂」即是。當國劇透過美麗的佈景、服裝，悅耳的音樂和生動的語言與動作、表情等具體形象，把劇中人活生生地呈現到觀衆面前，讓觀衆立刻產生同情，甚至融入劇情中了；就在劇情引導觀衆的情緒下，戲劇已經在無形當中影響到觀衆——尤其是不曾讀書也不識字的大衆，而所謂戲劇對社會的影響力便因此產生了。

第四節　文學作品對歷史的功用

一般而言，「歷史」乃過去事蹟的記錄；但能被記載下來的歷史事蹟實際上十分有限；即使如此，歷史保存了史實，可做爲後人借鑑，其功能與價値實在不小。可是爲何西方自古以來即有「文學比歷史更眞實」的說法呢？其實，這句話是從區別兩者的界線出發的，而非在比較兩者的眞實性的高低。通常，「文學」對過去事件的處理方式，並不像「歷史」那般「博約」與「簡明」，而多採選取某個個案或現象，用更深入和引人的方式，具體且生動地將它表現出來。我們可用「梁山泊故事」來說明。根據《宋史・徽宗本紀》記載：

淮南盜宋江等犯淮陽軍，……又犯京東、江北，入楚海州界。命知州張叔夜招降之。㉙

另外，《宋史·張叔夜傳》、《大宋宣和遺事》等史書中也都提到宋江及其同夥如何犯法與殺人之事。但到了《水滸傳》裡則把這寥寥數十字擴大成一百二十回的大篇幅小說作品，而且把小說的主題轉成了宋江等人乃是「替天行道」的英雄好漢，並將他們每個人的性格、才幹，與出身和遭遇等都頗爲詳細地描寫出來。當然，因爲史書向來均屬於官書，所以有其所謂正統的政治與教化立場。而民間作家撰寫的小說，自有其不同於官方的敘述目的。因此，姑不論《水滸傳》所表現出來的事件與人物是否「果如書中所言」，但它卻也提出了一個與官方立場不同的觀點。一般說來，它反而更眞實地反映了衆多百姓的心理：在國家（南宋時）外有胡人侵逼，內則奸佞當道之秋，百姓因復國無望、生活動盪，內心實在非常期待有英雄人物出來救世。換言之，小說所透露的內涵，即使與事實有若干差距，但從深度和廣度的角度看，它在反映人民的心理或期望上，其實反而比歷史更逼近實際的狀況。

總之，文學作品不但有補歷史記載之不足、使歷史事件生命化等功能；而且，也可提供一些與歷史書寫者不同的觀念。而如前所述，它更可在某一層次上，產生比歷史記載更爲眞實、甚至更具影響力的結果。難怪當時的畫家和文人，如李嵩（大約十二世紀末至十三世紀上半葉）、高如等要爲水滸諸英雄畫像，龔聖與要爲他們寫贊，周密更爲他們寫贊跋了。

除了上述的項目之外，文學作品當然還有其他功能，譬如：可美化、精鍊語言文字，可提升文藝的水準，可使科學更易普及……等；然由於篇幅所限，本書對此便無法再予以細述了。

〔注　釋〕

①見《論語・陽貨》篇。引自《十三經注疏》（1815 年阮元刻本），第八册，頁 156。台北：藝文印書館，1981。

②見《墨子・非命》。引自《二十二子》，第三册，卷九，頁 294。台北：先知出版社，1976。

③賀拉斯《詩藝》，引自《文學理論資料彙編》，下册，頁 992。台北：華諾文化事業有限公司，1985。

④狄德羅《論戲劇藝術》，引同前注，頁 995-996。

⑤以上內容，請見馬宗霍《文學概論》，頁 18-29。台北：商務印書館，1970。

⑥請見裴斐《文學概論》，頁 111。高雄：復文圖書出版社，1992。

⑦引自范文瀾《文心雕龍注》，卷二，頁 65，台北：學海出版社，1988。

⑧《禮記・禮運》：「何謂人情？喜、怒、哀、懼、愛、惡、慾七者，弗學而能。」引自《十三經注疏》，第五册，卷二十一，頁 431。

⑨引自（宋）郭茂倩《樂府詩集》，第一册，卷二十五，橫吹曲辭五，頁 369。台北：里仁書局，1984。

⑩請參考鄭擇魁《「阿Q正傳」的思想和藝術》。杭州：浙江人民出版社，1978。

⑪引自沈文瀾《文心雕龍注》卷六，頁 493。

⑫請參考張友鶴輯校《聊齋誌異》，上、下册，上海：古籍出版社，1962。

⑬引自《全宋詩》，第五十册，卷二六七六、頁 31452。北京：北京大學出版社，1998。

⑭羅琳的《哈利波特》小說系列，原在英國出版，後也在美國發行。至今已有多種語文的譯本。

⑮請參考楊宗瑩《白居易研究》，頁 82-88。台北：文津出版社，1985。

⑯引自周濟《宋四家詞選・目錄序論》，台北：廣文書局，1962。

⑰引自林文瑞譯，廚川白村《苦悶的象徵》，頁 44。台北：志文出版社，1992。

⑱引自《全宋詩》，第十四冊，卷八〇六，頁 9339。

⑲請參考吳聖昔《西遊記新解》，頁 152-167。北京：中國文聯出版公司，1989。

⑳引同注③，頁 1001。

㉑車爾尼雪夫斯基〈論亞里斯多德的詩學〉，引自辛未艾譯《車爾尼雪夫斯基論文學》，中卷，頁 194。上海：上海藝文出版社，1979。

㉒引自《全唐詩》，第七冊，卷二一七，頁 2283。北京：中華書局，1992。

㉓請參考韓世滋選編《普希金作品精粹》，河北教育出版社，1995。以及《普希金小說選》。台北：光復書局，1998。

㉔請參考席慕容《我的家在高原上》。台北：圓神出版社，1990。

㉕請參考劉克襄、王家祥自然寫作的作品。

㉖引自《十三經注疏》，第二冊，卷一，頁 15。

㉗引自王松齡點校《東坡志林》，卷一懷古，〈塗巷小兒聽說三國語〉，頁 7。北京：中華書局，1997。

㉘請見尹雪曼《中國文學概論》，頁345。台北：三民書局，1988。

㉙引自《宋史・徽宗本紀》，卷二十二，頁407。台北：鼎文書局，1970。

第六章　文學的起源

從前面數章的論述，我們知道文學作品之所以產生的原因其實是非常複雜的。一方面，它必須擁有滿足作者創作文學作品的動機，才可能引發作者出來展現他的創作才華；另方面，它也常隨著讀者及觀衆的批評與鼓勵而起舞，甚至於無法避免社會條件的制約。因此，文學作品的產生，其複雜性絕對超過我國大批評家劉勰於《文心雕龍・明詩》篇所說的：「人稟七情，應物斯感；感物吟志，莫非自然。」因爲，劉氏的「自然」說法，顯然過於簡化。

當然，即使像筆者上面的描述，也僅僅是屬於從「橫向面」——也就是同一個時段的狀況上來說明而已。若我們再更進一步，從「縱向面」——也就是包括許多不同的時代的觀點來思考的話，我們不難得出這樣的推論：每個時代和每個地方都會有符合其特定條件的「文學世界」。換言之，若自時間的洪流上來觀察，文學歷史所展現出來的，當然是代代不同的文學現象，且各有其特色與面貌——只是，它們都必須要服從一個規範，那就是不能超越「文學」的範疇。因此，若站在這個基點來探究，那麼「文學的起源」的答案，便不僅是一種因人們一時的好奇和興趣的結果而已。「探究這個問題」本身，即是一個可以幫助我們深入了解「文學最根本的性質」的關鍵所在。換言之，這一個問題所探討的，其實是有關文學產生時期的「文學」定義問題。

不論中外，曾探索過「文學起源」的學者甚多；然因其研究領域、研究方法、甚至研究工具的差異，每每人所得到的答案均不相同。我們雖然同意這些學者的推論都具有若干程度的論據和說服力；但迄今為止，這些說法仍都只能看做是「假設性」的結果而已。不過，即使如此，它們仍都具有參考價值；因為，它們都能針對最早期「文學」之所以產生的可能要素提出了頗為紮實的論述。

大致說來，「文學起源」的推論之所以會產生或大或小的差異，基本上乃因所採用的研究方法不同所致。而為了達到能夠較有條理地說明這些各具特色的推論，底下便先將它們歸納為兩類：一是以「觀察」為主而做成的理論式說法，二是採用若干比較「具體的實物或儀式」為依據而提出的論述，然後再依次分項來討論。

第一節　以「觀察」為主的理論式說法

這一類論述甚多。為節省篇幅，底下只選擇比較流行的三項說法來討論。

一、模倣說

這一說法源自西元前四到五世紀的古希臘哲學家德莫克利特斯（Democritus, 460?-370? B.C.）。他說：

在許多重要的事情上，我們是「模倣」禽獸，……從蜘蛛，我們學會了織布和縫補；從燕子，我們學會了造房子；從天鵝和黃鶯等唱歌的鳥，我們學會了唱歌。①

德氏顯然認爲，「人類」對其他動物的特殊行爲具有「模倣」、「學習」的能力，而模倣與學習的目的，乃在對自己的身心有所助益。而他在這段話中所提到的「唱歌」，便是屬於「藝術」的範疇了。

在德氏之後，古希臘的大哲學家柏拉圖（Plato, 427-347 B.C.）則貶斥「詩歌」一切的「模倣作爲，《理想國》卷十提到：

從荷馬起，一切詩人都只是摹倣者，無論是摹倣德行，或是摹倣他們所寫的一切題材，都只得到影像，並不曾抓住眞理。②

這是因爲柏氏的心中有一個高於眞實世界的「理想國」。在這個國度裡，一切均依循理性與律法運行。而現實世界的一切，便是「模倣」自該「理想國」，故層次當然較低。至於「詩歌」，又是眞實世界的「模倣品」，因此，它的層次當然也就更低了。柏氏認爲，這個低層次的「詩歌」

作品，其內容不但常脫離眞理的境界，更常扭曲眞理，而且也很少描述到「眞」、「美」等屬於眞理層次的理性事物。此外，它也只會帶給人們快樂和痛苦等情感上的東西，所以對人們是沒有用處的。不過，柏拉圖至少仍然承認「詩歌」乃是「模倣」的行爲。

由於柏拉圖是一個哲學家，所以他的論述過程和結果，顯然都有過於抽象的傾向。他這個觀點，並未被他的學生亞里斯多德（Aristotle, 384-322 B.C.）所接受。衆所周知，亞氏不但也是一位哲學家，同時也是一位劃時代的科學家；因此，他的論述也比較能從具體有據的立足點出發。在他看來，人類天生就擅長於模倣。只是當它發揮於文學上時，絕不只是屬於一種把對象一五一十地記錄下來的方式和結果而已，而是一種富有創意的模倣行爲。尤其它通常並不重視已發生的事物情況，而把重點放在爲何會出現這種行爲的原因上。所以他說：

> 詩人的職責，不在於描述已經發生的事，而在於描述可能發生的事，即根據可然或必然的原則可能發生的事。③

換言之，亞里斯多德的立論方式爲：先以「詩歌」爲立論的根本，然後再進一步推論「詩歌」之所以出現的原因——即模倣的行爲，而且是一種具有作者的創意和個性的行爲。因此，他與柏拉圖不同。柏氏的方式爲：心中早已存有一個理想，然後指出「詩歌」這種「模倣品」，乃是由「理想國」這個他心中的理想到這個理想的模倣品——「現實世界」，才到「詩歌」——「現實世界」的模倣品，也就是說，「詩歌」是一種「模倣品的模倣品」，所以結論是它對人們不但無益，而且有害。

由於亞里斯多德那巨大和崇高的形象，這一文學起源於「模倣」的說法乃成爲西方文學史上影響力延續最長久的觀點。平心而論，它確實擁有若干優點，如：肯定人天生具有經由模倣來創造的能力，以及把文學和人們的生活環境連結在一起等。但在同時，它也有輕忽理性對文學的重要性的弱點；而文學作品，尤其是傑出的作品，是絕對需要理性來全盤規劃、設計與安排才能創造出來的。

從實際的例子來看，將文學的起源推溯爲人類對外在世界的模倣行爲上，不論中外都有。譬如說，比上述希臘哲學家更早的荷馬（Homer）史詩巨著《伊里亞德》（Iliad）和《奧狄賽》（Odyssey），詩中所出現的衆多神靈雖各具超人的法力，但個性的率眞與情慾的放縱，以及彼此間的爭鬥等，其實正與當時的人們情況相倣。換言之，神界與人間其實是相倣擬的——不論是那一方模倣那一方。至於在我國，不提遲至南北朝時才出現的「代面戲」——一種倣自野獸神靈的外貌與動作的戲，即使是上推至《尙書·虞著·舜典》的時候也有。該書中的兩句話：「予擊石拊石，百獸率舞。」④所描寫的正是一群人在活動：有人敲打石塊發出聲音，有人則裝扮成各種不同的野獸形貌，並舞動各種野獸特有的動作。因此，這也應可視爲人們模倣野獸，因而產生出文學作品的實例。

二、遊戲說

「文學起源於人類的遊戲活動」這一說法所提出的時間固然也甚早，但一直要到十八世紀德國的大哲學家康德（Immanuel Kant, 1724-1804）加以闡釋之後，才受到關注。康德非常重視「美學」，認爲它可以與「道德」、「功利」等影響巨大的觀念鼎足而立。他說：

藝術也和手工藝區別著。前者喚作自由的，後者也能喚作雇傭的藝術。前者，人看做好像只是遊戲，……它是對自身愉快的；……後者作為勞動，即作為對於自己是困苦而不愉快的。⑤

換言之，康德從「美學」的立足點立論，認爲那種一種「非功利性」、「自由而愉快」的活動；而那即是一種遊戲。

這一種遊戲說之所以能成爲比較周延而具系統，係因稍後的德國文學家席勒（Friedrich Schiller, 1759-1805）出來加以申論後，才算達成。席勒指出，「活動」本是動物（包括「人類」）天生就有的本能，是一種生命力的展現過程。不過，這些活動其實也可以依其性質而區分爲「工作」與「遊戲」；前者是因「需要」而發生活動，而後者則屬於「自由而無拘」的活動。他認爲當「缺乏」是動物活動的原動力時，它是在「工作」；當「生命力過剩」刺激它活動的時候，它是在「遊戲」。

席勒進一步又指出：喜悅的無規則跳躍，成爲舞蹈；無定型的手勢，形成優美而和諧的手勢語言；感情產生的混雜聲音發展到服從節奏而編成歌曲。換言之，他強調人們於自由自在、身心愉悅時所表現出來的遊戲行爲中，文藝便是其結果之一。

由於席勒的文學素養甚高，所以他比較能從文學家的觀點來加以申論。他曾分析過想像力與審美的關係：席勒同意透過「想像力」，人可以無拘無束地嘗試任何身心內外的自由活動；不過，若對想像力的態度是放任其奔馳，則不一定會幫助人獲得有意義的結果。相反的，人如果能將想像力納入到軌道中而加以發揮，使其在精力旺盛的馳騁中也能遵守某規範，那麼，想像力便可以使人們的各種活動提升至「審美」的層次。⑥而遊戲說至此之後便與文學（含美學）緊緊相連了。

稍後，英國學者史賓塞（Herbert Spencer, 1820-1903）則從心理學的角度，給這一說法提供了一個學理上的基礎。他認爲：所有的動物都有「生命保存」與「種族保存」的兩大本能，動物爲了生存把所有的精力都消耗光了。而人類因營養豐富，除了兩大本能外，尙有餘力。這種多餘的精力，就要發洩在無所爲而爲的模倣活動上。史氏以爲，人與其他動物一樣，都具有保存自己和使種族繁衍的本能。不過，因爲人的能力更強，不必爲此而消耗掉所有的精力，故而可將剩餘的精力轉到其他「無所爲而爲」的活動上。也就是說，在解決生活所需之後，人們便可自由自在地快樂活動，而這也就是遊戲。這種自由而快樂的特質，就是使遊戲提升到審美層次的基本條件。而創造文學作品，也就是其結果之一了。⑦

因席勒和史賓塞兩人乃是使「文學起源於遊戲」這一說法廣爲流行的代表人物，所以遊戲說也常被稱爲「席勒——史賓塞理論」。

當然，在他們之後，還有人繼續推衍、甚至修正這一個說法，如桑塔耶納（George Santayana, 1863-1952）等人，但或未能超越上述觀點，或未產生足夠的影響力，故此處便不再予以申述和討論了。

至於在我國，因自古以來即有一股將文學聖賢化、道德化與政教化的傳統，所以主張「文學起源於遊戲」的說法很少出現。不過，到了清末、民初時期，王國維（1877-1927）倒也曾提出此一觀點，然並未超越前面諸家論述。王國維說：

> 文學者，遊戲的事業也。人之勢力，用於生存競爭而有餘，於是發而為遊戲。婉孌之兒有父母以衣食之，以卵翼之，無所謂爭存之事也；其勢力無所發洩，於是作種種之遊戲。逮爭存之事亟，而遊戲之道息矣。……而成人以後，又不能以小兒之遊戲為滿足，於是對其自己之情感及所觀察之事物而摹寫之、詠歎之，以發洩所儲蓄之勢力。故民族文化之發達，非達一定之程度，則不能有文學。⑧

從人的本能、能力，到精力發洩，到遊戲，到文學，王國維的說法，雖頗完整，但顯然與西方此類學說，實幾乎雷同。

遊戲說的優點，在於能夠從「人類的本能」出發後，再用「多餘的精力」和「自由無拘」兩個要素來定義「遊戲」。可是，由於遊戲的結果並無法保證一定能創造出文學作品，所以它還需要用「想像力」來做爲激素，使「遊戲」加上「想像力」之後，能提升到「審美」的層次。如此，便能夠完整地說明「遊戲」之可能成爲文學（及「藝術」）之所以產生的原因了。

至於這一說法，是否有實際的文學作品可以拿來作爲輔證的依據呢？在西方，早期的喜劇（comedy）之性質便是以娛樂爲主，所以大致應可歸爲此類。至於我國，古代的文學領域雖然幾乎全籠罩於儒家的道德、教化觀之內，但若以《呂氏春秋・古樂》篇的下面記載：

昔葛天氏之樂，三人操牛尾，投足，以歌八闋，……⑨

爲據，我們雖然仍無法確定其性質與目的是屬於宗教或政治，但從「多人手上拿著牛尾，腳踏著節奏，一邊舞蹈、一邊唱歌」來看，它應該也具有娛樂的性質在內。因此，這一段記載或許可以多少說明了我國古代確有娛樂性質的文學創作吧！

三、內心活動表現說

有關文學作品之所以出現的原因，在我國最早，也可算是最爲普遍的說法，應是「由於人們要表現出內心的情志」了。在《尚書・虞書》裡載有下一段文字：

詩言志，歌永言，聲依木，律和聲。⑩

這一段文字指出：「詩歌」乃人們表達出「心志」的結果。這一說法，在其後的《詩經・大序》

中，更被發揮爲：

詩者，志之所之也。在心為志，發言為詩：情動於中而形於言；言之不足，故嗟歎之；嗟歎之不足，故永歌之；永歌之不足，不知手之舞之，足之蹈之也。⑪

在這裡，「志」和「情」結合爲一，志不但是詩歌的內涵，也是促使詩歌產生的動力。漢代自從《詩經》被朝廷立爲經世濟民的「經書」後，便連帶地使〈大序〉中所表達的這種「詩歌（即文學）乃源自人們內心情志的呈現」的說法，獲得學術上正統的地位。這一說法因含有過於偏向「人們內心情志主動地呈現」的現象，後來到了六朝，便有人提出補充的說法。劉勰在《文心雕龍・明詩》裡即說：

人稟七情，因物斯感；感物吟志，莫非自然。⑫

劉氏認爲，詩歌之所以產生的原因並非如此簡單，而是由內心的情志與外在的世界產生「交感」互動之後才產生的。這一「交感」之說，鍾嶸也頗贊同。他在《詩品》裡說：

氣之動物，物之感人，故搖蕩性情，……斯四候（即春、夏、秋、冬四季節令）之感諸詩者也。⑬

甚至到了宋代，朱熹（1130-1200）也在《詩集傳》中說：

人生而靜，天之性也；感於物而動，性之欲也。夫既有欲矣，則不能無思；既有思矣，則不能無言；既有言矣，則言之所不能盡，而發於咨嗟詠歎之餘者，必有自然之音響節族而不能已焉。此詩之所以作也。⑭

這種主張文學作品的產生，乃源自作者內心的活動之說，在中國可說源遠流長。不過，在西方則出現的比較晚，而且影響力也不像在中國那樣大。到了近代，如俄國的大文豪托爾斯泰與美國的心理學家鮑德溫（J. M. Baldwin）等才明白提及。托爾斯泰說：

藝術起源於一個人為了要把自己體驗過的感情傳達給別人，於是在自己心理重新喚起這種感情，並用某種外在的標誌表達出來。⑮

鮑德溫所提倡的「自己表現本能說」（Self-exhibiting Instinct）也認爲：人類天性即有一種要把自己的思想、感情表現到外面的本能，藝術就是從這種本能產生出來的東西。⑯

總之，不論是主張由內心主動表現出來，或因與外在事物等接觸而產生出來，這種說法確實指出了文學之所以產生的必要條件。我們可以用實際的作品來印證這種說法。請先看《詩經・鄭風・將仲子》詩的第一段：

將仲子兮！
無踰我里，無折我樹杞。
豈敢愛之，畏我父母。
仲可懷也，
父母之言，亦可畏也。⑰

它描述：一個年輕女子對其情人（仲子）說出心中的話：請不要進入我的居所，也不要爬到靠牆的柳樹上而壓斷樹枝。我絕非愛惜樹才如此說，而是擔心讓我父母知道。我當然是想念你的，只不過，我也必須顧慮到父母對我說過的話。據此內容所述，毫無疑問的，這首詩乃是，由一個女子（詩人）將其心中的情感直接表現出來而成的。我們再看另一例子。《詩經・周南・關雎》詩的第一段文字爲：

關關雎鳩，在河之洲，
窈窕淑女，君子好逑。⑱

這是一位年青男子所訴說的情話。由於他心中早就愛慕一個善良的淑女，但卻一直沒有機會向她表達而深感苦悶。有一天，他忽然聽到「關！關！」的鳥鳴聲，而看到河中的沙洲上有一對雎鳩鳥正相互愛悅地唱和著，於是乃引發了他深藏在心中的這股情感而抒發成這些詩句。換言之，這些詩句、甚至於整首詩，乃肇基這位青年男子隱藏於心中的情感，被外在事物的刺激所引發而創造出來的。

第二節　依「具體實證」而提出的說法

屬於這一類的說法也不少。底下也爲了節省篇幅而只選擇比較流行的三種說法來加以討論。

一、勞動說

「文學起源於人類的勞動」這一個說法雖然產生甚早，但一直要到社會主義隨著共產國際在二十世紀幾乎籠罩半個世界後才大爲風行。它流行的過程，先是馬克斯（Karl Marx, 1818-1883）在其《一八四四年經濟學——哲學手稿》裡提出：

> 動物只是按照它所屬的那個種類的需要和尺度來建造；而人卻懂得從任何一種尺度來進行生產，並且……也按照「美」的規律來建造。[19]

馬克斯在這裡明白指出，人類的生產活動之所以會比其他動物的生產活動來得高明，乃因人類懂得「需求」之外的「美」的規律。據此，人類的生產活動及其結果便與審美活動密切相關了。而審美活動正是藝術（含文學）的基本要件之一。

後來的俄國學者普列漢諾夫（Georgi Plekhanor, 1856-1918）則說明得更爲詳細。他說：

> 人在察覺節奏和欣賞節奏方面的能力，使原始社會的生產者在自己勞動的過程中，樂意按照一定的拍子，並且在生產動作上，伴以均勻的歌唱聲音、掛在身上的所有東西而發出有節奏的聲音。但是，原始社會的生產者所遵循的拍子是用什麼來決定的呢？為什麼在他的生產動作中恰好會依照這一種，而非另一種的節奏呢？這個乃決定於一個生產過程的技術操作性質，和決定於一定的生產技術。[20]

普氏在這段話中指出，要生產何種東西，便需要有依其性質和功能所設計出來的技術。而在原始社會中，因係以團體合作的勞動力為主，故而集合眾多人的力量在一起的「節奏」便是非常關鍵性的因素了。這種「節奏」，當然是符合美學特質的，在蒲氏提出這種主張之後，「文學起源於勞動」的觀念，便成了共產社會所共認的原則了。

我國在這方面與西方不同，這種觀念在古代的文獻上實在並不少見。例如《淮南子・道應》中便有下面一段文字：

> 今夫舉大木者，前呼「邪許」！後亦應之。此舉重動力之歌也。㉑

這段文字中的「邪許」二字乃古代的「擬聲詞」。用今日的文字來比對的話，大約是「呀吼」，注音符號則是「ㄧㄚ ㄏㄡˋ」。事實上，另一古籍《呂氏春秋・淫辭》中也有類似記載：

> 今舉大木者，前呼「輿謣」！後亦應之。㉒

這兩段文字的幾乎雷同，顯然可見出這一說法在古代實頗為普遍。到了民國以後被共產主義的信徒推為文學先驅者的魯迅（1881-1936），在這方面也曾說過下一段話：

> 人類是在未有文字之前就有了創作的，可惜沒有人記下，也沒法子記下。我們的祖先原始人，原是連話也不會說的；為了共同勞作，必須發表意見，才漸漸的練出複雜的聲音來。假如那時大家抬木頭，都覺得吃力了，卻想不到發表，其中有一個叫道：「杭育！杭育！」那麼這就是創作，大家也要佩服、應用的。倘若用什麼記號留存了下來，這就是文學，他

當然就是作家，也是文學家，是「杭育！杭育」派。㉓

這種說法若用嚴格的理論體系來檢驗，當然稍嫌簡單，粗糙。不過，它顯然是旣接受西方「勞動說」的觀念，也雜揉了我國古代的文獻，因此，也應可算是這派說法在民國初期的代表了。

大致說來，上面所提到的觀點實在都具有以理論來推測的傾向。不過在事實上，卻也有若干實際的論據可被提出來，以作爲這一觀點的具體依據。底下以谷魯司（Ernest Grose 1862-1927）的《藝術的起源》（*The Beginning of Art*）爲例來說明：

谷氏專長於藝術史，他的研究方法與希氏相同，也是建基於實際材料的證據上。他在這本著作中的論證都可說言之有據。而在有關原始人的裝飾品之所以產生的原因上，他認爲「美的要求」其實只是原始人類的次要目標。原始人類對這些「裝飾品」的基本態度，乃是它們必須符合當時的「生活需求」。譬如說，當時曾有一種以鹿角做成的短刀，它的柄上即雕刻有各種圖飾，如：野馬、野牛、山羊等的跳躍姿勢。而這一情況，一方面具體地呈現了當時人類的生活狀況中，已有山羊、牛、馬等動物，以及短刀等工具，另一方面也表現出他們心中的某些活動，如對動物跳躍姿勢的習慣，甚至期待、信仰等。而這些都與勞動有頗爲密切的關係㉔。

上面這兩個實證式的研究，其實和上古時期的若干文學作品可以相互呼應。以我國爲例，《吳越春秋》中即載有一首「彈歌」，其文字如下：

斷竹、續竹，

飛土、逐宍。㉕

該書雖將這首「彈歌」列爲黃帝時期的作品，但文獻資料實不足以徵之。不過，依其文字的樸拙和其表現的內容來看，它屬於遠古時期應無疑義。它的內容是這樣的：人們如何砍斷竹枝，去掉竹葉，然後將不同的竹子接續起來，做爲狩獵的工具。另外，也撿地上的石塊、或者用土來製造彈丸，去獵捕、追逐野獸。據此，它絕對可算是屬於勞動類的作品。

另外，《詩經》中也有不少關於農忙的詩歌。譬如其中的〈小雅・甫田〉詩，便有如下的文字：

大田多稼，既種既戒，既備乃事，以我覃耜，俶載南畝，播厥百穀，……㉖

其內容所描述的，也是有關人民如何耕種的情況。因此，也應可用來當作此種說法的呼應作品。

二、宗教（與巫術）說

若從比較嚴格的學術定義來討論原始時代是否有「宗教」？確實有待爭辯。但原始時代的人類因面對許多無法了解和解決的情況而產生了如：懼怕、渴望等心理，並形成各種信仰，殆爲普遍的現象。爲了探索文學的起源，筆者認爲對此一情形，採取比較寬鬆的觀點，應該可以被接受。如此，歷來有關「文學起源於宗教或巫術」等古代信仰問題，便可併在一起來討論了。

主張「文學起源於宗教」的人不少。如黑格爾（George W. F. Hegel, 1770-1831）論藝術對宗教與哲學的關係時，即說過：

> 最接近藝術，而比藝術高一級的領域就是宗教。㉗

黑格爾認爲藝術導於宗教，就在於藝術用感性形式來表現理念。古代人的宗教觀念其實只屬於「一種對於自然現象的絕對感覺」，在當時，人們對於具體自然界中所呈現的種種現象並無法準確地描述出來，於是便通過心靈的創造力量，來將自然界的各種現象賦予「神靈」的特質，而藝術便因此而被創造出來了。

這一種觀念，英國學者哈里遜（J. E. Harrison）也頗認同。她在其著作《古代的藝術和祭典》（*Ancient Art and Ritual*）裡，依據弗雷則（J. G. Frazer）的《金枝》（*The Golden Bough*）中所收集的大量原始民族的藝術記載，提出了「藝術乃起源於宗教」的結論。哈氏認爲，原始人類的生活都在自然力量的支配下。惟在希望得上天庇護的心理之下，原始人類「模倣」（imitate）了某些自然界的現象；同時，也在抒發的本能之下，「表現」（express）出內心的情感（emotion）。他們這些動能的匯合，促成了古代的祭典，形成了古代的宗教。換言之，原始人類藉由以身體和大自然狀態結合的舞蹈爲基礎而產生了戲劇；也經由歌唱和音樂的組合而產生了詩歌。㉘

此外，倡言「文學起源於巫術」的人也很多，如在我國主張類似這種說法的，有王國維（1877-1927）與劉師培（1884-1919）等人。王國維在其《宋元戲曲史・序》裡說：

> 歌舞之興，其始於古之巫乎？……《說文解字》：「巫，祝也，女能事無形以舞降神者也。

像人兩褎舞形。」㉙

王氏從我國的古文字學出發，證明古代的「巫」這個字，即是一種「象形」，像一個女巫用兩邊的長袖秀出舞蹈的特色——目的在使神靈能降臨。

劉師培則更進一步，肯定地指出：文學的起源（至少在我國）乃是巫祝等人創造出來的。他在〈文學出於巫祝之官說〉裡說道：

蓋古代文詞，恆施於祈祀，故巫祝之職，文詞特工。今即《周禮・祝官》職掌考之，若六祝、六詞之屬，文章各體，多出於斯。㉚

劉氏明白指出，依《周禮》所載，古代設有巫祝之官，他們的主要工作，即負責撰寫各種文詞來祭祀各種神靈和先祖。而我們也可據此來推斷，古代的各種文體，包括頌、銘等祠祀類的文章，雖然其形體和文詞並不全然相同，但必定都是由巫祝之官來寫的。因此，說文學起源於巫、祝之官或巫術，應可言之成理。

總之，文學起源於宗教信仰或巫術祭祀的說法，因多能提出確鑿的古代文獻爲證，所以頗具說服力。其中，更以黑格爾指出的「通過心靈的創造」與文學的關係最爲密切。

至於在文學作品上，屬於這類的古代作品甚多。如以「詩」類作品而言，我國最早的詩歌集子《詩經》中的「頌」類，便多是屬於這一個領域的作品。

三、三位一體說

前面雖討論了不少有關文學起源的主張，然而並未能涵蓋古往今來的所有說法。不過，由於一來，凡可算是重要的主張都已包括在內；二來，在目前仍屬有限的資料和方法的限制下，即使將所有的主張都提出來討論，也未必能據此便推斷出確定的結論。因此，便有人從綜合性的角度來審視這個問題。王元驤與徐岱便曾嚐試用歸納的方式來討論，他們說：

> 歷史上各種關於藝術起源的理論儘管各有差異，但概括起來，大致可以分成「本能論」與「實用論」兩大類；前者包括：「摹仿」、「表現」、「遊戲」，以及「生命意志」、「性欲昇華」等緒論。它們的共同點，是比較注重藝術起源在生理——心理上的發生機制。……後者以「勞動說」為主要代表，包括「宗教」、「巫術」和「季節星象符號說」等。它們……強調原始社會的社會實踐活動對藝術起源的制約作用。……㉞

這種論述方法，顯然是採取了以「惟心」、「惟物」的對立區分為立足點，也與我國傳統上的「心、物二元」觀念相當。然而，若以更嚴格的學術立場來審視的話，這種區分方式實難掩牽強之處，例如「宗教說」中豈無「心理」作用？而「遊戲說」又怎麼可能與「勞動」全然無關？本書的闡述方式，乃先採取以「純理論」與「實證論」來作大類上的區分，然後再於這兩類中分別論述各種主張的大要。當然筆者絕非認爲這種方式最可靠，而是希望能以研究方法爲著眼點來釐析它們，以使其後的說明能夠更爲系統化。

在「文學起源於何？」這個問題上，筆者認爲較持平的態度應屬盧卡奇（Georg Lukacs, 1885-1971），其在《審美特性》中提出一個觀念是：人類的審美活動不可能由惟一的一個來源發展而成，是逐漸的歷史發展綜合形成的結論。他論述審美起源這個問題時，乃結合了巫術說和模仿說：

> 對世界的藝術再現與巫術模仿有著共同的開端，……首先，因為巫術世界觀從一開始就與由勞動，由他們經驗的普遍化所形成的科學反映處於原則的對立中……巫術的模仿形象所提出的要求，則與正在形成的審美反映起初不是處於那樣尖銳的對立，甚至促進了審美反映開始的步伐。㉜

這一個觀念，證諸前面的論述，確實比較平穩可取。換言之，如果我們把視野放大，將文學與藝術合觀，那麼或許可推論出一個比較可能接近實際狀況的說法——那就是「文學起源於一種與祭祀或娛樂有關的綜合性活動」。以下先引幾段我國古籍上的文字來看看：

> 《尚書・虞書》：「詩言志，歌永言，聲依永，律合聲。」
>
> 《墨子・公孟》：「誦詩三百，弦詩三百，歌詩三百，舞詩三百。」
>
> 《詩經・大序》：「情動於衷而形於言；言之不足，故嗟歎之；嗟歎之不足，故永歌之；永歌之不足，不知手之舞之，足之蹈之也。」

這些文字的主旨，固然在敘述「詩」的特色；但毫無疑問的卻也涵蓋了「詩、歌、樂、舞」等項目。我們甚至可以說，這幾個項目其實正是組成「同一個活動」的要素；因此，它們的關係可說是彼此分不開的。這一個看法，周策縱的論證可說是最佳的闡釋。他在其《古巫醫與六詩考——中國浪漫文學探源》一書中，使用字源學的方法，大量引證上古的文獻資料，如甲骨文、鐘鼎文、石鼓文，《易經》、《詩經》、《周禮》、《史記》、《爾雅》、《說文》等，而展現了甚具說服力的雄辯。歸納他的主張有五：⑴古代的巫覡擁有觀氣象、禱風雨、除疾病、驅疫癘、以及招魂、祈生等能力。⑵他們的能力必須經過一個內容非常複雜，並需包括許多器具等儀式來呈現。⑶這個儀式呈現出來的，常包括了歌唱、跳舞、甚至說話的「完整事件」——不論其性質是娛樂神靈鬼魅的祭祀、或是娛樂人的節目。⑷其所包括的內容中，即有詩歌、音樂、舞蹈等——絕非單一項目，而是綜合性的表演藝術。㉝周先生在其書名即直接題上「浪漫文學探源」等文字，可見其目的也是在尋究文學的起源；而他的結論即是，文學始於綜合性的表演藝術。這個綜合性表演藝術中的「詩歌」和「戲劇」，當然屬於「文學」的範疇。

另一位美學理論家朱光潛（1897-1986）先生也曾在其《詩論》中說：

就人類詩歌的起源而論，……我們可以得到一個極重要的結論，就是：詩歌與音樂、跳舞是同源的，而且在最初是一種三位一體的混合藝術。古希臘的詩歌、跳舞、音樂三種藝術，都起源於酒神祭典。㉞

朱先生顯然也認爲，音樂、詩歌和跳舞等都是「同源」的，而且在「最初階段」，更屬於「三位一體」，不可分開的。既然詩歌之源如此，那麼，文學之源也應該在此才對。事實上，三位一體的綜合呈現結果，豈不就是「戲劇」？而「戲劇」又豈能與「文學」分開？因此，文學起源於「三位一體」之說應是在衆多的說法中較可能最接近事實的說法。

〔注　釋〕

①德莫克利特《著作殘篇》，引自《文學理論資料彙編》，上册，頁5。台北：華諾文化事業有限公司，1985。

②引自朱光潛譯《柏拉圖文藝對話集》，頁120。台北：駱駝出版社，1992。

③引自陳中梅譯注，亞里斯多德《詩學》，頁20。北京：商務印書館，1996。

④引自《十三經注疏》（1815年阮元刻本），第一册，卷三，頁46。台北，藝文印書館，1981。

⑤康德〈判斷力的批判〉，上卷。引同注一，頁6。

⑥以上請參見馮至、范大燦譯，席勒《審美教育書簡》，第二十七封，頁142-151。台北：淑馨出版社，1989。

⑦Herbert Spencer, *The Principles of Psychology*, New York : D. Appletom & Company, 1897, V2, pp. 631-2.

⑧王國維〈文學小言〉，見《王國維先生全集》，初編第五册，《靜安文集續編》，頁1912。台北：大

通書局，1976。

⑨引自《二十二子》，第八册，卷五，頁176。台北：先知出版社，1976。

⑩引自《十三經注疏》，第一册，卷二，頁46。

⑪引自《十三經注疏》，第二册，卷一，頁13。

⑫引自文瀾《文心雕龍注》，卷二，頁65。台北：學海出版社，1988。

⑬引自楊祖聿《詩品校注》，頁1。台北：文史哲出版社，1981。

⑭朱熹《詩集傳・序》。台北：藝文印書館，1974。

⑮引自豐陳寶譯，托爾斯泰《藝術論》，頁2。北京：人民文學出版社，1958。

⑯請見洪炎秋《文學概論》，頁68。台北：中國文化大學出版部，1995。

⑰引自《十三經注疏》，第二册，卷四之二，頁162。

⑱引自《十三經注疏》，第二册，卷一之一，頁30。

⑲引自伊海宇譯，馬克斯《一八四四年經濟學——哲學手稿》，頁54-55。台北：時報文化公司，1990。

⑳見普列漢諾夫《沒有地址的信》，引自《普列漢諾夫美學論文集》，第一卷，頁430。台北：人民出版社，1983。

㉑引自《二十二子》，第九册，卷十二，頁496。

㉒引自《二十二子》，第八册，卷十八，頁646。

㉓請見魯迅《且介亭雜文・門外文談》，收於《魯迅全集》第六卷，頁 92。台北：谷風出版社，1989。

㉔參見洪炎秋《文學概論》，頁 58。

㉕引自《吳越春秋・句踐陰謀外傳》，卷九。台北，世界書局，1959。

㉖引自《十三經注疏》，第二册，卷十四之一，頁 472。

㉗引自朱光潛譯，黑格爾《美學》，第一卷，頁 132。北京：商務印書館，1994。

㉘ Jane Elen Harrison, *Ancient Art and Ritual*, London, New York, Toronto: Oxford University Press, 1951, pp. 225-36.

㉙王國維《宋元戲曲史》，頁 1。台北：商務印書館。1973。

㉚引自劉師培《劉申叔先生遺書・左盦集》，第三册，卷八，頁 1519。台北：華世出版社，1975。

㉛轉引自徐中玉《文學概論精》，頁 297。上海：上海文藝出版社，1990。

㉜引自徐恆醇譯，盧卡奇《審美特性》，第一册，頁 364。北京：社會科學出版社，1986。

㉝請參考周策縱《古巫醫與「太詩」考——中國浪漫文學探源》。台北：聯經出版公司，1986。

㉞朱光潛《詩論》，頁 10。台北：漢京文化事業有限公司，1982。

第七章　文學的風格、流派與流變

第一節　文學的風格

要深入了解「文學」的先決條件之一，即是必須明白「何謂文學的風格」；因為「文學的風格」不但是文學作品的最大特色，更是其價值所在。說得更仔細些，文學作品若能擁有其突出的風格，則該作品必然有其特色與價值；若否，則該作品也就不可能值得令人吟味品嚐了。換言之，文學作品的風格如何，乃是決定該作品的意義和價值的關鍵所在。然而，「何謂文學的風格呢？」想了解它，當然必須先弄清楚「風格」的意涵才行。

「風格」一詞，我國早在六朝時期即已拿它來描述「人物」及「詩文」等文學作品。如《世說新語・德行》篇用「風格秀整，高自標持」來描述李元禮，意指李元禮這個人的品格完善而傑出，而且一直以這種特色作為自己為人處事的原則。又如《文心雕龍・體性》篇在評論應劭、傅咸、陸機三人的「作品」時，也用「亦各有美，風格存焉。」來描述。這一情況似乎顯現出一種，把「風格」從對「人物」的描述上，擴大到對「文學作品」的刻劃之傾向。事實上，若細讀《文心雕龍》全書，這種觀念可說比比皆是，如在同一篇文字中，劉勰也說：

賈生俊發，故文潔而體清；長卿傲誕，故理侈而辭溢；子雲沈寂，故志隱而味深。①

在《文心雕龍》的這些描述中，「作品的風格」其實已經和「作家的風格」密不可分了。而若我們從中國文學批評史上來觀察，這種「人品」與「作品」合而爲一的觀念，其實已經是《文心雕龍》之後的普遍認知了。只不過，這種將兩者混同爲一的情形，不但會妨礙我們精細地了解文學（含「作家」與「作品」），而且會引起下面的混淆：「風格」到底是指「作家」或者其「作品」的特色與價值呢？又「特色」與「價值」又是指什麼呢？譬如說，在劉勰上述的例子中，不但是他用來形容「人物」的「俊發」、「傲誕」、「沈寂」等詞語的含意會讓我們覺得過於抽象，連他用來形容「作品」的「文潔體清」、「理侈辭溢」、「志隱味深」等詞，也很難讓人明白其確切的意思。筆者因此認爲，這個問題應該擴大範圍來思考，也就是把「整個文學」作爲觀察點來探究，於是我們不難發覺，這是一個屬於不同的觀察角度的問題。因爲若是從「讀者」的角度出發；讀者先接觸到的是「文學作品」，所以他先了解的當然是「作品的風格」。等到讀完該作者的大部分或全部作品之後，他不但了解這些「作品的風格」，而且還可進一步體會出「該作者的文學風格」是什麼了。當然，如果順著這個路線繼續下去，也會有某一群體作家的風格，某一地區的文學風格，以及某一時代的文學風格等。只是這些名詞的內涵通常會有流於空泛的情形。總之，我們應該可以說，「作者的文學風格」，乃是其「文學作品所呈現的風格的總合」。但在同時，我們也可以從「作者」的角度來探討這個問題：由於作品是作者所創作出來的；而作者的出身背景、性格、學識、經歷等又各有不同，所以乃造成了任何一個（好的）作家，都會創作出屬於他個人獨特風格的作品，而與其他作家的作品也絕不可能完全一樣的情形。

一般認爲，「作品的風格」乃指從「作家」所創作的衆多作品中，其內容或形式上所表現出來的一種頗爲穩定的獨特性。這種獨特性即是該「作家」或其「作品」之所以與其他「作家」與「作品」不同之處。這種每個作家與其作品的特殊風貌，一般便稱之爲「該作家與其作品的風格」。當我們集中焦點到「作品」上，不難發現這種「文學作品的風格」之所以產生的原因，應可從其「內容」與「形式」兩方面來分析。底下即依此序來加以析論。

一、作品的內容與風格

每一部作品都會有特定的思想和感情等內容，而這個內容，係由該作品的題材、角色，以及由思想、感情所綰合而成的主題等所組成。下面，我們便以分項的方式來討論：這些組成作品內容的要素，是如何來形成作品風格的。

㈠題材與作品風格的關係

作品的「題材」，乃該作者自衆多現象中先選取所要描寫或敘述的素材，然後粹鍊其樣態，並安排其出現的順序，藉以鋪陳出該作品的內容，最後則形成了該作品的主題之材料。

在範圍上，可被拿來作爲「文學作品的題材」的材料乃是無所不包的，舉凡自然界的客觀狀態、人類變化多端的現實生活、甚至於人們心中的思想、感情、想像等都是，都可以被拿來作爲文學作品的題材。不過，應加以釐清的是作品的題材乃是作者從這些之中，依據自己的判斷，再加以選擇、加工，甚至自行創造而成的。因此，文學作品的題材固然與眞實世界中的某些狀況近似，但由於它們是經過作者加以改造而成的「心中世界」，是一個已經滲入作者的個性、經歷等色彩在內的抽象世界，當然，它們已非百分之百的事實原貌了。

文學的「題材」既然係由作者選擇而來，它們當然已含有作者的背景、專長與個人好惡在內。但我們也必須了解作者之所以創作的原因是什麼才行。一般說來，作者對題材的選擇，多是以能否達成他想表達的目的爲依據。因此，作品的「題材」便與作品的表達的方式——即「體裁」有相當的關係。

一個作家在創作時，其選擇題材的過程與原因是非常複雜的。其中，尤以後面兩個項目最爲重要。其一是作家的生活背景。一部作品想要感動人，擁有生動逼眞的內容乃是必要的條件；而一位作家對他所要創作的作品之題材若不熟悉，而只想憑著想像去揣摩，那是絕無法做到讓該作品栩栩如生的。換言之，作家對於其作品的題材，必須非常熟悉，甚至於擁有深刻的體會和見解才行。歷來的成功作品，其內容之所以會多屬於作者所熟悉的題材，原因便在於此。以古代爲例，譬如六朝時的詩人謝靈運（385-433），他以「山水詩」受到各方的推崇；而他之所以寫山水詩，即因他擔任太守的官職時，官大事少，而且有條件常去遊山玩水、尋幽訪勝，以致於他對山水風景不僅是喜好、熟悉而已，而且是有非常深刻的體會。因此，他的「山水詩」不僅刻劃細緻，描寫生動，也常寓含有他非常深刻的感觸與體會到的哲理在內。又譬如以「宮體詩」著名的蕭綱（503-551）爲例，他因身爲太子，居住於東宮之中，因此所見皆屬名器美人等宮中的生態景物，所聞也缺少民間的眞實生活狀況，因此，才會創造出那種他所熟悉、了解的表象華麗、內容卻非常空洞的「宮體詩」。再以現代的作品爲例，同樣是對都市生活非常了解，也都以寫城市生活著名的作家茅盾與老舍（1899-1966），他們的作品在題材上便有差別。茅盾所寫的城市，多以中產階級的人們爲主；而老舍所描述的重心，則多屬城市中貧民的生活與心靈活動。這種情形，當然與他們兩人的出身與生活背景有密切的關係。因此，生活背景與出身不同的作家，因習慣於選擇拿手的題材來創作，也就在無形之中使其作品呈現出其與衆不同的特有「風格」了。

其二是作家的個性與專長。生活背景和出身可影響作家選擇其寫作的題材已如上述，但若更仔細地來觀察，這一情形其實也包括了寫實的題材與虛構的題材在內；而這便牽涉到作家的個性與專長了。說得更具體些，作家的個性與專長對其選擇何種題材來創作，也擁有不可忽略的影響力。譬如說，同樣都是屬於知識份子的身份，也同樣對社會不滿而選擇社會的黑暗面作爲刻劃的對象，明朝吳敬梓（1701-1754）寫《儒林外史》，便選擇了暗諷的方式，來揭發人心的現實、功利和社會風氣的腐敗。但民初的魯迅所寫的短篇小說，如《阿Q正傳》、《狂人日記》等，則是以犀利的文筆，尖銳地批判人民的無知和社會的麻木。兩位作者，一個間接，一個直接；一個暗諷，一個批判；一個是以悲憫的胸懷來告誡大衆，一個則用冷靜的態度來訓斥社會。換言之，這兩種文學風格之所以發生如此大的差異，便是因爲兩位作家的個性與專長有別，而都反應在他們的作品之上所致。

㈡主題與作品風格的關係

「主題」並非作品的大致內容或摘要，而是貫穿整個作品的中心思想。它是一條藉由題材的進行，來推動事件的發展，以達到作者創作企圖的主導線。而正因爲如此，有人便從抽象的立足點，把它描述爲「文學作品的靈魂」，或者「作者的感情、思想與目的」。

從創作的過程而言，通常都是作家在其心中已先有了作品的主題，然後才選擇適合表現該主題的題材來具體地創作。不過，我們也不能因此便單純地認定主題乃是作品的最重要部分。因爲，作品的主題其實有大小之分；小的可小到一首五言絕句中所呈現的詩人的刹那感觸，如唐朝詩仙李白在〈靜夜思〉中所表現的偶爾在一個明月高掛天空的夜晚，突然因看到月亮而想起故鄉的心情；大的可大到一部長篇小說中所透露的人生眞理，如曹雪芹在《紅樓夢》中所寓含的「色空」

思想。我們當然不宜以「大、小」爲評價的判準點，而草率地判定《紅樓夢》的主題因涵蓋千古人生的哲理便比較偉大，李白的詩則因主題小巧而較差。因爲，作品的價值高低，主要係看其如何呈現審美的知覺與判斷；因此，凡是能夠表現出動人情感或震撼人心的作品，其主題都是好的。當然，主題也有好與壞的不同；不好的主題，譬如整部作品都是以暴露色情爲主要目的的小說《肉蒲團》即毫無疑問的屬於此類。

作家的重要特質之一，乃在其擁有比一般人更爲敏銳的感觸，以及想以寫作的方式將這些感觸表現出來的慾望。通常，他在受到外界的環境或人、事、物的觸動、或者突然自內心裡產生了想抒發情思的衝動時，常會自然而然地在心中蘊釀如何滿足這種慾望的方法；於是，其作品的主題便大致確定了。然而，由於不同的個性與生活環境的影響，不同的作家對不同的人、事、物的敏感度便會有所差異。於是，那一位作家會比較喜歡或習慣那種主題，也就是一種很自然的結果了。因此，不僅不同的題材會產生不同的主題；即使是相同的題材，不同的作家也會將它形塑成不同的主題。譬如說，同樣在寫有關時光的消逝——尤其是與朝廷、政權的衰落與滅亡有關的主題，李煜（937-977）的〈子夜歌〉是這樣寫的：

> 人生愁恨何能免？銷魂獨我情何限。故國夢重歸，覺來雙淚垂。　高樓誰與上，長記秋晴望。往事已成空，還如一夢中。②

由於「往事已成空」，李煜只有借「夢」來回憶故國的一切；而其心中所充滿的，則是一個「恨」

字。但白先勇的小說集《台北人》，尤其是〈遊園驚夢〉裡，也是借著「夢」字來表達對自己的青春消逝、光榮已杳，而只剩心中無限悵惘的主題。但兩人所呈現於作品中的風格則大爲不同，而這乃是因爲兩位作者與其作品的內容之關係有異所致：前者因自己即是亡國之君，是當事者；後者則只是一個冷眼旁觀者。故前者以詩詞來直接抒發出其潛藏於內心之中的沈痛心情；而後者則以代言的敘事方式來描寫作品中人物的焦慮心情和無奈動作。前者激情，後者冷靜；前者直接，後者間接。因此，兩者的主題雖然近似，但其風格卻顯然有別。

㈢作品中人物形象系列與作家風格的關係

如前所述，在作品的內容上可以顯現出作品風格的兩項最重要因素爲「題材的選擇」與「主題的表現方式」。不過，如我們把觀察點轉到「作家的風格」上，那麼，在「小說」和「戲劇」這兩類敘事體和代言體的作品裡，若把作家的一系列作品拿來合觀，則其作品中的諸多人物所呈現的特色，其實，也可顯示出該作家的特有風格。如：法國文藝復興期的作家拉伯雷（Francois Rabelais），即與「巨人」的形象分不開；俄國近代大作家托爾斯泰也成爲專門寫不滿現狀、內心矛盾、探索人性眞義、企圖解決道德問題的貴族知識青年的作家；③而白先勇則成爲專寫沒落王孫、空留回憶的權貴者的代言人了。

二、作品的形式與風格

在作品的形式上，與作品的風格息息相關的重要因素至少有下列三項：作品的語文、結構與體裁。底下便依序來進一步討論。

㈠語文與作品風格的關係

衆所周知，語言文字乃是文學作品的載體，文學作品必須使用語文爲媒介來傳達思想、情感、事件等內容，才能讓讀者有所了解，進而體會和欣賞。因此之故，一篇文學作品所運用的語文水準如何，便關係著其品質的高低了。換言之，成功的作品不但需要有豐富的內容與深刻的思想，更需要洗鍊的語文來賦予其生動的生命力。換言之，只有經由精準的語文，才能將作品中的細膩情感、角色的精彩動作，以及鮮明的時空場景等成功地表現出來。

從「表達的方式」來看，「語文」大致可被分爲敘述性、描寫性、議論性、抒情性、以及對白等不同種類。這些不同種類的語文，各有適合表達的狀況與內容，如：敘述性的語文比較適合用來陳述事情件；描寫性的語文則比較適合用來刻劃靜態與動態的物象；議論性的語文適合用來說明與論辯；抒情性的語文則比較適合拿來抒發人物內心的情思；而「對話」則是最適合用來直接呈現對話人物的內心活動，包括情感、思想和想像的起伏和躍動等。當然，每一部文學作品都各有自己的特色與目的，因此有的作品可能只需要使用上述的一種類型的語文，即可滿足其需求。

但有的作品則可能需要混合使用多種不同性質的語文，才能達成完全表達出作品內容的目的。而這種情況，固然主要係以作品的性質與目的來決定；但從根本上來看，其實就是由決定作品一切的創作者來決定的。

語文在作品上可呈現出其特殊的風格，我們可以用兩個例子來說明。同樣都是選用「詩歌」類型，也同樣都在表達某一時代多數人的心聲，郭沫若（1892-1978 A.D.）於一九四九年寫的〈新華頌〉與賀敬之（1924-）於一九五六年寫的〈放聲高唱〉，便因使用的語文性質有別而呈現出嶄然有異的風格。先看〈新華頌〉的部分文字：

人民專政，民主集中。
光明磊落，領袖雍容。
江河洋海流新頌，
崑崙長聳最高峰。④

這是一首包括三章，每章二節，而每一節都由三組六個句子的詩句所組成的詩歌。上引文字乃是第三章裡第一節的第三組文字。從形式上看，這是一首形式非常整齊的作品；尤其是每一組的文字，都是由前面的四個四字句，排成兩行，再加上後面的二行七字句組成。因此，在詩行和每行的字數上，不但承襲了古典詩歌的主流，形式整齊有序，而且也造成了音節鏗鏘、節奏有序的效果。最重要的是用詞典雅、態度從容，因而使全詩呈現出一種全心頌揚而得到平正中庸的風格。

我們再看賀敬之〈放聲歌唱〉裡的一段文字：

呵！多麼好！
　我們的生活，
　　我們的祖國；
呵！多麼好！
　我們的時代，
　　我們的人生！
讓我們
放聲
　歌唱吧！
　　大聲些，
　　　大聲，
　　　　大聲！⑤

毫無疑問的，這首詩確實含有宏大的聲響，並表現出開懷的心聲，而主題則在頌揚時代的偉大、祖國的尊榮、和人民的快樂。不過，由於文詞淺白，抒情直率，且缺少傳統上藉著使用比喻的手法以產生深刻的歷史和地理意涵的效果，因此，讓人讀來會覺得它實在缺少那種蘊藉而足以讓人細嚼的韻味。即是因其文詞的使用水準而影響了其作品的風格所致。

(二)結構、體裁與作品風格的關係

文學作品的結構，簡單來說，就是作品的佈局方法；而它的功能，主要是把作品內的各部分串成一個緊密相連的完整體。這一種文學觀念在我國其實早已有之。如《文心雕龍・鎔裁》篇即有下面一段文字：

> 草創鴻筆，先標三準：履端於始，則設情以位體；舉正於中，則酌事以取類；歸餘於終，則撮辭以舉要。⑥

劉勰在這段話中指出，凡是作品，必定包括有情、事、辭三個要素；而若能將它們精當地安置於作品之中，該作品必定會成爲傑作。至於安排的方式則爲：先將作品的「情」（即「主旨」）決定好，然後確定其最適合表達的「文體」，接著再考慮要選用何種「事」（即「題材」），最後便在該類題材中匯集所需要的材料，並用「文辭」將其表現出來。顯而易見的，這段文字所著眼的正是作品的全體，也就是作品的「結構」。

這種有關作品「結構」的觀念，在我國的歷代文論中可說屢見不鮮。譬如：王驥德的（?-1623）《曲律》便論及「曲」的結構；李漁（1611-1676?）的《閒情偶寄》則提到「戲劇」的結構；而陳衍（1856-1937）的《石遺室詩話》也頗強調「詩」的結構的佈局觀念等。底下，我們便

以陳氏的說法來稍做申論。他說：

> 詩要處處有意，處處有結構，固矣。然有刻意之意，有隨意之意；有結構之結構，有不結構之結構。譬如造一大園亭然，亭臺樓閣，全要人工結構矣，而疏密相間中，其空處不盡有結構也；然此處何以要疏？何以要空？即是不結構之結構。作詩亦然，一篇中某處某處，要刻意經營，其餘有只要隨手抒寫者，有不妨隨意所向者。⑦

這段話說得頗爲精當，比喻也甚爲得體。因爲文學作品，尤其是好的文學作品，其全篇必有一個非常周延的整體觀照，才會顯現出其具有完整的架構。不過，這裡應該要了解的是，作品中的某些部分固然結構非常緊湊，但也常有在其他部分顯得鬆散的現象。細心的讀者在面對這種現象時，實不宜因此便批評該鬆散處不佳，而應從作品的整體結構去理解。因爲，那些結構上顯得鬆散的部分，可能正是作者的刻意安排，以使作品的全篇結構不致產生過於緊湊、沈重，或者希望作品的情節不致進行的太過快速等。這種經過刻意安排的結構，便往往能夠使作品擁有「疏密相間」的優點。當然，陳氏在其文中所誇讚的「疏密相間」也不必然是作品佈局的最高原則。安排作品結構所服膺的最高原則，就是藉著把各部分的材料（題材）安排到作品中最恰當的位置，而使作品的主題能夠順暢且充分地表現出來。換言之，作品的「結構」必須包括兩個關鍵。一是作品中的每一個部分都能成爲一個精密或恰當的小組織；二是每個部分在作品中因有一條主線將它們串聯起來，而使它們都能佔有「各得其所」的位置。於是，整篇作品在具備這兩個關鍵後，便可成為一個大小互襯、疏密相間，且主體鮮明的有機生命體了。

作品的結構之所以能顯現出其風格，即在這個重點上，我們以最講究結構的戲劇來說明。三十年代，曹禺（1910-）是公認的傑出劇作名家；而他的戲劇作品風格之所以非常強烈，即因他的劇作多具備了一個個充滿衝突的小結構；然後再以不停的衝突來推動情節。因此，他的劇作便以結構緊湊、充滿張力，且劇情進行快速為其特有的風格。同年代的另一戲劇作家郭沫若（1892-1978）的劇作，風格便顯得頗為紓緩；這是因為他的作品不但充滿獨白，且抒情成分特別濃厚，而觀衆對其劇作印象最深刻的地方，正是劇中人的內心世界，而非劇作的結構。

現在，我們再來看看文學作品的「體裁」與風格的關係。文學作品之所以呈現出不同的體裁，乃是為了表達某些特定的內涵和主題所致。而不同的體裁，當然也有配合其需求的特別結構。以抒情與敘事來區分類別的話，抒情類作品，特別是詩、詞等，其性質本來就是讓作者能夠直接抒發其感情和思緒等內心活動；因此，其重點便是如何使用具體形象的景物等來比喻抽象的內容。再加上這類作品的篇幅通常比較簡短，所以其「結構」也多比較單純——通常多是採單線的方式來進行。至於敘事性文學作品的體裁，例如：小說，因係以陳述事件為主，而且需要以「人物」和「情節」來進行；因此那個關係著是否能夠把該事件清楚又技巧地呈現出來的佈局——也就是「結構」是否成功，便顯得十分重要了。小說類作品中，篇幅較短的作品因故事簡單，所以只要擁有一個能夠以「人物」和「情節」把事件交待清楚的簡單結構，便可以了。但篇幅比較長的小說，不但故事的內容豐富，人物群像衆多，而且情節也非常「曲折」，因此，其「結構」當然也就較爲複雜：有的所採取的方式爲先多線進行，有的採用則交叉的方式來進行；有的所採用的方式則是從頭到尾都屬網狀的結構。

除了這兩種體裁之外，另一種則是屬於「綜合型式」的「戲劇」。爲了配合它需在舞台上演出的要求，其主結構所呈現的，乃是一場接一場的方式。這種方式若安排得不好，常會造成全劇的內容無法連貫的嚴重缺點。通常，對戲劇作品而言，每一場的人物刻劃不但必須非常突出，而且事件也需以濃縮而具有張力的衝突爲核心；同時，場與場之間的關係要如何連繫起來，也非常重要。

作品的體裁，可以顯現出其風格當然是毫無疑問的。我們可以再用下面的情況來說明：魯迅所寫的大量文學創作，可說以短篇小說和雜文爲主。徐志摩的創作則多屬詩歌。朱自清的文學創作中，以散文著名者居多。而曹禺則被大家視爲戲劇作家。由於他們的創作不但豐富，而且品質也都甚佳，更因爲他們所選擇來創作的體裁不同，所以在一般的評價裡，也都已經有定型的風格了。譬如：魯迅的作品篇幅簡短，內容深刻，結構緊湊，且常含有哲思。徐志摩的詩雖以情韻取勝，但於隱約中也藏有前後有序的結構。朱自清的散文，內容平實，但感情眞摯，且結構單純明晰。至於曹禺的劇作，則以每場充滿張力，且刻劃人物細膩生動爲其特色。總之，作品的風格和其體裁的關係是密不可分的。

第二節　文學的流派

一、文學流派的共同基礎

如前所述，「文學風格」之所以重要，不但在於它是造成每一位作家及其文學創作品與衆不同的要素，而且也是決定該作家及其作品價値高低的重要指標。同時，由於「風格」乃建基於作者個人先天的秉賦與後天的境遇之上，因此乃造成不同的作家，都會有不同的文學風格的情形。不過，當我們把討論的範圍擴大，並以相同或相近爲觀察點時，則每每會發現不同作家之間也時常會有近似的情形，而感覺到某些作家的「文學風格」頗爲接近。當這種情況出現時，所謂「文學流派」便產生了。

基本上，「文學流派」係一種以「作家」爲主的論述。它是指一群在先天秉賦上相近、或後天境遇上有關係的作家，在刻意經營或自然而然之下，乃發展成一個文學團體。這個團體，利用共同的力量在有關文學的主張上或作品的風格上產生了相當程度的影響力，影響了當時的文壇，甚至於在文學史上造成了震撼等。換言之，當從文學具體可見的外在特色來觀察時，文學的流派係建基在底下兩個基本條件之上：

㈠該流派的作家們擁有共同或近似的文學主張。

這裡的文學主張，指的是創作的目的和審美的觀點。更具體地說，前者所包括的問題有：作家創作的原因何在？是因爲內心的衝動或有興趣？是爲了闡述人生或服務社會？還是爲了使文學能有突破性的發展？……等。而後者的問題則包括了：作品的文詞應華麗、典雅？或是質樸、通俗？其表達方式應直接了當或婉轉含蓄？以及應該傾向寫實或主張虛構？……等。我們可以用一些歷史上的例子來做更進一步的說明，譬如唐朝的詩壇，在緊接著杜甫、元結（723-772）等以描寫社會實況而獲得甚高成就之後，中唐時期的詩人白居易（772-846）和元稹（779-831）等在詩歌體裁上乃採取「新樂府」來創作，並分別寫了〈新樂府五十首〉及〈和李紳新樂府十二首〉等名篇，同時明白提出有關詩歌的主張。如白居易在〈與元九書〉中說：「文章合爲時而著，歌詩合爲事而作。」又在其〈新樂府・并序〉中說：「總而言之，爲君、爲臣、爲民、爲物、爲事而作，不爲文而作也。」⑧換言之，白氏認爲，寫作詩歌應要有非常明確的目的，即：若非在政治上能有「補察時政」的功能，便應藉著描述民生與社會問題來警醒大衆。白氏的這種詩歌主張，在元稹、劉禹錫（772-842）等詩人的應和之下，終於形成唐朝詩壇中有名的「社會詩派」。

這種情況，我們可以再用清朝的文章歷史來說明。在乾隆時期，方苞（1668-1749）創立了「桐城派」，提出「古文義法」的創作主張，大力呼籲「古文」遠優於「駢文」，宜爲「文章」

正宗。而所謂的「義法」，方氏自己曾有以下的解釋。他說：

「義」即易之所謂「言之有物」也；「法」即易之所謂「言之有序」也。「義」以為經而「法」緯之，然後為成體之文。⑨

據此，「義」乃是指文章的「內容」，而應該要「言之有物」；「法」則要求在創作文章時，必須講究全文的先後順序。桐城古文派到了姚鼐（1732-1815）手上，更往前邁進一大步。他藉著編輯《古文辭類纂》一書，一方面揭示自古以來文章——尤其是「古文」的演變大勢；另一方面，更在該書的「序」裡提出「神、理、氣、味、格、律、聲、色」等八項創作與鑑衡古文的方法與原則。於是，桐城古文派的理論體系便具體而完備了。當然，這一古文派別的聲勢之所以能在咸豐時期達到頂峰，乃因曾國藩（1811-1872）之故，曾氏不但擁有開闊的胸襟與深邃的見解，更具備威赫的功業；尤其他能以謙恭的言行網羅並栽培人才，所以他所肯定的桐城古文派便也因而形成一股大氣勢了。

㈡該流派的作家們擁有類似的風格，其作品並獲得相當的成果。

這一點，我們可以用唐、宋的「古文運動」為例來說明。盛唐以前的文章，係以綺麗而工整的「駢文」為主流。盛唐之前，雖有盧藏用（?-713?）、蕭穎士（709-760）、李華（715-774）等人努力於「古文」的寫作，以及柳冕（?-804）的大力提倡「文」與「教」應合一的觀念，但其影響力並不大。這種情況，一直要到被蘇軾譽為「文起八代之衰，道濟天下之溺」的韓愈出來之後，才有了改變。韓愈（768-824）不顧當時人的譏評，以捨我其誰的氣概，極力鼓吹「古文」，反對「駢文」。在文學觀念上，他以「儒家道統」的繼承人自居，一方面批判朝野都頗流行的佛老之說，同時也自詡「非三代兩漢之書不敢觀，非聖人之志不敢存。」全力倡導儒家經傳與六藝之文。尤其重要的是，他以不同於工整而駢儷的散文之筆，寫成了包括〈原道〉、〈師說〉、〈進學解〉等在內的許多名文。他這些文質俱佳的傑作，不僅引起朝野的注目，更因擁有同儕好友柳宗元（773-819）及學生皇甫湜（777?-835?）、李翺（774-836）等的支持與擁護，終於使得以儒家道統爲主要內容，以雄健簡潔的文詞爲外形的「古文」，在「駢文」風行一時的潮流中，取得一席之地。可惜到了晚唐時，由李商隱（811-858）、溫庭筠（812?-866）、段成式（?-863）等人所引導的「駢四儷六，錦心繡口」文章，不但中止了韓愈所推動的「古文運動」，且引發了宋朝初年時楊億（964-1020）、劉筠、錢惟演等人倡行的「西崑體」文章，使文詞雕砌、用典奇僻，而音調悅耳的風氣又成了文章主流。幸而到了宋仁宗時，歐陽修（1007-1072）以其取士的職位，拔擢及推譽王安石（1021-1086）、曾鞏（1019-1083）、蘇洵（1009-1066）、蘇軾、蘇轍等人，共同提倡並創作以儒家之道爲主要內容，且以文氣相合、自然流暢的文筆寫成的「古文」。這些大家們，不但品德與才學俱受推重，且作品豐富，品質亦佳，如歐陽修的〈醉翁亭記〉、〈瀧岡阡表〉、〈秋聲賦〉等，蘇軾的〈教戰守策〉、〈赤壁賦〉等，王安石的〈書刺客列傳後〉等，與蘇轍的〈上樞密韓太尉書〉等，都是遠近馳名的傑作。而至此時，由唐朝開始推動的「古文運動」

也才算眞正成功；而唐朝的韓愈、柳宗元，及宋朝的歐陽修、曾鞏、王安石、蘇洵、蘇軾、蘇轍等八人，也就因爲文學的主張大致相同，作品的風格大致相近，以及創作成果非常豐富，而被稱爲「唐宋古文八大家」。

二、文學流派產生的原因

「文學流派」一詞，當以「作家」爲主要的觀察對象時，係指：某些「作家」因在文學方面的表現擁有頗爲相近的特色，故而乃被認爲屬於「同一個文學流派的作家」。而當主要的觀察對象由「作家」改成「作品」時，它則指因某些「作品」在若干文學特色上產生相同或近似的現象，所以被劃歸爲「同一個文學流派的作品」。此外，也有因「作家」的籍貫或居住地方相同，以及某些作家因屬於同一個時期而被歸爲一派的情況等。

不過，若從最寬鬆的尺度來考察，「文學流派」之所以會產生的原因可大致區分爲「刻意結合」與「自然形成」兩大類。當然，若自比較精密的範圍來分析的話，則這兩大類原因之內，其實又各自包含了許多非常複雜的小原因。只不過由於這些小原因一來過於細微，二來常無法絕對地劃分出彼此的範圍，所以我們底下的討論，便以這兩大類原因作爲區分文學流派之所以產生的標目，然後再於論述過程中儘量把種種複雜的原因涵蓋在內來討論。

㈠刻意結合而成的文學流派

由「刻意結合」而成的文學流派，其實也可從「作家」的「主動自發參與」或「順環境潮流而組成」而區分爲兩種類型。底下，我們便依此來討論。

1.自動自發參與者

這一類型的作家之所以主動自發地形成一個文學派流，每個人當然都有其原因；有的是想集合衆多人的力量，以求讓自己在文壇上取得一席之地；有的則想藉著群體力量的發揮，來推動其個人的文學理念；有的則是爲了有效地批判某些文壇的怪現象；而有的則是爲了達成扭轉社會的風氣……等。換言之，他們想達到目標的前提，都是希望擁有一股比較巨大的力量，因此，下面幾個條件便常扮演著這種流派的關鍵性角色了：

(1)**擁有流派的明確名稱**

(2)**擁有明確的文學主張或宣言**

(3)**有發表意見及作品的專屬園地**

(4)**有在理論上或創作上的代表人物**

這幾個關鍵性的條件，我們在古代的文學流派上雖然不易發覺其完全具備，但在現代所成立的文學流派，則可說幾乎都有。底下，我們即舉三個屬於現代的文學流派：「文學研究會」、「創造社」、「現代詩派」爲例來稍加說明。

從清朝末年到民國肇造，隨著民間自覺風氣的萌芽，「新文化運動」乃逐漸成形，而到「五四運動」時達最高峰。此時，在文學方面，最明顯的現象是許多團體的成立和刊物的發行。其中，有兩個文學流派（或可稱爲社團）最值得注意，那就是「文學研究會」和「創造社」。

甲、「文學研究會」於民國十年一月，由鄭振鐸（1898-1958）、茅盾、許地山（筆名落葉生，1893-1941）、朱希祖、王統照（1897-1957）、瞿世英、孫伏園、耿繼之、郭紹虞（原名郭希汾，1893-1984）、蔣百里（原名蔣方震，1882-1938）、周作人（1885-1968）等十二人在北京成立。他們的文學主張非常鮮明：「將文藝當作高興時的遊戲，或失意時的消遣的時候，現在已經過去了。我們相信，文學也是一種工作，而且又是于人生很切要的一種工作。」⑩換言之，他們明確的主張是「爲人生而藝術」。同時，他們也接編了原來由上海商務印書館所發行，以刊載社會言情小說爲主的《小說月報》，將該刊自第十二卷第一號起變成「文學研究會」的會刊。而它的風行程度，可自它繼續在上海、廣州、寧波與鄭州等地成立分會，而且繼續發行《文學旬刊》、《詩刊》及其所編印的《文學研究會叢書》看出。該會的理論家，如：茅盾、鄭振鐸、蔣百里等人，都是著名的學者，而且常在刊物上發表作品的大作家如林，如：周作人、朱自清（1898-1948）、冰心（原名謝婉瑩，1900-1999）、許地山、王統照等人。至於在作品上，如冰心的《繁星》、《春水》詩集，朱自清的《背影》、《你我》散文集，王統照的《春雨之夜》短篇小說集，以及許地山的〈綴網勞蛛〉、〈春桃〉等小說與《空山靈雨》散文集等，都是膾炙人口的作品。

乙、「創造社」於民國十年七月，由郭沫若、郁達夫（1896-1945）、田漢（1898-1968）、成仿吾（1897-1984）、鄭伯奇（1895-1979）、張資平等人在上海創立。這一文學流派的理論大將成仿吾在其〈新文學之使命〉中曾明白宣示該流派的文學主張如下：

> 如果我們把由內心的要求作一切文學上創造的原動力，那麼，藝術與人生兩方都不能干涉我們；而我們的創作便可以不至為它們的奴隸。⑪

顯然，這個流派所批評的對象，即是「文學研究會」所提出的「人生」與「藝術」的密切關係，而標榜「爲藝術而藝術」的觀念。此外，這一文學流派也自民國十一年五月起，也出版《創造季刊》以爲其專屬園地，發表該派同人的文學觀念、意見及創作品。同時，也與「文學研究會」一樣，創辦了另一個刊物《創造周報》。大致說來，這一文學流派在理論方面係以成仿吾最具代表性；至於在創作上，則有多位作家的質與量在水準以上，如：郁達夫的小說《沈淪》、馮沅君（1900-1974）的小說《春痕》、成仿吾的作品集《流浪》、鄭伯奇的獨幕劇《抗爭》、和張資平的小說《沖積期的化石》等等，都頗著名。如此的陣容與成果，當然使該文學流派產生了不可忽視的影響力。

關於「創造社」，有一點必須注意的是，由於受到民國十四年「五卅慘案」的影響，在全國的風氣明顯傾向於務實、自救的潮流中，該社的大部分社員乃在文學觀念及作品風格上產生了翻轉式的大改變，由「爲藝術而藝術」轉變成「文學必須爲工、農、兵服務」，是「革命的工具」。換言之，「創造社」到了此時之後，已成爲「革命文學」的先鋒部隊了。

丙、民國三十四年抗戰勝利之後，國共之間發生了嚴重的鬥爭。民國三十八年，國民政府敗退台灣之後，即以失敗爲鑑，而實施對思想和文宣的管制：凡與大陸有關的資料、訊息與人員，均在禁制之列。而在文學上，爲了要求能夠配合政策，乃全力推動「反共文學」。在這種環境之中，以五四以來即頗具新興氣象的「新詩」爲例，即全淹沒在政治掛帥的「戰鬥詩」之下。總之，在執政當局矯枉過正地僵化、認定：凡是「五四」以來的一切新文化，一定都與大陸政權有關、或有害國府在台灣的統治之箝制下，台灣的文壇，甚至學界，乃被形塑出一種與中國傳統文化，尤其是五四以來新文化的淵源完全割離的狀態。在這種情況下，不但學者不能研究無法配合政策的「現代」人文、社會科學；作家也不能閱讀與此範圍有關的資料、以及不能創作與此範圍有關的作品。在這般窒悶的文化思想氣氛中，大部分不願被禁制的作家乃將其觸角伸向外國，以求能夠稍微呼吸一些新鮮的自由空氣。五十年代的台灣「現代詩派」，無疑地即是這種氛圍之下的反映。

「現代詩派」於民國四十五年一月由紀弦（1913-），這一位在大陸時期以「路易士」爲筆名的詩人，在台北創立。它的成員衆多，包括了：方思（1925-）、鄭愁予（1933-）、林泠（1936-）、林亨泰（1924-）、羊令野（1923-）……等八十多人，幾乎網羅了台灣當時的大部分新詩詩人。不久，紀弦並把他於民國四十二年在台灣復刊的《現代詩》季刊變成現代詩派詩人群的共同雜誌，並以「創新新詩的再革命，推行新詩的現代化」爲成立詩派的宗旨。這一詩派最引人注意，同時也是爭議最大的是它所揭示的「六大信條」。我們可以從其中的第一、二條條文所表達的理念明白其原因所在：

第一條：我們是有所揚棄並發揚光大地包含了自波特萊爾以降一切新興詩派之精神與要素的現代派之一群。……

第二條：我們認為新詩乃是橫的移植，而非縱的繼承。……⑫

這些條文，不但文句彆扭，其主要觀念——將新詩視爲由西方移植過來，而斬斷其與固有傳統的關係——更是被強烈質疑和批評的對象。紀弦本人雖曾提出解釋，但仍因於論辯中陷於詞窮之境而終於宣佈「解散現代派」；同時，也在財力無以爲繼的壓力下於民國五十一年二月停止繼續出刊《現代詩》。不過，平心而論，「現代詩派」絕非一無可取。譬如在文學的主張上，它所提出的：重視新詩的新形式、使用新的創作手法、以及表現新的內容等（第三條文），即不但深有見地，而且也頗有建樹。另外，筆者也認爲，它之所以倡言「新詩乃是橫的移植，而非縱的繼承」，其原因是頗不單純的，絕非一般人批評的他的觀念「重洋輕土」、「崇洋媚外」。因爲若我們從時代的環境去了解的話，我們實在無法排除一種可能，那就是紀氏想在當時來自政治力的高壓文網下，能夠爲新詩創造一個既可避免當時政治力量的干預，又可以替新詩開創一個自由寫作的空間。除此之外，「現代詩派」的作者群中，雖然有人身兼兩個或多個社團成員的身份，但他們的新詩作品不但量多，而且品質也非常優異，如：紀弦自己的大量詩集、以及鄭愁予的《夢土上》等、方思的《時間》等、林泠的《林泠詩集》等、以及羊令野的《蝶之美學》等詩歌集子。總之，「現代詩派」在台灣的現代詩壇，甚至中國現代詩史上，無疑地應當佔有一席之地。

以上的例子，只是想說明上列的四個條件對於形成「刻意經營」的文學流派確有其重要性，而並未強調必須完全都具備它們才可。因爲，有的流派可能缺少明白的宣言，也有流派並無專屬的發表園地——尤其是古代的文學流派。譬如影響宋初詩壇長達五十多年的「西崑詩派」，它的成員有：楊億（964-1020）、劉筠（fl.1016）、錢惟演（fl.1016）、李宗諤（964-1012）、陳越（973-1012-）……等十七位詩人，且都是朝廷大官。他們在創作上，以推崇晚唐李商隱的詩風、模倣晚唐的「香奩體」，並以注重詩歌的華麗辭藻、和諧聲律、精密對仗和堆砌用典而著名。由於他們之間時相唱和，所以便把十七人的唱和之作編成了《西崑酬唱集》。它們的影響力由風行的時間之久可知；但卻缺少明白的文學宣言。

2. **順著環境潮流而組成者**

順著環境潮流的趨勢而組成的「文學流派」，其成員中當然不乏對「文學」懷抱著理想者。但他們與「自動自發的參與者」並不相同，因爲他們的「主動性」比不上「自動自發者」。對他們而言，「文學」儘管可能是他們的興趣與志向所在，但在他們心中，「文學」的地位卻仍不如其他更高的理想或理念。在這種情況下，「文學」經常會變成他們的一種工具或手段。事實上，爲了能達成那些比「文學」的地位和價值更高的理想或理念，他們常會爲了結合群體的巨大力量，而改變，甚至放棄原先的想法與作法。底下，我們即以三十年代大陸的「中國左翼作家聯盟」和五十年代台灣的「全國文藝協會」爲例，來對此稍加申論。

(1)「**中國左翼作家聯盟**」的成立，可視爲中國共產黨已了解到「文藝」與「鬥爭」之間的密切關係而採取的具體行動。民國十八年，中國共產黨指示「太陽社」、「創造社」和魯迅等積極關切社會的作家群成立一個革命作家的統一組織。次年的三月二日，即在上海成立「中國左翼作家聯盟」，簡稱「左聯」，並在大會上通過一套「理論綱領」。其主要意義，大略可從以下文字看出：

> 我們的藝術不能不獻給「勝利，不然就死」的血腥鬥爭。
>
> 我們的藝術不能不以無產階級在黑暗的階級社會之「中世紀」裡面所感覺的感情為內容。
>
> 我們的藝術是反封建階級的，反資產階級的。……我們不能不援助而且從事無產階級藝術的產生。⑬

換言之，這一個文學組織的政治性非常濃厚，是以服從中國共產黨的指示、配合共產國際的要求、和宣傳馬克斯主義理論爲宗旨，以服務無產階級爲口號，並以批判資本主義和封建社會爲職志。因此，它的特色非常鮮明，就是對社會主義充滿熱情的歌頌和期待，但卻對於此外的一切充斥著敵意的攻擊和冷酷的批判。由於局勢使然，這一作家聯盟的成員非常多，除全國知名的魯迅之外，如：馮乃超、蔣光慈、錢杏邨、瞿秋白（1899-1935）等都是重要成員。它所出版及發行的刊物也不少，如：《拓荒者》、《萌芽月刊》、《世界文化》等刊物，以及《前哨》、《文學》等雜誌。至於它的影響力，則可從它在北平、東京成立「分盟」，以及在廣州、天津、武漢、南京等地成立「小組」窺見大致情形。平心而論，「左聯」雖因以服務政治為宗旨而使「文學」成為「革命戰鬥」的一種工具，因此，引發了不少批評，但它的若干作家卻在創作上達到了值得肯定的成就，如：魯迅的《故事新編》、茅盾的《子夜》、和蔣光慈的《咆哮了的土地》等小說，都具有「寫實小說」的若干優點。

「左聯」到了民國二十五年時，因「國防文學」、「大衆文學」等口號的爭論，而被共產國際認為具有「關門主義」的危險，所以乃在沒有發表任何宣言或說明的情況下「解散」了，也結束了這一個充滿鬥爭，但影響力巨大的文學流派。

(2)「**全國文藝協會**」是國民政府在國、共鬥爭失敗而退守台灣後，於民國三十九年五月在台北成立。當時，國民政府認為，完成「反共復國」大業的前提之一，乃是記取失敗的教訓，所以便在島內實施嚴格的管制政策。而鑑於文藝曾發生過巨大的影響力，故而也將文藝納入必須控制與主導的項目中。張道藩（1896-1968）即在此時受命，於台北召開第一次「全國文藝協會」，並明白宣示「反共救國」乃文藝作家的「神聖使命」。此外，也成立了「中華文藝獎金委員會」，下設：文論、小說、散文、詩歌、戲劇、電影、音樂、美術、及舞蹈等十個「評審委員會」，藉著高額的獎金來鼓勵創作符合「反共抗俄」意義的作品。另外，更發行《文藝創作》，作為「文獎會」的專屬刊物，刊登能夠配合政策的作品。也就在這種環境背景之下，文壇頓時充斥著許多「反共」與「戰鬥」作品；其中，大部分可謂為八股之作，文學價值不高。但也有少數頗具時代意義的作品，如姜貴（1906-1980）的小說《旋風》等。綜合而言，由於政治掛帥的影響，而政治的風氣與重點又隨著時間而改變，因此這一頗具政治影響力的文學流派乃在台灣的日漸開放中，日漸沒落，並逐漸消融於隨後而起的現代主義文學和鄉土文學的蓬勃氣息之中。

(二)自然形成的文學流派

在自然而然的情況下所形成的各種文學流派，彼此之間，在性質上也有頗大的差異。這些流派形成的原因也各有不同：有的是在文學潮流的趨勢中形成的；有的是因作品的題材相同而形成的；有的則因寫作手法的近似而形成；也有的乃因文學的主張與理念相同而形成；……。不過，若從比較概括性的觀點來看，它們實擁有一個共同點，即：與人為的企圖和刻意的經營無涉。

這些不同性質的文學流派在形成的原因上固然非常複雜，但我們仍可從「作品」和「理論」兩個角度來將它們分成兩類。底下便從進一步申論：

1.因作品的風格相同而形成的文學流派

前已述及，所謂「作品的風格」，其內涵實頗為豐富，如：作品的題材、作品的寫作手法、甚至作品所歸屬的體裁、形式等。這裡便以「題材」與「寫作手法」兩項來說明。

(1)以「題材」而論，譬如唐朝時期即有所謂「邊塞詩」，其詩人也被稱爲「邊塞派詩人」。這一種詩派的成立背景，乃因玄宗晚期發生安祿山之亂後，不但各藩鎮擁兵自重、甚至蠢蠢欲動，各邊關更有外寇時常進犯。故而徵調軍人戍守邊塞乃成爲朝廷的重要大事。此時，參與邊防的詩人也逐漸增加。其中，最具代表性的詩人有：高適（706-765）、岑參（715-770）、王昌齡（690?-756）、王之渙（688-742）、王翰（fl.710）等。他們的共同特色是：多以七言體的長詩，包括樂府、古詩與律詩等，或描寫邊塞風物、或刻劃戰場情況等，而形成一種題材鮮明的詩歌。這些詩歌的風格其實並不完全相同，有的顯得慷慨激昂，有的則呈現深沈的孤寂寥落；但「邊塞」則是共同的描寫對象。我們可稍舉一些作品爲例來看看；惟因受到篇幅的限制，底下所引作品則不限在「七言長詩」的形體內。

高適〈金城北樓〉：

北樓西望滿晴空，積水連山勝畫中。湍上急流聲若箭，城頭殘月勢如弓。
垂竿已羨磻溪老，體道猶思塞上翁。為問邊庭更何事，至今羌笛怨無窮。⑭

岑參〈火山雲散送別〉：

火山突兀赤亭口，火山五月火雲厚；火雲滿山凝未開，飛鳥千里不敢來。平明乍逐胡風斷，
薄暮渾隨塞雨回；繚繞斜吞鐵關樹，氛氳半掩交河戍。迢迢征路火山東，山上孤雲隨馬去。

⑮王昌齡〈從軍行〉七首之五：

大漠風塵日色昏，紅旗半捲出轅門；前軍夜戰洮河北，已報生擒吐谷渾。⑯

王之渙〈涼州詞〉二首之一：

黃河遠上白雲間，一片孤城萬仞山；羌笛何須怨楊柳？春風不度玉門關。⑰

這些詩，或寫戰爭、或寫邊塞；或氣勢豪壯、或聲調低沈；其間的差別一望即知。但以「邊塞」為題材則一。而這些詩人，並未有直接的聯繫，以形成一個團體。他們之所以被歸為「邊塞派詩人」，即因其作品中共同地使用了上述的題材，並顯現出近似的風格所致。

⑵再以「寫作方法」來論，譬如晚明時期詩壇的「公安派」即可劃歸此類。

晚明之前，詩壇幾乎被前、後七子所領導的「擬古派」所籠罩。但到了晚明，在政治上不但外有邊犯，即使是朝廷之內，也因君王或荒誕、或孤弱，而致宦官勢力坐大；同時，廷臣也各結黨派，互相爭執；加上民間又有清望人士組成書院，嚴格地議論朝政、臧否人物，因此可謂危機重重，氣氛凝重。在詩壇上，一切以模擬古代為尚的「擬古」風氣也已為人所厭棄，故各種新的詩歌主張紛紛出籠，此時，湖北公安人士袁宗道、袁宏道、袁中道三兄弟，在前輩李贄的啓發之下，主張詩歌應該以「妙悟」為基礎，讓詩人擁有自由創作的空間，去抒發自己的性靈，而非一味地模倣古人的作品。因此，他們反對使用古語、反對被格調所束縛，而應順著時代潮流而改變，以創作出屬於詩人自己生命的詩歌。換言之，詩歌若能以詩人的個性爲主，那麼，凡是具有詩人的性靈、具有詩人的眞實情感和思想等「言之有物」的詩歌，即是好的作品。由於袁氏兄弟的作品都甚豐富，而且都能表現出自由、創新的精神與清新輕俊的詩風，所以一時之間，受到許多人的推崇與學習，形成了一股反對沈悶的擬古詩風的詩派。底下的一些實例，可讓我們對「公安派」的詩歌作品有更爲具體的認識。

袁宗道（1560-1600）〈春日閒居〉三首之二：

不才敢擬子雲玄，索米金門又一年；風味漸隨雙鬢減，天真猶仗一樽金。

破冰滴硯晨箋易，掃地安單夜坐禪；閒洗時瓶烹岕茗，故人新寄玉山泉。⑱

袁宏道（1568-1610）〈歸來〉：

歸來兄弟對門居，石浦河邊小結廬；可比維摩方丈地，不妨楊子一牀書。

蔬園有處皆添甲，花雨無多亦溜渠；野服科頭常聚首，阮家禮法向來疏。⑲

袁中道（1570-1623）〈九日登中郎沙市宅上三層樓〉二首之一：

滿眼傷心處，誰能上此樓？林煙迷蜀道，帆影識吳舟。

硯北人何在？江南草又秋；茱萸空到手，欲插淚先流。⑳

這些作品中所寫的，都屬詩人的日常生活，所以內容頗顯親切有味。加上字裡行間所流露的，也都是眞實的情感，所以讀來頗能感人。此外，在表現手法上，不但沒有冷僻的典故，而且文詞也甚平淺。換言之，公安三袁的這些詩歌作品，不但多能抒發自己的性靈，而且也都已做到「辭能達意」的優點了。雖然，確有人以「輕佻」、「俚俗」譏評之，但這種詩風卻獲得許多人的景從，如稍晚於袁氏兄弟的陶望齡、黃輝、江盈科、曾可前、雷思霈等，即是其中甚有聲望的人物；而他們也都因爲創作此種詩風的作品，而被稱爲「公安詩派」的詩人。

(3)因文學的理論主張相同而形成的流派。

因提出的文學理論相近或相同，而於自然而然之間被稱爲同一流派者，在西方的藝文界，尤其是近代以來，可以說是風起雲湧，層出不窮，諸如：結構主義、形式主義、神話批評、現代主義、解構主義，讀者反應理論、對話批評、女性主義、東方主義，以及後殖民主義等，簡直讓人目不暇給。雖然會出現這種情況的原因及各流派的內涵都非常複雜，很難用簡短的篇幅說明清楚；不過，可以確定的是，它們的共同點有二，一是其背景都與當時的社會、政治、經濟和文化潮流等有密切的關係，二是每一流派的成員都包括有不同國籍的理論家，因此，其影響力也是跨國性的。由於本書的最後一章在討論「文學批評」時，會將這些問題納入，做比較全面性的勾勒，故此處便以我國文學史上的例子來說明。爲了可沿續前面的討論，我們仍以「性靈說」爲例來加以探討。

在我國文學批評史上，袁枚（1716-1798）的「性靈說」是清朝初期與王士禎的「神韻說」、沈德潛的「格調說」和翁方綱的「肌理說」齊名的詩歌理論。他在《隨園詩話》（卷五）中說：

自三百篇至今日，凡詩之傳者，都是性靈，不關堆垛。㉑

在袁氏眼裡，中國詩歌自《詩經》以下，整個詩歌歷史上難以數計的詩歌作品中，能夠代代相傳的不朽傑作都與堆砌等技巧和學問無關，而是因它們都爲抒發「性靈」的結果。至於「性靈」是什麼？他在〈何南園詩序〉裡說：

楊誠齋曰：「從來天分低劣的人，好說格調而不解風趣何也。格調是空架子，有腔口易描；風趣專寫性靈，非天才不辦。」余愛其言。㉒

雖然袁氏提到的「性靈」兩字是楊萬里的話，但他卻明白表示「愛其言」。而在楊氏的文字中，「性靈」是一種反對任何格調——即格式和規律的束縛，而只有發揮天生的才份方能達到質性。爲什麼袁氏會有這種觀念呢，這就牽涉到他對「詩」的看法了。袁氏在《隨園詩話・補遺》裡有下一段文字：

詩者，人之性情也，近取諸身而足矣。其言動心，其色奪目，其味適口，其音悅耳，便是佳詩。㉓

這段話明白指出「詩就是人的性情」。在書寫上，它只須以詩人「自身」的內外所及爲範圍來抒寫即可。而書寫的結果，也只要做到文詞能讓人的內心受到感動、顏色可以奪人眼神、味道讓人喜歡咀嚼、而聲音能讓人覺得動聽即可。總之，就是使別人的「身體」有感覺；而這種感覺，乃是天生即有，不假外求的。也正是因此故，袁氏才會主張「村童牧豎」等天眞的孩子雖然沒有學問，也缺少經驗，但也因未曾受到外在環境的影響，而保有一片純樸的天眞；因而他們的一言一笑，都可以作爲詩人的老師，讓詩人好好學習。

這種「性情」的特色之一，乃是不會隨時間而改變。所以他在《隨園詩話》（卷六）中說：

> 詩分唐宋，至今人猶恪守，不知詩者，人之性情，唐宋者，帝王之國號；人之性情，豈因國號而轉移哉？㉔

詩既是人的性情，是永恒卻不會改變的；而國號朝代，只代表歷史上諸多帝王的短暫時期而已，所以詩當然不會隨著朝代國號的更動而改變。而正因如此，才會有不朽的詩歌出現，他在《小倉山房詩文集・答蕺園論詩書》中說：

> 且夫詩者，由情生者也。有必不可解之情，而後有必不可朽之詩。㉕

因「情」乃人人都有，且代代不變。當人的心中有無法抒解的情感而抒發成詩時，這種含有可以突破時空限制的「情」，當然也必定是不朽的作品了。

袁枚的「性靈說」在當時雖頗具新意，但若從中國文學批評來看，其主要觀點其實與晚明的李贄和公安三袁的文學主張可說是一脈相承的。李贄（1527-1602）是一位個性不拘流俗，言行常惹時人驚怪的特立獨行人士，他因不滿前、後七子所倡行的「文必秦漢」、「詩必盛唐」的「擬古」詩風，所以著《焚書》大力抨擊道學的虛僞。在該書的卷三，李氏針對文學則提出了著名的「童心說」。他說：

夫童心者，真心也。……絕假存真，最初一念之本心也。……心之初也。……童心既障，於是發而為言語，則言語不由衷。……天下之至文，未有不出於童心焉者也。㉖

李氏顯然認爲，只有未曾受到外界影響的孩童，才能保存人類天生的本「眞」。只因在長大後，在見聞日漸增廣，學問日漸豐富的時候，心中也逐漸被各種道理、規範、以及繁雜的現象所蔽障，而形成了個人的成見和執著，也成了凡俗之人。如此，也就開始言不由衷，而作品中也就充斥了已非本眞的假言假語和假內容了。

李贄這一主張，直接影響了袁宗道、袁宏道、袁中道三兄弟。袁宗道的文學見解，可從下一段話看出。他說：

口舌，代心者也；文章，又代口舌者也。展轉隔礙，雖寫得顯暢，已恐不如口舌矣！況能如心之所存乎？……唐虞三代之文無不達者。……夫時有古今，語言亦有古今。今人所詑謂奇字奧句，安知非古之街談巷語耶？㉗

袁宗道在這段話中首先指出，文章所寫的內容，其實就是「心」，口舌和語言，只是「心」要表達出來的必經階段而已。而既然是「心」，當然須以「眞誠」爲要。其次是古代的文章，無不以通達爲尙，且可能以當時的口語來寫，因此，應該也是簡單易懂的。而今人之所以驚怪古人文章的深奧難懂，乃因語言已經隨著時間而改變之故。總之，袁宏道認爲，文章的內容在眞實地呈現人的「內心」，而其表達的方式，則以口語式簡明易懂的語言來傳達——只要當時人覺得通順即可。

袁宏道的文學觀點，基本上和其兄長相同，惟更進一步地提出「性靈」兩字，其將其深刻化。他在〈敘小修詩〉裡說：

……獨抒性靈，不拘格套，非從自己胸臆流出，不肯下筆。㉘

袁宏道稱讚他弟弟袁中道（字小修）的詩是「獨抒性靈」，換句話說，他認爲詩是詩人的胸臆流露出來的結果，詩的「內容」就是詩人的「性靈」。至於這個代表詩人胸臆的「性靈」最大的特質是什麼呢？他在〈行素園存稿引〉裡曾說明：

物之傳者必以質。文之不傳，非曰不工，質不至也。……行世者必真，悅俗者必媚；真久必見，媚久必厭。……古之為文者，刊華而求質，敝精神而學之，惟恐真之不極也。㉙

換言之，文學作品須言之有物，要有實質的內容才行。而這個內容，則須以「眞」爲最重要的要求。從這裡，我們便可看到宏道的「眞」與李贄的「眞心」、「童心」之說，實可謂一脈相承。

至於在「表現方式」上，袁宏道也提出「不拘格套」的概念，也就是不必受到任何格式和規律的拘束」。這種「流出」的方式，他在給張幼于的書信中說：「至於詩，信心而出，信口而談。」所謂「信」，就是一種順其自然而然的方式來表達，不必有絲毫勉強之處。也因此，他反對「法」，而說：「古人之法，顧安可概哉？」㉚因爲古代如此漫長，這個「法」到底指的是那個朝代、地點、和那個人所制定的呢？故而他當然也反對「擬古」，他說：

詩文至近代而卑極矣！文則必欲準於秦漢，詩則必欲準於盛唐，剿習模擬，……唯夫代有升降，而法不相沿，各極其變，各窮其趣，所以可貴。㉛

每個時代各有情況，各有升降，也都各有自己的表達方式。今人卻只知模倣古人，而忘了自己也可以有自己的方式，如此，只可能做到「模倣品」而已，同時也將失去文學史上多彩繽紛的面貌，以及各有特色和創意的樂趣了。

綜上所述，可知宏道的文學觀與其兄長和李贄可說甚爲相似。

至於袁中道的文學主張也頗相類。他在《珂雪齋前集・序》裡說：

古人之意至而法即至焉。吾先有成法據於胸中，勢必不能盡達吾意。達吾意而或不能盡合於古之法，合者留，不合者去，則吾之意，其可達於言者有幾？而吾之言，其可傳於世者又有幾？故吾以為斷然不能學也，姑抒吾意所欲言而已。㉜

中道這一個主張，可說和他的兩位兄長完全相同，都反對「詩」有「法」。因爲詩的「內容」爲「心」中的「意」，所以只要能做到詩的內容即心中之意的呈現即可。至於在表現方式上，則絕不能模倣任何古人曾經用過的法式，因爲若在抒寫時，處處考慮遵守古法而模擬之，必難以將心中之意完全表達出來。因此，他頗推崇其兄長宏道，說：

……及其後也，學之者浸成格套，以浮響虛聲相高，凡胸中所欲言者，皆鬱而不能言，而詩道病矣！先兄中郎矯之，其意以發抒性靈為主，始大暢其意所欲言……耳目為之一新。㉝

詩乃發抒性靈爲主，故須排除任何人爲的規範障礙，使詩人能暢言其內心中的意。

總之，從李贄的「童心說」，到袁氏兄弟的「性靈說」，其實是一脈相承的。這一說法到清朝的袁枚，中間相隔了近兩百年，但內容除了更爲精緻外，主旨並沒有差別。而袁枚之後，又過了將近一百五十年，到清末民初的王國維（1877-1927）又提出了「赤子之心」以相互呼應。王氏說：

> 詞人者，不失其赤子之心也。故生於深宮之中，長於婦人之手，是後主為人君所短處，亦即為詞人所長處。㉞

王氏認爲，李後主因長居於深宮之中，其環境使他形成了天眞而不曉世事的個性，這成了他擔任君主之所以失敗的原因。但也正因他內心未受外界所污染，以致於能在他的詞中顯現出赤子之心的一片天眞境界。這個「赤子之心」，與「童心」和「性靈」也是大致相同的。因此，他們超越了時空的限制，都爲「性靈說」的主張者，故而都被稱爲「性靈學派」。以本章在本節對學派的定義而論，這一派是合乎前述兩個指標的。

三、文學流派命名的依據

如前所述，文學流派之所以產生，其原因非常複雜；從「學派」的角度來看，有的是刻意結合而成的，有的是自然形成，有的是在時代潮流的影響下形成的，有的則是在政治力量的介入下成立的……等等；而若自文學流派的成員上來觀察，有人是為了實現自己的文學理念而參加，有人則是為了取得名利而加入的……等等。因此，在這種複雜不一的基礎上，每一個文學流派其實都有其特別強調的重點，而也因此呈現出其專有的風貌。不過，除了應瞭解文學流派的成因與風貌這兩大關鍵點之外，還有一個問題頗值深究，那就是：「這些文學流派是如何命名的呢？」因為這個問題常與流派的成因與特色有密切的關係。當我們從表象上來觀察時，它們的命名基礎顯然也是大為不同：有的根據作品的風格來命名，有的則依據作家的籍貫來命名，而也有以作品發表的園地——刊物來命名的。到底這些命名的基礎是建立在什麼動機或目的呢？幸好，在這麼複雜的表象中，我們仍可用「異中求同」的方式，抓住它們之間的一個共同點，那就是「如何能將該流派的最重要特色突顯出來。」底下，我們即以歸納的方式，把迄今為止所有文學流派命名的幾個重要依據羅列出來，並作更進一步的探索。

㈠以作品的風格為流派之名者

以這種方式為流派之名者，其目的顯然在突顯該流派的作品特色。由於文學作品的風格通常可由「題材」和「寫作手法」兩項來了解，所以我們也選這兩項來討論。

1. 以作品的題材為流派之名者，如：從晉末的陶淵明到盛唐的孟浩然（687-740）、王維（699-759）等詩人所形成的「田園詩派」，其詩歌內容多在描寫田園的生活和風貌。又如：盛唐時期由高適、岑參、王昌齡所代表的「邊塞詩派」，其詩歌即以邊塞的風光和戰鬥的情況為題材。

這種文學流派，只要看到它們的名稱，就可知道它們的作品所描寫的題材是以什麼爲主。

2.以作品的寫作手法和流派之名者，如：自中唐時期的韓愈（768-824）、孟郊（751-814）、賈島（768-743）、盧仝（?-835）等和晚唐時期的皮日休（834-883）、陸龜蒙（?-881）所代表的「險怪詩派」，其特色爲使用艱澀的文詞、拗險的文句和深奧的典故來寫詩，以求新人耳目。又如：晚唐時期由李商隱（813?-858?）、溫庭筠（812?-866）、段成式等所代表的「典綺派」，其寫作方法爲堆砌綺麗的文詞和頻繁地使用典故，而造成詩歌外形雅麗，但含意則顯艱澀的詩風。因此，只要看到這些流派的名稱，這類作品的寫作手法如何，也就清晰可見了。

㈡以文學主張爲流派之名者

以這種方式爲流派的名稱，大抵在強調該派的主要文學觀念和理論，如：清朝康熙、雍正時期由當時詩壇盟主王士禎（1634-1711）所倡導的「神韻詩派」。這一流派強調詩的首要觀念爲「妙悟」，然後講求「興象」和「意境」，希望詩歌能呈現出「一片天機」的「一唱三歎」之妙。又如：稍後於王士禎的沈德潛（1673-1770），大力反對「神韻說」而提倡「格調」。他認爲，詩歌應要「溫柔敦厚，怨而不怒」，不但重視詩人的性情，更要講究「詩法」，使詩歌能達到「行乎所不能不行，止乎所不得不止，而起伏照應，承接轉換，自有神理變化其中。」[35]由於沈氏與王氏一樣，都具有崇高的地位，所以也形成了所謂的「格調詩派」。這種文學流派，只要看到它們的名稱，也便可了解它們的文學主張了。

㈢以地域爲流派之名者

以這種方式作爲流派名稱的特色，乃是能顯示出該派作家與理論家的地域特性。譬如：北宋末年呂本中作《江西詩社宗派圖》，便以黃庭堅（1095-1105）爲宗，下列陳師道（1053-1101）等二十五位詩人爲羽翼。因黃氏爲江西人，所以共稱之爲「江西詩派」。這派主張詩應重「義法」、尚「倔奇」，並以「奪胎」、「換骨」之法，達成「去陳反俗」、「好奇尚硬」的風格。又如明朝末年時，湖南竟陵人鍾惺（1572-1624）、譚元春（?-1631）藉著編《古詩歸》、《唐詩歸》，反對「公安詩派」的「淺率」，而倡導「深幽孤峭」的詩風，因此乃博得大名，於是鍾、譚兩人乃與其羽翼，如：鍾惺、蔡復一、王醇、沈德符……等被稱爲「竟陵詩派」。這種文學流派，或以文學主張，或以作品風格爲重，但主要在指明流派中人的地域特色，故有極強的地域性。

㈣以文學團體的專屬刊物爲文學流派之名者

由於某些文學團體擁有自己專屬的刊物，供該派成員發表文學主張和作品，因此，該刊物的名稱乃成了該文學流派的名稱了。例如「新月詩派」，乃民國十六年因胡適（1891-1962）、徐志摩（1897-1931）、梁實秋（1902-1988）等在上海成立「新月書店」，並在次年發行《新月詩刊》，供其成員發表有關「新詩」的意見和作品，而由於其成員，包括胡適、徐志摩、梁實秋等，及朱湘、聞一多（1899-1946）、陳夢家（1911-1966）、卞之琳、臧克家、饒夢侃、孫大雨等人不但都屬新詩名家，而且有關新詩的意見也都相同，所以乃被稱爲「新月詩派」。又如民國五十年代台灣文壇的「現代派」。它的成員包括兩類：一是因紀弦（1913-）於民國四十二年創辦《現代詩》季刊，並於三年後網羅了當時大部分台灣地區的新詩詩人成立「現代詩社」，在該刊物上發表新詩作品及理論，因而被稱爲「現代派」。二是民國四十九年，白先勇（1937-）、陳若曦（1938-）等人成立了「現代文學雜誌社」，並創立《現代文學》，與歐陽子（1939-）、王文興（1939-）等人一起介紹西方現代文學作家及作品，並發表合乎現代主義的小說，因此，也被稱爲「現代派」。這兩個文學團體和其刊物，即台灣五十年代的文壇生力軍「現代派」。這種文學流派，其成員的文學主張和作品風格的一致性比較強，而都由其專屬的刊物名稱來明白宣示。

(五)以作品集的名稱爲文學流派之名者

某些作家的作品，因性質與風格非常接近，故被人編成作品集，而以其特色爲作品集的名稱。同時，這些作家便也被歸類爲以該名稱爲流派之名的作家了，如五代的《花間集》和宋末的《江湖集》即是。《花間集》是詞的作品集。詞是一種與音樂密切相關的文學體裁，於中唐時已逐漸流行，而大盛於晚唐和兩宋。就在晚唐和兩宋之間的五代中國時期，南唐與西蜀兩地乃詞的重鎮。其中，西蜀的詞風因與晚唐的溫庭筠詞相近，以「惟美」爲特色，所以趙崇祚便以溫庭筠爲首，加上西蜀詞人皇甫松、韋莊、薛昭蘊、牛嶠、歐陽炯……等十八人的詞，編成《花間集》；而這些人便也被稱爲「花間派」的詞人了。至於《江湖集》，乃是南宋末年的詩集。南宋自理宗以後，在外有蒙古和金的侵逼，在內又有小人把持朝政，可說國勢岌岌可危。於是有一批宦途失意者及布衣之士，乃吟游江湖而互爲唱和；而其作品並被人編爲《江湖集》刊行出售。因這些作品的內容，多「掇拾風煙、花鳥」，只「講究形式章句」，所以充滿了浮靡的衰氣；而這些詩人，如：陳起、高翥等，也被稱爲「江湖派」詩人了。這種文學流派，因其作品被收爲集子時，集子的命名已把作品的特色點出來，所以其流派的名稱也大致能顯現其作品的特色。

當然，文學流派命名的依據除了以上五種以外，還可以有不少的可能。例如有人就指出「時代」和「作家之名」等也都可作爲文學流派之名。㊱不過，若衡之以文學史上的事實和本章對文學流派的定義，它們所具備的條件其實離文學流派還有若干差距；故筆者便不再對它們做更進一步的討論了。

第三節　文學的流變

文學的流變，是指「文學」在「時間」的洪流中所發生的種種變化。這種變化，不但牽涉到文學的形貌，更觸及了文學的深層意涵，所以是一個頗爲重要的課題。而要探討這個課題，當然必須要解決兩個彼此緊密相聯的問題：一、文學眞的有流變的情況嗎？若有，其變化的情況又如何？二、促使文學產生這種流變的深層原因何在？底下，便依序來加以討論。

一、文學產生流變的情況

依文學史所展現的內容來看，文學在時間的不停推進中所呈現的，確實是繽紛多姿的變動狀況；而這種情況，自古以來即被許多文學觀察者所留意，並爲此提出了各自的解釋。例如：劉勰在《文心雕龍・時序》篇說：

> 文變染乎世情，興廢繫乎時序。㊲

《文心雕龍・通變》篇，劉勰又說：

> 是以九代詠歌，志合文則。黃歌〈斷竹〉，質之至也；唐歌〈在昔〉，則廣於黃世；……搉而論之，黃、唐淳而質，虞、夏質而辯，商、周麗而雅，楚、漢侈而豔，魏、晉淺而綺，宋初訛而新。㊳

對劉勰而言，因文學既深受時代狀況的感染，而且，每個年代的狀況又多不相同。故而每一年代的文學便都會呈現出屬於該年代的特殊風貌，而與不同年代的文學有別了。至於產生這種現象的原因，顧炎武（1613-1682）在《日知錄・詩體代降》章曾針對「詩」這個文類在時間流走中的情況提出了描述。他說：

> 詩文之所以代變，有不得不變者。一代之文，沿襲已久，不容人人皆道此語。……㊴

顧氏認爲，因爲前代的「詩文」已在該年代普遍流行過。在當時，它們固然被視爲新穎而時髦；但到了後代，卻也已失卻了新穎時髦的特色而成爲老套了。於是後代的作家爲了避免陷入這種老套，並努力展現出屬於自己風貌的文學，乃努力尋求更新的語文和方法來創作新的文學作品。稍後於顧炎武的葉燮（1627-1703）在其《原詩・內篇上》即對此提出更爲詳細的看法。他說：

詩始於三百篇，而規模具體於漢。自是而魏，而六朝，而唐，歷宋、元、明、清，以至於昭代，上下三千餘年間，詩之質文、體裁、格律、聲調、辭句，遞升不同。㊵

葉氏在這段話中指出，詩在歷代的變化上，其範圍不僅只是語文而已，還包括了其體裁、格律和聲調等在內。

類似上述的說法，在中國歷代的文學論述中，可說不勝枚舉。而若再證之以中國文學史上所呈現出來的所謂：漢賦、唐詩、宋詞、元曲、明清小說等每一代都有其異於前代的代表文體之事實，則我們確實可以肯定地說，文學絕對是隨著時間的流動而不停地在變化的。而這種文學的變動現象，在中國文學史上早就被論述到了。孔子在《論語・八佾》中即說：

周監於二代，郁郁乎文哉！吾從周。㊶

自此之後，「今」和「古」的文學關係應當如何，便幾乎成了論述中國文學流變的主軸。底下，筆者即將歷來有關這方面的論述，歸納爲三種：㈠今古混合觀㈡復古觀㈢今勝於古觀，然後依序加以申論：

㈠今古混合觀

這一種觀念，主張文學的流變內涵，應當是由「當代」的文學和「古代」的文學融合起來，才能開創出「新」的文學現象。例如：陸機（261-303）在其〈文賦〉中說：

收百世之闕文，採千載之餘韻；謝朝華於已披，啟夕秀於未振。㊷

陸氏把古代的文學比喻為早晨的花朵「朝華」，既美麗且富有生機。雖然它們會隨著陽光的消失而枯萎、甚至殞落，但其絢爛時的景象，實在仍值得後人加以「收」和「採」，並將其融入當代的文學創作中，創造出嶄新的文學。又如：詩聖杜甫在〈戲為六絕句〉之五中也說：

不薄今人愛古人，清詞麗句必為鄰。㊸

杜甫顯然也同樣地認為，不論作者是古人還是現代人，只要他們的作品擁有清詞麗句，便都值得加以珍惜、學習。事實上，類似這般的主張：「文學應融合古和今，才能創新」的論述其實非常之多。為了節省篇幅，底下便只再列出若干比較普通的說法，並稍加討論。

袁枚《隨園詩話》（上）：

後之人未有不學古人而能為詩者也。然而，善學者，得魚忘筌；不善學者，刻舟求劍。㊹

沈德潛（1673-1769）《說詩晬語》：

詩不學古，謂之野體。然泥古而不能通變，猶學書者，但講臨摹，分寸不失，而己之神理不存也。㊺

這些說法，都同樣主張文學應當先有所本；而這個本，就是比其更早期的文學。換言之，每一代的文學，都應對其前代的文學要有「取精」的精神，只要避免陷入只知模倣前人之作，而失卻自己風格的缺失即可。當然，「取精」之後，便是加以「消化」，然後再另創出一番新的文學局面了。

持平來看，這一混同古今文學爲一爐的文學流變觀，確實是一種比較周延和持平的主張。

(二)復古觀

主張這種說法的基本前提，乃是建立在「今不如古」的觀念上；而因它以「古」爲尊，所以有時也被稱爲「崇古說」或「貴古賤今說」。這種文學流變的觀念在中國文學史上曾經產生過頗大的影響力；而最早提出這種觀念的人，可能是漢朝的王充（27-100?）。他在完成巨著《論衡》之後，曾遭到「或稽於古，不類前人」的批評，指責他因過於重視古人的教訓，以致於與當時或稍早時期的潮流不同的現象，對於這種批評，王充卻有自己的看法。所以他回答說：

> 文士之務，各有所從。……必謀慮有合，文辭相襲，是則五帝不異事，三王不殊業也。……謂文當與前合，是謂舜眉當復八采，禹目當復重瞳。㊻

王充顯然認爲，近代或當代的文固然甚佳，但都出自同源——古人；因此，凡是寫作時，只要能稽合於古即可，而不必追軌近代或當時的風氣。這種觀念，到了劉勰更有明白的論述。他在《文心雕龍・原道》篇中曾開宗明義地說：「道沿聖而垂文」，明白地主張：文學乃是聖人把只有他才能了解的「道」用「文」垂示下來的。因此，他在同書的〈通變〉篇便說：

暨楚之騷文，矩式周人；漢之賦頌，影寫楚世；魏之策制，顧慕漢風；晉之辭章，瞻望魏采。……競今疏古，風味氣衰也。㊼

劉勰在這一段文字中，藉著說明：凡後一代的文學，其實皆來自於其前一朝代的文學，而大力批評他當時的人只知一窩蜂地隨著時代潮流而走，以至於忽略了「古代」所擁有的優點。而正是這種情況，才造成當時的文風呈現著「衰竭」的「末流」氣象。

不過，若從文學史的面向來考察的話，我們實不難發現這種「崇古」的文學觀念，通常都發生在同一個時代背景上，就是「不同於古代的當代或近代文學非常盛行」之時。而當這種情況發生時，也每每會激起一個「重視古代文學」的呼籲和運動出現。我們可以用兩個文學史上曾發生過的例子來加以說明：㈠唐、宋「古文運動」㈡明代「詩文復古運動」。

1.唐、宋「古文運動」

唐代之所以發生「古文運動」，即因自南朝到初唐時期的文壇充滿了講究平仄聲調、堆砌華麗彩藻和注重外形整齊的「駢體文」。這種文體盛行的嚴重後果，可從隋文帝時李諤的〈論文章輕薄書〉窺知一二。他說：

連篇累牘，不出月露之形；積案盈箱，唯是風雲之狀。㊽

這種全篇作品只知描寫與人生、世道等皆無關的風月雲彩等情形，初唐時的陳子昂（661-

702）曾將它描述爲「文章道弊五百年矣」。到了中唐時，韓愈以「非三代兩漢之書不敢觀，非聖人之志不敢存」爲宣言，再配合自己傑出而豐富的創作和同儕門生如：柳宗元、李翺、皇甫湜等的呼應造成了唐朝的「古文運動」。可惜，這個運動在晚唐的李商隱、段成式、溫庭筠等以麗句豔詞和駢四儷六的形式爲主的「三十六體」，以及宋初由楊億、劉筠、錢惟演等人倡行的典故奇僻、雕章麗句的「西崑體」等兩大風潮的襲捲下而中斷。到了宋代，幸而先有石介（1005-1045）、柳開（947-1000）、孫復（992-1057）等人出來提倡：「吾之道，孔子、孟軻、揚雄、韓愈之道；吾之文，孔子、孟軻、揚雄、韓愈之文。」㊾再加上歐陽修及其門生後進，如：曾鞏、王安石、三蘇父子等人的卓越的古文主張和創作成就，才成功地完成了自中唐以迄北宋的「古文運動」。

在此也必須一提的是，所謂「古文」，其實是唐、宋時的文學家們爲反對當時流行的「駢體文」，而利用「古」之名來創作的「散行之文」——因其與「古代之文」一樣，沒有形式、聲律的限制之故。不過，其基本觀念仍然是認爲「古」代的文學勝於「現代」的文學。

2.**明代「詩文復古運動」**

明代初期，流行於文壇的是由楊寓（1365-1444）、楊榮（1371-1440）、楊溥（1372-1446）所代表的「臺閣體」，以講究典雅、工整，但卻缺乏內容爲特色。因此，乃有所謂「前七子」出來，以「文必秦漢、詩必盛唐」爲口號，主張「今人摹臨古帖，不嫌大似；詩文何獨不然？」而造成「擬古」的風氣。但在王愼中、唐順之主張的「直抒胸臆，信手直寫」的阻攔下而逐漸衰頹。不久，「後七子」又出來提倡「文必西漢，詩必盛唐」，直指「文自西京、詩自天寶以下，俱無足觀。」一時之間，「復古」的風氣又大盛。可惜又在茅坤、歸有光、及公安三袁的「獨抒性靈，不拘格套」的主張風行下，沈寂了下來。而這個復古運動的基本觀念，當然也是「古勝於今」的。

總之，文學的「復古觀」在基本上爲具有「以古爲尊」的傳統觀念。不過，若從實際的創作法中來觀察的話，則我們將不難發現主張這種概念的人，雖想藉著「復古」之名來與當時流行的「時文」相抗衡，但在實際創作上，他們的作品其實也常有異於古代的「創新」之處。因此，這一觀念實不應被單純地視爲只知「擬古」而已的「文學退化觀」。

㈢今勝於古觀

這一個觀念與「復古觀」的基本立場剛好相反，主張文學流變的現象乃是依照「當代一定比前代更爲進步」的路線在走。所以，它有時也被稱爲「文學進化觀」。這種觀念，在我國的古代其實並不怎麼普遍。我們來看看其中比較著名的幾種說法：

葛洪（250-330）《抱樸子・鈞世》篇中說：

> 毛詩者，華采之詞也。然不及上林、羽獵、二京、三都之汪濊博富也。㊿

葛氏是晉朝人。他說，先秦的《詩三百》到了漢代時，雖因成爲官學《毛詩》而擁有影響力，而且也有華美的詞彩；不過，與漢代普遍流行的賦體，尤其是〈上林〉、〈羽獵〉、〈二京〉、〈三都〉等賦相比的話，實在有在富麗上遠遠不如的現象。換言之，後代的作品其實是勝過前代的。

蕭子顯在（489-537）《南齊書・文學傳論》裡也說：

習玩為理，事久則瀆；在乎文章，彌患凡舊。若無新變，不能代雄。⑤¹

蕭氏在此明白指出，作品若缺少「新穎」和「變通」的特色，絕對是無法成爲當代的主流文學。

又袁宏道在給丘長儒的書信中說：

詩之奇、之妙、之工，之無所不極，一代盛一代；故古有不盡之情，今無不寫之景。然則，古何必高？今何必卑哉？⑤²

袁氏更進一步地指出，文學現象乃是一種一代比一代傑出的進化現象。

到了五四時期，自從胡適（1891-1962）發表了〈文學進化觀念與戲劇改良〉⑤³後，這種文學的進化流變觀，更進一步地成了中國共產黨建政以後的文學史觀的指南。所以劉再復（1941-）才在其〈文學史悖論〉一文中說：

我認為，前四十年大陸編寫的中國現代文學史，其文學觀可稱為「直線進化論」。這種直線進化論的基本觀念是：一代有一代的文學，而後一代文學是前一代文學的進化，因此，它總是優勝於前一代文學。⑤⁴

劉氏的論點當然是在批判這種「單線思考」和「惟一價值的判斷」。而衡之以文學史的眞正內涵，劉氏之說當然是比較周延的。

二、文學流變產生的原因

前已述及，文學隨著時間的推移而產生不同的面貌及內涵乃是文學史上的事實；而若以我國爲例，歷來的文學流變觀在大致上約可概括爲「復古」、「進化」、和「古今融合」等三種。這三種文學流變觀當然各有立場與論據，所以很難用簡單而籠統的方式來判定其價値的高低。不過，我們倒可以從這三種流變觀中歸納出一個共同點，就是一個「變」字。事實上，正因爲有「變」的情況，所以才會有「新」的文學出現。因此，想了解「文學的流變」這一個課題，就不能只了解它的「變化狀況」而已，因爲那只是變化的表面現象；而應該更進一步地去探究促使文學產生流變的深層因素。

促使文學產生流變的因素其實甚多，譬如：政治環境、經濟條件、文化潮流……等都是。爲了使這些複雜的因素能夠比較系統化地呈現出來，底下便將其歸納爲「人」和「時代與環境」兩項，再分別加以申論：

㈠人

人類有天生的男女老幼和個性、天份的不同，也有後天的出身、職業的高低、和學識、經驗的差異；因此，可謂非常複雜。然而，並非世上的每一個人都與文學有關，因此，若要討論「人」與「文學」的關係，其先決條件便是應要有範圍上的限制，也就是把「人」限定在「與文學有關」

的「作者」、「讀者」和「其他與文學有關者」上。同時，如果還要更進一步談到「能影響文學流變的人」，則其範圍當然更須縮小了。底下，我們便把「讀者」納入「與文學有關者」之內，而分從「作者」及「與文學有關者」兩項來說明。

1. 作者

能影響文學流變的作者不多。一般而言，這種人若非是擁有過人的創作天才，足以創作出改變文學現象的作品，便是兼有領導群倫的才華，足以凝聚多人的力量來改變文學的現象。如以中國文學史上的文類來切入，則前者如：「寓言體」中的莊子、「騷體」中的屈原、「賦體」中的荀卿、「小說體」中的劉義慶（403-444）、「詞體」中的溫庭筠等等。他們都是具有創新文體的能力，並也確實以他們所創的新文體改變了文學流變的狀況。後者則如：「古文」中的韓愈、歐陽修、「宋詩」中的黃庭堅、和「明詩」中的前、後七子等。他們也都以匯聚衆多作者的方式，創造出大量相類的作品，而改變了當時的文學潮流。

2. 其他與文學有關的人

與文學有關而足以造成文學流變的人，在古代大抵以身居高位的人居多，而在現代則以擁有主導文學走向的力量者最具資格。舉例而言，古代的帝王或者爲了宣揚個人的理念與嗜好、或者爲了提高普遍的文化水準、或者爲了誘使文士集中心力到創作上、或者是爲了選取有能力輔佐政治的人才等，乃以豐厚的幣帛報酬、或頗具實際利益的權位等來吸引創作者從事某一類創作，因而造成了新的文學潮流。譬如漢武帝的鼓勵創作賦和樂府詩便屬於此類。至於在現代，有些在頗爲普及的報紙中負責文藝版的人，或者爲了擴大新聞的範疇，以提高新聞的吸引力，或者基於傳媒的社會責任，而希望提醒讀者加以注意等，乃運用了提供包括獎金、稿費、和刊登文稿以提高知名度等手段，持續地吸引許多作家去創造合乎負責人心中的理想作品，因而乃形成了新的文學潮流。這一類的實際例子，例如：台灣於二十世紀七〇年代「中國時報」的副刊負責人高信疆即因意識到文學應該也可以擁有報導社會問題的功能，所以乃鼓勵作家將文學與新聞結合，而形成了風行一時的新文類「報導文學」。又如：二十世紀八〇年代，台灣的「聯合報」副刊主編瘂弦也體會到生態和環境的重要性，因此乃鼓勵作家將文學與生態環境結合起來，而創造出另一個嶄新的文類「自然寫作」。這些主編，當然也屬於具有改變文學流變的人。

(二)時代與環境

可以促使文學產生流變的原因，除了前述具有卓越能力的「人」之外，還有「時代與環境」的因素也不應被忽略。當然，「時代」和「環境」在本質上並不相同，「時代」重視「時間」的一貫性，而「環境」則偏重在「空間」上各地區的關係；因此，採分開說明的方式理當會比較清晰。不過，不論是從更細微處、或比較開闊的視野來了解現象，則事實的情況是「時間」和「空間」這兩個因素，常常是很難截然劃分的，因爲它們經常是彼此相互跨越和影響著。例如我們以「漢賦的形式」來觀察，在「時間」上，「漢賦」當然在戰國時代之後，也因此而具有楚辭和戰國縱橫家論文的影子。但除此之外，它也排除不了在「空間」上受到漢代朝廷及大官的影響因素，因賦體的作家們是寫這樣作品給他們的長官看的。因此，我們將「時代」與「環境」結合起來，同時探討「它們」是如何來促成文學流變的情況應該是合理的。底下便分從社會、經濟、政治、和文學潮流等四個項目來討論。

1. 社會的形態改變

社會形態的改變會促使文學產生流變，乃是顯而易見的事實。我們舉「宋代的話本」爲例來具體說明。

在宋代的文壇上，最具特色的項目之一即是「話本」的出現與通行。衆所周知，唐朝的小說多被稱爲「傳奇」；因爲它們在內容上係以「神異」、「愛情」和「劍俠」等表現得最爲突出。而這些類的作品便是以想像豐富奇詭，而且故事曲折引人爲特色的。不過，唐傳奇在文學史上更爲深刻的意義，乃是文人作家的充斥。由於他們，唐傳奇的特色之一即是以「文言文」爲表達的工具。這一點，也正是「宋話本」與其不同之處。因爲「話本」乃是「說話人」拿來說故事的「底本」，所以它所採用的表達語文乃是「語體文」。而若要了解爲何從唐傳奇到宋話本之間會有這種變化，便不得不追究到宋朝的「社會制度」與「人民生活方式」的差異了。

整個宋代雖然國力不強，但在趙宋建朝初期，實呈現著民生富足、社會繁榮的景象。從社會史的角度來衡量的話，宋代最值得注意的，乃是其社會結構的改變——我們「現代」人所習以爲常的「專職行業」此時已然形成，許多人民以專注於經營一種行業來謀生，故而也出現了許多職業團體組成的「會社」。這種情況，在若干迄今仍可見到的古籍，如孟元老（fl.1126）的《東京夢華錄》㊺、吳自牧（fl.1270）的《夢粱錄》㊻等，均有詳細的記載。以通邑大都，如京城爲例，其人煙雜湊的市區中便出現了一種專供人們作爲文化娛樂的場所──「瓦舍勾欄」；「說話」人即在該場所中藉著「說」精彩的「故事」給人們付費來聽，以謀取生活所需。這種「說話」的情形，根據南宋灌園耐德翁的《都城紀勝》㊼所載，包括了「說小說」、「說經」、「說參請」、和「講史書」四大類。又周密的《武林舊事》㊽也曾記載「講史書」的人有二十三人，「說小說」的人也有五十二人之多。這些資料可說具體地說明了「說故事」給人聽在當時是多麼普遍的情況；而所謂「話本」，也就是「說故事的人」拿來做爲其故事的「底本」。

當然，除了說故事的人需要「話本」來做爲他們說故事的依據之外，到「瓦舍勾欄」去聽故事的聽衆並非需要人手一本不可。不過，由於宋代的畢昇發明了活字版印刷術，使書籍不必再像以前一樣，要用手來一本本地抄寫，而可大量地印行。於是，在印刷量大，使成本降低的情況下，「話本」的價錢乃不至於太過昂貴，讓讀者買不起。另外，因「話本」主要係用「語體文」來表達，故簡單明瞭的語文乃成爲其特色之一，而讀者也不需要有多高深的學識便能看得懂了。因此，原來作爲「說話人」說故事的「底本」的「話本」，也逐漸變成了「小說」，成爲人人可以不受時間和空間的限制去自由閱讀的作品。換言之，淺而易懂、價廉而易購買等因素促使它大量流行的結果，終於造成「宋代」的小說潮流從唐代的小說潮流中翻出另一種嶄新的面貌的情形。而這一現象如果加以追根究底的話，「宋代的社會結構和人民生活形態的迥異於唐代」，無疑是最根本的原因之一。

2.經濟的條件改變

經濟條件的好壞往往會影響文學潮流的走向和文學水準的高低。從歷史的縱向時間來看，當某一時代的經濟條件如果發生了變化，則其文學的潮流也常會因而產生變化。底下便以元朝的「雜劇」為例，來做更進一步的討論。

元朝的「雜劇」，從比較嚴格的學術標準來衡量，可說是中國最早以正式劇場中的舞臺為表現場所的表演藝術。而它的源流，顯然係以宋代的雜劇和金朝的院本為基礎，而將若干原本各屬於不同戲劇種類的某些要素，如：大曲、諸宮調、滑稽戲、豔段……等融合在一起，而組成的一種含有生動活潑的科、白，悅耳靈動的曲調、動人心弦的歌唱，以及精彩奪目的舞蹈等內涵的表演藝術。它之所以能夠在元朝大為風行，固然包括了文學藝術上自然的繼承和順勢的發展等許多因素，但若從「表演」和「觀賞」的角度來探究，其最重要的原因無疑是元朝時經濟的繁榮和民生的富足了。

馬克斯主義文學觀的重點之一，即認為文學乃屬於社會的上層建築；而它的基礎，則是建立在社會的經濟條件之上。換言之，經濟的基礎如何，可決定並制約文學、藝術的生產、內容、性質和發展等。譬如說，原始人的舞蹈乃是其勞動動作的再現；他們的神話和傳說，也是以當時他們所畏懼的變幻莫測的自然界現象為基，再加以形象化和人格化的結果㊾。依現代的知識水準來衡量，這種單一且武斷的觀點當然不足以拿來周延地解釋既複雜、豐富，且意義深長的文學現象。但仍值得注意的是這個觀點確也包含著若干的事實和理論上的依據，尤其它有力地指出了文學在某些時候確實會受到經濟情況的影響。

元朝在滅掉宋朝北邊的金朝之後，這個前有所承，且經過「取精用宏」的方式而完成的元雜劇便大為盛行了。只不過因地處北方，所以深受北方文學傳統的影響，所以此期的元雜劇係以質樸率眞為普遍特色，而呈現出豪邁和奔放的風格。元雜劇的大作家如：關漢卿、馬致遠（1250?-1321至1324間）、白樸（1226?-1310）等即出現於此時。等到元朝又滅了宋時之後，其勢力擴大到南方而元雜劇也因南方文人的大量加入，乃逐漸呈現出柔雅、綺麗的風貌。喬吉（?-1345）、鄭光祖等元雜劇名家便可算是此期的代表。

由於戲劇是一種糅合了文學、音樂、美術，甚至雕刻等在一爐的綜合性表演藝術。它把故事直接呈現在觀衆面前，所以具有逼眞的特色。而且更以衝突式的震撼為核心，所以也能立即撼動現場觀衆的心弦。再加上主要以歌舞和科、白來演出，所以它在吸引觀衆眼神和帶動觀衆情緒上的力量是無以倫比的。也因此，它非常受到當時觀衆的歡迎。從分析的層面上來看，元雜劇這種表演方式，在參與人員上，不但需要有著名的主角和深受肯定的配角，也需要許多龍套演員來幫襯，共同演出。另外，如高明的編劇和導演也是不可或缺的人員。再加上，現場音樂的伴奏、道具的設計、改換和搬動，以及適合表演和觀賞的場地等，無不需要足夠的金錢來支持其運作。因此，觀衆的經濟支持若不足，則元雜劇不但根本無法生存，更遑論其流行了。幸而元朝因武力強盛，其拓展的勢力橫跨了，亞、歐、非等大陸，從而也造成了東、西方商業的密切往返和文化互動。而在中國，它不但統一了南北長期以來的分裂狀況，恢復了農、工業，更使都市發展更加進步。因此，社會的富庶和經濟的繁榮，使元雜劇這種複雜、豐富，但卻需要大量金錢浥注的藝術有了良好的發展基礎。元雜劇的興盛情形，我們可由明朝朱權的《太和正音譜》中所載：計有雜劇五百六十多種，有作家一百八十多人等數字看出[60]，當然未被列入這種明確記載的書中的雜劇數目和作家，根據常識來推斷，也是一定比這個數字更多的。

3.政治環境的影響

翻閱各國的文學史，不難發現有一個普遍性的重複現象，那就是當一個國家的政治興盛時，它的文學世界也會呈現出輝煌燦爛的景象。這種現象，在中國的文學史裡也不例外。而它所隱含的豐富意涵中，文學也會受到政治的影響乃是非常明顯的一項。事實上，熟悉中國古典文學的人都知道，我國尤其是一個文學與政治的關係非常緊密的國家。自孔子提出「詩」可以「邇之事父，遠之事君」（《論語・陽貨》）之後，這種關係便幾乎成了鐵律。所以曹丕在《典論・論文》中才會說：「文章，經國之大業，不朽之盛事也。」我們可再引下一段文字來做進一步的討論。宋代李覯（1009-1059）在〈上李舍人書〉中說：

大抵天下治，則文教盛，而賢人達；天下亂，則文教衰，而賢人窮。欲觀國者，觀文可矣。61

李氏這裡所談的，當然是指「文化、教育」的「文教」。但由於「文學」在中國的傳統上向來都佔有「文教」內涵中最重要的地位，所以他這段話應可以適用於「文學」上。在這段文字的前半裡，李氏所認爲的文學會隨著國家政治的興盛而蓬勃發展，細觀中國文學史，可說已有許多史實可以證明其正確性。但後半所說的，在國家的政治衰亂時，文學也會跟著進入低潮，則與理論和事實均有若干差距。在理論上，常有所謂「人窮而後文工」的情形出現；也就是說，當作家個人的遭遇正處在窮苦的逆境中時，或者他所處的國家正遭逢政治混亂和社會頹弊的情況時，他所創作的作品不但不會隨著黯然失色，喪失活力，相反的，反而會含有更具深度的洞見和更加動人的體悟。而在作品上，宋末的文天祥、清末的顧炎武創作的作品便屬此類。無論如何，李氏這種將文學與政治的興衰結合共論的說法，實可算頗有見地。底下，我們即用「文」爲例，來看我國文學史上的若干實證：

唐朝初年的「文」，如前所述，一開始仍然繼承六朝的「駢文」，以華豔綺麗、精巧細膩爲其特色。但隨著頗能符合政治要求的儒家思想越來越受執政青睞之後，「文」的領域也逐漸出現反對六朝「駢文」而提倡漢魏風骨的「古文」之風；最後甚至演變成著名的「古文運動」。

宋朝也是一樣，其初年的「文」，一開始也是承續著五代那種雕琢粉飾的文風，但如同唐朝初年的再版，宋代在「文」的潮流上也隨著政權的穩固和道德要求的提高而逐漸以漢、唐的「文」爲楷模。其結果甚至完成了唐朝發起，但並未完全成功的「古文運動」。事實上，明代初年和清代初年的「文」也均如此，其潮流的走向都是樸實的「古文」漸漸取代雅麗的「駢文」。

不過，筆者在此並不想沿著這種「政治力量影響文學走向」的老路線來討論；而想換個角度，以「文學」爲基點來描述當「政治」情況發生動盪之時，「文學」是如何「主動地應變」，並因而產生了新的文學潮流。我們以清朝末年的「小說」來做進一步的說明。

自鴉片戰爭之後，滿清政府的無能與國力的積弱不振便暴露無遺；閉鎖的門戶不但因此而完全被打開，連向來驕傲的自尊也被完全打碎。於是，封建的政治制度在民主思潮的衝擊下，開始出現了動盪不安的情形；連一向被視爲傳統支柱的倫理道德觀念也在西方思潮，尤其是科技的巨大力量激盪下，產生了根本的動搖。這一切，不僅促使人民開始覺醒，而且由於思想和行爲的逐漸擺脫了政治和道德的嚴密控制與壓抑，民心甚至有了思變的傾向。這種情況在文學上所激起的反應，則是各種題材的紛紛出籠。以「小說」爲例，學者們對這一時期的小說便有各種不同的分類。譬如以「題材」爲觀照點而出發的分類，有：「人情小說」、「譴責小說」、「公案小說」、「諷刺小說」、「狹邪小說」、「俠義小說」……等。㉒而前三類，則都與政治有關。底下便舉若干「小說」爲例，來呈現其「政治」意涵：

⑴**黃小配**（1860-1912）的《洪秀全演義》㉓，其故事以洪秀全爲核心人物，描述他和太平天

國的諸多領導人如何站在人民的立場，領導太平軍和滿清政府激烈的爭鬥和作戰。其主題顯然有爲太平天國翻案的企圖；而其性質，則爲百分之百的屬於政治小說。

(2)**梁啟超**（1873-1929）的《新中國未來記》㊹，藉著虛構出來的傑出人物，對一個國家的政治體制應該選擇「君主立憲制」或「民主共和制」的議題，展開了各持己見的大辯論。明眼人一看即知，它是著眼於「中國未來」的政治體制應該如何而寫的政治小說——當然，作者的立場顯然顯然是站在「君主立憲」的一方。

(3)**李寶嘉**（1867-1907）的《官場現形記》㊺，以滿清的官場爲故事的背景，而用巧妙的手法精細入微地刻劃出腐敗的官僚們一方面如何貪贓枉法，另方面又如何殘酷地迫害無知而善良的老百姓。顯然，本書的目的，乃在揭發封建制度下，身爲人民父母官本應以愛護和照顧人民爲天職，但所謂「人民的父母官」卻是如何地讓人大失所望，甚至義憤填膺的種種言行。它，當然也是一本政治意涵頗濃的小說。

總之，爲數甚多的這類小說作品，當然各有特色，有的內涵豐富而深刻，有的寫法巧妙而引人。但其共同的特點即是以「政治」爲作品的主要內容。而這類小說之所以同時出現於這一個時期，一方面是因爲政治的混亂而提供了好的題材，同時也是因爲空氣的自由而讓作者們獲得了任意揮灑的空間所致。因此，政治影響文學潮流的情況，也由此可見一斑了。

4. 文學潮流的「求新」原則

王國維在《宋元戲曲史・序》中說：

一代有一代之文學：楚之騷、漢之賦、六代之駢語、唐之詩、宋之詞、元之曲，皆所謂一代之文學，而後世莫能繼焉者也。㊻

王氏這段話係以中國文學史爲觀察範圍，而就其文學類別的發展流向所提出的概要式描述：每一代都有它與其他年代不同的文學風貌。由於它頗能符合中國文學的史實，因此幾乎成了中國文學流變大要的代表性描述語。不過，由於它是屬於大趨勢式的勾勒，故而只觸及到表象，並無法回答類似後面這個進一步的問題：它何以會如此呢？

本節在有關「文學流變的情況」部分曾指出，我國歷來的文學流變史觀實頗爲分歧；不過，仍可大致以「古」、「今」爲兩極，而將它們化約爲「貴古賤今」、「今勝於古」、與「今古混合」等三種觀點。而若從「異中求同」的角度來分析，這三種文學史觀的最後目的，其實都是希望能夠創造出一種與當前的文學潮流有所區別、或者超越當前文學潮流的文學新風貌。故而，我們應該可以說：推動文學產生流變的基本動力，就是「有別於、或超越當前文學潮流」的企圖心。它相較於原有的文學潮流，乃是一個新的風貌，所以也可將它簡稱爲「求新」的企圖心——當然，它是以「作家」爲討論的基點而形成的。

從字義上言，所謂「創作」，本係一種「創造性」的寫作；因此，它的第一個特質，即爲「找到與當前文學作品有所差別」的「新」上。此外，由於作家的創作起因一般可區分爲「自然流露」與「刻意創新」兩種，所以「文學創作」之所以會「新」，便可從這兩個角度來理解了。

所謂「人心不同，各如其面」，每一個人都有不一樣的個性、興趣、才華和成長背景、遭遇經驗等，所以其創作出來的作品，尤其是屬於「流露自內心」的抒情類作品，如詩、詞和抒情散文，也會因受到作者前列種種因素的影響，而形成與衆不同的獨特風格。另外，若作家所創作的作品是屬於與外在環境有更爲密切的關係的小說、戲劇類作品時，則因爲有文化、社會、政治、經濟、甚至天候和地理位置等各項複雜的外在因素滲入作品裡，並與前述作者個人的特質產生交互的影響，其結果當然更會讓作品的獨特性鮮明地顯現出來。而若再加上作者「有心刻意去創作」與他人皆不相同的作品時，該作品的「新」更可預料得到。底下，便分別以實際的例子來對這兩種情況做更進一步的討論。

在眞情「自然流露」方面，我們可以舉臺灣的現代散文和抒情詩來說明。同樣是抒情散文，張曉風（1941-）在《地毯的那一端》⑥⑦所散發出來的清麗和溫婉的特色，便與三毛（原名陳年，1943-1991）在《撒哈拉的故事》⑥⑧中所呈現出來的瀟灑不羈的特質大不相同。細究其原因，便是這些作品中都直接流露著兩位女作家截然不同的個性和經驗所致。又如同樣是現代詩，向陽（1955-）的詩集《土地的歌》⑥⑨所傳達的濃厚的鄉土情懷，便與林燿德（1962-1995）的詩集《都市終端機》⑦⓪所表現的冷靜思索的特質迥然有別。這種情況，也是由於兩位詩人的個性和經驗有巨大的差異所致。

至於在「刻意創新」上，我們以兩岸的現代小說和戲劇爲例來說明。同樣是屬於「懷鄉」主題的小說，白先勇的《台北人》⑪所透露的是對「仍然眷戀於過去風光的人」的同情，因此小說所散發出來的爲一種由無奈的感傷和溫厚的憐憫所混雜的風格。相反的，陳若曦（原名陳秀美，1938-）的〈尹縣長〉⑫則以一個返國效力的青年的遭遇，揭發了大陸文化大革命時期的種種偏激思想和殘酷行爲，因此流露出來的風格是尖銳和激憤混合的氣氛。這兩位原爲大學同班同學的作家，受到的文學訓練其實是頗相近的，而在作品上會表現得如此差異，便是因有不同的經驗所致。又如同樣是以「婚姻」爲題材的戲劇，田漢（1898-1968）的〈咖啡店之一夜〉⑬便藉著一對年青人婚姻的不幸，來突出人性解放的要求與禮教的束縛之間的衝突；因此，作品乃充滿了緊張的張力。相反的，李曼瑰（1906-1975）的〈戲中戲〉⑭則以「女性」爲中心，刻劃出女主角挽救自己婚姻的聰明和賢慧，因此，作品最吸引人處乃是機智。兩位劇作家之所以會創作出如此不同的劇作，原因當然也是創作的環境背景和目的不同所致。

以上所舉的例子，全都具有鮮明的「自己獨特的創新性」。但若衡之以事實，這些作者和其作品其實都未能造成影響文學潮流走向的結果——因爲他（它）們都尙未達到「引起許多作家群起做尤而形成風潮的程度」。而形成風潮的基本要件，即需造成許多作品具有同樣的特色。若以史實來觀察的話，造成文學潮流產生變化的要件固然很多，但如集中到「作品」上來分析，則不外乎下面兩點：「作品的內容寫什麼？」以及「作品的形式如何寫？」換言之，便是當某一年代在「作品的題材」或「寫作的技巧」上產生了共同的「新」的特色，而且其情況達到足以改變當時原來的主要潮流時，「新的文學主流」便出現了。底下便分別以「題材和內容」及「技巧和形式」兩項，舉實際的例子來加以說明。

在有關「題材和內容」方面，我們以六朝的詩歌爲例來說明。六朝可說是中國歷史上擾擾攘攘，紛爭不斷的一個時期。在中央朝廷的帝王將相和大官貴族們，因有各方政治勢力的交互競逐，遂造成了政權時常被迫發生更迭，政治局勢常處於動盪不安之中的現象。這一政治面起伏不定的情況，也連帶影響了依附在政治力量之下的官吏和文人。在他們之中，遭遇稍好的只不過是屢經遷貶；若更嚴重的話，則不但遭到自己生命不保的結果，連親友也會受到波及。於是，許多文人官吏們便在心中普遍產生對生命意義的疑惑，而無奈地選擇了逃避現實、尋求其他可資慰藉自己心靈的方式來安頓自己。高層的人如此，處於基層的衆多百姓當然也無法例外，在無法避開的戰爭砲火和法政網罩的壓力下，生活或者陷於困頓之中，或者被迫到處流離遷徙。在這樣一個動盪的大環境中，提供給思想界最具正面意涵的是海闊天空的自由，於是不但各種吸引民衆的宗教大行其道，各種學問的論述，包括文學批評、思想哲學等也呈現出百花齊放的局面。而在文學上，非常重要的特色之一即是產生了許多以逃避現實，追求虛幻境界爲題材的文學作品。小說方面如干寶（fl.317）的《搜神記》[75]、葛洪（fl.1198）的《神仙傳》[76]、王嘉（?-390）的《拾遺記》[77]、任昉（460-508）的《述異記》[78]等都是「志怪」類和「述異」類的代表作。而在詩歌上，更是呈現著各色各樣的「新」題材競相出現，並且各擁有自己天空的熱鬧景象。大致說來，從魏朝開始到隋朝為止，各個朝代都擁有自己的重要詩人和傑出作品。但若從「題材和內容」的「新穎流行」之角度來觀察，則在這段期間中，詩歌領域裡最突出現象乃是出現了幾個足以造成詩歌流變的「詩類」。底下便以歸納的方式，將它們稍微加以申論：

⑴**玄言詩**。衆所周知，詩歌比較適宜用來抒情與言志。但在六朝時，卻出現了不少用詩歌來談玄說理的詩人，如：孫綽（301-380）、許詢（fl.345）、釋支遁（314-366）等。他們的詩歌固然包括了若干純粹描述自然之道，而比較容易讓人了解的作品；但主要的題材和內容則是談論很難讓人完全明白的玄妙之理、或者超乎一般人想像的玄虛之境。因此，他們的詩歌作品中常會出現《老子》、《莊子》、《周易》等號稱道家「三玄」的術語，以及許多佛教經書中的典故和用語。

⑵**遊仙詩**。同樣是基於逃避混亂世間的心態，「遊仙詩」和偏重在「談玄論理」的「玄言詩」不同，比較側重在表達對心中仰慕的對象和渴望的境界的追求。因此，以這類題材作為詩歌主要內容的詩人，如：郭樸（276-324）、庾闡（fl.317）等，常在他們的詩歌中或任意馳騁自己天馬行空的想像，或將想像與古代的神話、傳說相結合，一方面塑造出一個個令人崇仰、但卻不可企及的神仙人物，更勾勒出一個個充滿絢麗景觀、但卻根本不存在的奇妙仙境；另一方面，也傳達

出自己的衷心期望與仙境和神人能夠有所接觸的渴望。這類作品在題材內容上，可說爲詩歌創造出一番迷人的世界。

(3) **山水詩**。從「題材和內容」的角度而言，「山水詩」便是一種以「山水」爲描寫對象的詩歌。不過，它之所以贏得甚高的評價，原因並不在仔細刻劃山水，如繪畫一般精巧而已，而是因詩中含有詩人超越模山範水的層次，把自己的心情感懷寄寓於山水之中、或借描寫山水來傳達自己對人生、自然的體悟，以達到「情景交融」的境界。六朝以創作這類山水詩而成名者特別多，如：王羲之（321-379）、謝道蘊（fl.376）、謝靈運（385-433）、謝朓（464-499）等。也由於他們的努力創作，中國詩歌歷史上乃於此時出現了一批外貌精巧華麗、且內涵豐富深刻的山水精品。

(4) **宮體詩**。「宮體詩」裡的「宮」，係指梁・簡文帝蕭綱（503-551）由晉安王之位進爲太子後，所居住的「東宮」。「宮體詩」就是蕭綱和其親近的隨從、文人，以精巧豔麗的文字，仔細刻劃「宮闈」之中的「美人」和「景物」而成的詩歌。它的代表詩人，除蕭綱和其近臣徐摛（473-550）、庾肩吾等外，還包括有陳朝的後主叔寶（553-604）和江總（519-594）等。由於這類詩歌的題材內容，只限於宮闈中的美人和景物，且又只描摹其華豔的外表而未及於其內心的情思活動，因此實缺少動人之致，故在歷來的評價均不高。不過，它的華麗面貌，卻也著實爲中國詩歌史留下了「美麗」的一頁。

當然，六朝詩歌的題材包羅甚廣，不過並非本書的主要對象，所以無法、也沒必要一一列舉於此。上列諸類在「題材和內容」上各有領域，也曾各領詩壇風騷。惟其彼此間在流行時期與寫作手法上，其實頗有互相跨越之處。綜合而言，它們帶來的「豐富內容」，使六朝的詩歌在中國詩歌史上綻放出頗爲耀眼的一頁。

至於在「技巧和形式」上，我們再以清朝的「桐城古文派」爲例來說明。清朝雖然與元朝一樣，以異族入主中原，並且爲了能夠完全控制全國而施行高壓政治，但卻能記取元朝只重視戲曲、雜劇、傳奇和大衆文學，而忽略漢族傳統文化的缺失，所以乃理智地接受了影響力鉅大的儒家思想，並聰明地將其運用到施政上。由於這個緣故，漢文化的「復古」思想乃大盛，而傳統的經學、史學、小學、目錄學、版本學、輯佚學和辨僞學……等治學工夫，也都在此時於各自的領域裡獲得了非常輝煌的成果。在「文章」上，尤其是自乾隆、嘉慶時期開始，直到清朝末年，「桐城派古文」則可說幾乎籠罩了整個「文章」的領域。

「桐城」派古文的名稱，係因其之位創始者：方苞、劉大櫆、姚鼐皆爲安徽桐城人之故。從創作理論上看，桐城古文派的形成過程，先是由以「學行繼程朱之後，文章介韓歐之間」自許的方苞，奠定基礎，他認爲，古文應「本經術而依於事物之理」，所以須注意「古文」的「義法」。所謂「義」，是要求「古文」的「內容」須「言之有物」，而「法」則是強調「古文」的「作法」須「言之有序」，同時，更需以「雅潔」兩字爲古文的最高標準。

劉大櫆接著更將「文章」分析爲「字句」、「音節」和「神氣」三個因素，強調作家在爲文之時，應將自己假設爲要「代古人說話」，體會古人的心意，使自己能和古人的神與氣合而爲一，然後才能發出像古人一般的音節，並學習古人從「積字」而成「句」，到「積句」而成「章」，到「積章」而成「篇」的組成方式來寫作依「法」而成的層層有序的「文章」。

姚鼐是劉大櫆的學生，他更進一步將「詞章」、「義理」、「考據」三者合在一起，並以之爲基礎而提出權衡文章的八種要素：「神、理、氣、味，格、律、聲、色」。前四者屬於「古文」的「義」，後四者則屬於「古文」的「法」；而爲了能夠具體呈現這八個要素的內涵，姚氏乃以這八字爲依據而編選一本《古文辭類纂》，使桐城派的古文理論和實際作品都擁有了具體的說明。當然，更爲重要的是，姚氏曾在若干書院擔任教席四十多年，不但子弟衆多，如：梅曾亮、方東樹等即是其中的佼佼者，而且他們共同的影響力，又遍佈甚廣，因此，桐城古文派——尤其是「神、理、氣、味」的「內涵」、「格、律、聲、色」的「作法」、以及「雅潔」形式的最高原則，乃成了清朝中葉以後的「古文」正宗了。

〔注　釋〕

①引自范文瀾《文心雕龍注》，卷六，頁506。台北：學海出版社，1988。

②引自張璋、黃畬編《全唐五代詞》，卷四，頁453。台北：文史哲出版社，1986。

③以上請見郭育新、侯健編《文藝學導論》，頁239-241。台北：文化大學出版社，1991。

④引自樓栖著《論郭沫若的詩》，頁73。上海：文藝出版社，1978。

⑤引自劉再復〈從獨白的時代到複調的時代〉，收於氏著《放逐諸神》，頁29-32。香港：天地圖書公司，1994。

⑥引同范文瀾《文心雕龍注》，卷六，頁534。

⑦引自陳衍《石遺室詩話》，卷十七，頁1B。台北：商務印書館，1961。

⑧引自丁如明，聶世美點校《白居易全集》，卷四五、卷三，頁649、35。上海：上海：古籍出版社，1999。

⑨引自《四部備要》，第五九二冊，方苞《望溪文集，又書貨殖傳後》，冊一，卷二，頁14a。台北：世界書局，1966。

⑩請見《小說月報》第二十卷，第一期。引自唐弢主編《中國現代文學史》，上冊，頁52。北京：人民文學出版社，1980。

⑪請見《創造周報》第二號。引同前注，頁54。

⑫引自陳全得《台灣「現代詩」研究》，頁42。國立政治大學中國文學系博士論文，1999.7。

⑬以上引文，皆載於《萌芽月刊》，第一卷，第四期。引同注⑩，第二冊，頁11-12。

⑭引自《全唐詩》，第六冊，卷二一四，頁2234。北京：中華書局，1992。

⑮引自《全唐詩》，第六冊，卷一九九，頁2052。

⑯引自《全唐詩》，第四册，卷一四三，頁 1444。

⑰引自《全唐詩》，第八册，卷二五三，頁 2850。

⑱《明代論著叢刊》，第二輯，第四九册，袁宗道《白蘇齋類集》，上册，卷五，頁 122。台北：偉文圖書公司，1976。

⑲《明代論著叢刊》，第二輯，第六一册，袁宏道《袁中郎全集》，册四，卷三九，頁 1910。

⑳《明代論著叢刊》，第二輯，第五二册，袁中道《珂雪齋前集》，册二，卷六，頁 693。

㉑引自《足本隨園詩話及補遺》，《詩話》，卷五，頁 80。台北：長安出版社，1978。

㉒引自《四部備要》，第五四〇册，《小倉山房詩文集》，册四，卷二十八，頁 6a。台北：中華書局，1966。

㉓引自《足本隨園詩話及補遺》，《補遺》，卷一，頁 1。

㉔引自《足本隨園詩話及補遺》，《詩話》卷六，頁 106。

㉕引自《四部備要》，第五四〇册，《小倉山房詩文集》，册四，卷三十，頁 2b。

㉖請見李贄《焚書．童心說》，卷三，頁 97-98。台北：河洛圖書出版社，1974。

㉗引自《明代論著叢刊》，第二輯，第五十册，袁宗道《白蘇齋類集》，下册，卷二十，雜說類，〈論文〉上，頁 619-620。台北：偉文圖書出版社，1976。

㉘引自《明代論著叢刊》，第二輯，第五八册，袁宏道《袁中郎全集》，册一，卷一，序，頁 175-177。

㉙引同前注，卷三，引，頁 302。

㉚以上引文見袁宏道〈張幼于〉、〈雲清閣集序〉。引同注㉘，卷二二，尺牘，頁 1051：及卷一，序，頁 181-182。

㉛引袁宏道〈敘小修詩〉，引同注㉘，頁 177-178。

㉜引自《明代論著叢刊》，第二輯，第五一冊，袁中道《珂雪齋前集・序》，冊一，頁 1-3。

㉝引同前注，《珂雪齋前集・阮集之詩序》，冊三，卷十，頁 1028-1029。

㉞引自徐調孚《校注人間詞話》，十六，頁 8。台北：頂淵文化事業公司，2001。

㉟沈德潛《說詩晬語》。引自丁福保編《清詩話》，頁 524。台北：明倫出版社，1971。

㊱請參考劉萍（涂公遂）《文學概論》，頁 203。台北：華正書局，1986。

㊲引自范文瀾《文心雕龍注》，卷九，頁 675。

㊳引自范文瀾《文心雕龍注》，卷六，頁 519-520。

㊴引自顧炎武《原抄本顧亭林日知錄》，卷二一，頁 606。台北：文史哲出版社，1979。

㊵引自丁福保編《清詩話》，頁 565。台北：明倫出版社，1971。

㊶引自《十三經注疏》，第八冊，卷一，頁 3。

㊷引自蕭統《文選》，卷十七，賦壬，頁 226 上。台北：正中書局，1971。

㊸引自《全唐詩》，第七冊，卷二二七，頁 2453。

㊹引自《足本隨園詩話及補遺》，《詩話》，卷二，頁 28。

㊺引自王充《論衡・自紀》，卷三十，頁 453。上海：上海人民出版社，1974。

㊼引自范文瀾《文心雕龍注》，卷六，頁 520。

㊽引自《隋書》，卷六六，列傳三一，頁 1544。台北：鼎文書局，1987。

㊾引自《四部叢刊》，第三九册，柳開《河東先生集・應責》，卷一。台北：商務印書館，1979。

㊿引自楊明照《抱朴子外篇校殘》，下册，頁 70。北京：中華書局，1997。

㉛引自《南齊書》，卷五二，列傳三三，文學，頁 908。台北：鼎文書局，1987。

㉜引同注㉘，《袁中郎文集・丘長孺》，册三，卷二一，尺牘，頁 996-997。

㉝請參考《胡適作品集》，第三集，《文學改良芻議》，頁 155-169。台北：遠流出版公司，1986。

㉞引同注⑤，頁 72。

㉟請參考孟元老《東京夢華錄》。台北：商務印書館，1971。

㊱請參考吳自牧《夢粱錄》。台北：國立中央圖書館縮影室，1981。

㊲請參考耐德翁《都城紀勝》。台北：國立中央圖書館縮影室，1981。

㊳請參考周密《武林舊事》。台北：廣文書局，1995。

㊴請參考向錦江、張建業編《文學概論新編》，頁 304-314。北京師範學院出版社，1988。

㊵請參考《太和正音譜》。台北：學海出版社，1980。

(61)引自李覯《李覯集》，頁289。北京：中華書局，1981。

(62)詳參魯迅《中國小說史略》。香港：三聯書店，1958

(63)請參考黃小配《洪秀全演義》（二卷五十七回本），收在《中國近代小說史料》，續編，第十一冊。台北，廣文書局，1987。

(64)請參考梁啓超《新中國未來記》（五回本），收在《中國近代小說全集》，第一輯，《晚清小說全集》，第二十七冊。台北：博遠文化公司，1987。

(65)請參考李寶嘉《官場現形記》。台北：桂冠出版社，1983。

(66)引自王國維《宋元戲曲史・序》，頁1。台北：商務印書館，1973。

(67)請參考張曉風《地毯的那一端》。台北：大林書局，1980。

(68)請參考三毛《撒哈拉的故事》。台北：皇冠出版社，1976。

(69)請參考向陽《土地的歌》。台北：自立晚報社，1985。

(70)請參考林燿德《都市終端機》。台北：書林出版社，1988。

(71)請參考白先勇《台北人》。台北：晨鐘出版社，1973。

(72)收於陳若曦《尹縣長》，頁185-213。台北：遠景出版社，1976。

(73)收於《田漢代表作》，頁1-32。鄭州：河南人民出版社，1986。

(74)收於《李曼瑰劇存》，第二冊，頁85-164。台北：正中書局，1979。

⑮請參考干寶《搜神記》。台北：里仁書局，1980。

⑯請參考葛洪《神仙傳》。北京：中華書局，1991。

⑰請參考王嘉《拾遺記》。台北：新文豐出版公司，1984。

⑱請參考任昉《述異記》。北京：中華書局，1991。

第八章　讀者的閱讀活動

一部文學作品被創作出來之後，它所形成的意義實在是非常複雜而豐富的。而此通常乃是由三個不可或缺的因素組合而成。首先是「作者」部分：對作者而言，由於他的創作工作完成，也表示他已經抒發了情緒、感懷，或已經表達了意志、思想，所以他常會有心滿意足的感覺。其次是「作品」部分：對作品而言，當它一完成便已脫離了作家的掌控，而擁有屬於自己的獨立生命，以及藝術上的價值。最後是「讀者」部分：一部文學作品若沒有任何讀者來閱讀，則不但會使它的影響力大爲縮小，連它的意義也會因缺少讀者的回饋式感受或補充式解釋而無法擴大。在我國的文學史上，讀者在整個文學活動中應有的重要位置，早就被劉勰已注意到了。他在《文心雕龍・知音》篇裡即提到：

> 夫綴文者，情動而辭發；觀文者，披文以入情，沿波討源，雖幽必顯。①

這段文字把從作者的創作，到作品的完成獨立，再到讀者的回應，可說全點到了。本書在前面部分已討論過「作家」和「作品」，因此本章便以「讀者」爲探討的對象，來討論其閱讀的整個活動過程和內涵。

從「文學作品」的「形式」而言，自古以來即包括了「口傳作品」與「書寫作品」兩大類；也因此，人們與文學作品的接觸方式，也便包括了「聽」和「讀」兩種。不過，由於古代的「口傳文學作品」，常會受到「時間」和「空間」的不停改變而影響，如在口語傳播時常被改動、或者因未見之於文字而很不易長期加以保存，故變動性甚大。至於現代的口傳作品則甚少。故而當我們在談論文學作品時，便多是指「書寫作品」；而讀者和它們的接觸方式，也就多是「閱讀」了。當然，我們在討論「閱讀」時，也不宜完全將「耳聽」的方式排除在外。

歷來，有些批評家曾主張將「讀者」區分為「消極讀者」與「積極讀者」兩類，認為「前者」在閱讀活動上屬於「被動」性地「接受作品」者，而「後者」則能夠以閱讀作品為基，去進行「自己的再創作行為」者。這種從「主動」或「被動」來區分讀者間的差異性，當然不能說毫無根據，也非沒有作用；但是，把某些讀者描述為完全的「被動地去接受作品」，則與實際情況顯然有若干差距，因為：㈠文學作品原本只能靜止不動地放在某處，不會主動地要求讀者去閱讀它們。所以凡是閱讀作品的讀者，必然都是主動去接觸作品的——即使是被逼迫去如此做也一樣。㈡將這些讀者形容為「消極」，語意上有過於偏向負面的內涵。因此，筆者認為這種區分法並不十分理想，而希望在此採取比較中性、且符合事實，並較具有正面意涵的方式，來將讀者的身份因閱讀活動的不同而區分為「讀者」和「批評家」兩類：前者是指任何閱讀文學作品的人；只不過其閱讀活動以內在的心靈爲範圍。後者則指能以其專業的領域爲基，對文學作品進行實際的批評，並有結果呈現出來者。

本章所討論的範圍，即屬於「讀者」的「閱讀活動」，而把實際批評和理論建構部分統稱爲文學批評，此部份留待下一章再討論。由於這種閱讀活動若從「層次」和「先後」兩個角度來觀察，可大致區分爲「了解」與「欣賞」兩部分，因此，底下即依此兩項目和其順序來做進一步的討論。

第一節　對作品的「了解」層次

前曾述及，閱讀文學作品可以產生的意義與功能甚多，如：「讀者」可因此而擴大視野、澄澈心靈等，以及「文學作品」的意涵可因此而更加豐富、功能也更爲增加等。而這些閱讀的效果之所以能夠產生，則是必須建立在一個最根本的基礎上，就是「了解」作品的意思。一個讀者如果閱讀了作品之後，卻無法掌握住作品到底傳達了那些訊息，若比較嚴格地說，他根本不能算是與作品產生任何關聯，更遑論可以從這個閱讀活動中再進一步地產生其他更深和更廣的意義了。

不過，所謂「了解作品的意思」其實並不簡單，因爲，文學作品的組成要素通常包括了作品的「形式」、「內容」，和其特定的「時空背景」，前兩者爲文學作品的「內在因素」，而後者則屬於作品的「外在因素」，所以若讀者想要眞正了解該作品，便須對作品的形式、內容和其特定的時空背景都有眞正的認識才行；而要做到這個程度，卻不是一件簡單的事。因此，我們底下便來探討讀者如何對這三個項目進行了解。

一、了解作品的形式

由於文學作品的形式，係由語文依一定的結構組成的，所以了解作品的形式，便是指了解作品的「語文」和「結構」。而讀者要了解文學作品的語文和結構，則必須以「足夠的語文能力」爲條件。

(一)足夠的語文能力

文學符號學的學者曾經巧妙地做了一個比喻：若「文學作品」被比喻爲「一套語文符號所組成的系統」，那麼「作者」便是這套語文符號系統的「建構者」。而「讀者」若想了解它，便須將這套語文符號系統解構開，因此，讀者即是它的「解構者」。解構者要解開這一套語文符號系統，必須擁有一把可以將它打開的「鑰匙」——就文學上而言，這把鑰匙就是「了解」該作品的「語文能力」。

衆所周知，文學作品乃是一種語文的藝術。本書在前面討論有關「文學作品」的定義時，曾指出：文學的語文和我們日常生活中所使用的語文並不完全相同，因此，讀者閱讀文學作品所需具備的，乃是有別於日常生活中所使用的語文能力。這項能力的特色，就是「超越時空的限制」。換言之，讀者必須先了解文學作品所使用的語文才能讀懂它。底下就從「空間」和「時間」兩角度來說明。

先談「空間」上的情況。我們都知道，外國文學作品都是使用其特有的語文來創作的，譬如：梅爾維爾（H. Melville）的小說《白鯨記》（Moby Dick）是用英文寫的，莫泊桑（Guy de Maupassant）的小說《項鍊》（Necklace）是用法文寫的，杜斯妥也夫斯基（Fyoder Dostoyersky）的小說《卡拉馬助夫兄弟們》（The Brothers Karamazor）是用俄文寫的，紫氏部的《源氏物語》是用日文寫的，……這些文學名著，對只懂中國語文的讀者而言，根本無法讀懂，如此，又怎麼可能做到更進一步地去指出其優、缺點，甚至給予其價值判斷呢？當然，讀者可以透過這些作品的中譯本去了解它們的意思；但對於更多尚未譯成中文版的其他外國作品，又如何去了解它們呢？由此可見「語文能力」在閱讀活動上的重要性。

其次是在「時間」上的情況。由於絕大多數的國人，都具備有現代中文的能力，所以自理論上言，閱讀現代文學作品應該沒有什麼困難。然而，語文是會隨著時間的移動而產生變化的；所以現代人要讀懂古代的作品，便需要先了解古代的語文了。我們以距今超過二千年的漢賦爲例來看。司馬相如（179-117 B.C.）在其〈上林賦〉中有下列一段文字：

> 蕩蕩乎八川分流，相背而異態。……汩乎混流，……觸穹石，激堆埼，沸乎暴怒，洶湧澎

湃，滭弗宓汩，偪側泌節，……臨抵注壑，瀺灂霣墜，沈沈隱隱，砰磅訇石蓋，潏潏淈淈，……。②

這段文字可說詰屈聱牙、生字遍佈，一般人對它的意思是很難明白的。而漢賦偏偏又幾乎都使用這種生字詞彙，所以現代人想讀懂，非隨時查閱詞典不可。漢賦原本的特色即爲，盡量收羅當時的奇文異字來鋪寫，所以今人不易看懂並不足爲怪。我們下面再舉一個以口語可唱爲其文辭特色的宋詞爲例來看看，李後主的〈一斛珠〉如下：

晚妝初過，沈檀輕注些兒個。向人微露丁香顆，一曲清歌，暫引櫻桃破。羅袖裛殘般色可，杯深旋被香醪涴。繡床斜憑嬌無那，爛嚼紅茸，笑向檀郎唾。③

詞中的「沈檀」、「丁香」、「櫻桃」、「香醪」、「紅茸」、「檀郎」是指什麼，或許查詞典即可知；但「些兒個」、「無那」等，則是極端的口語化的詞，非了解當時的「習慣用語」不可。換言之，這些都是因時間的改變而造成的語文距離。而凡是想閱讀漢賦、宋詞等古典作品的讀者，當然非具備這種語文能力不可。

㈡了解作品的語文

在學理上，語言學的範圍包括了：語彙、語音、語意和語法等數個不同的領域。不過，由於我們在此所要討論的，乃是「了解文學作品」與「語文」的關係，所以必須把這裡的範疇限定在「歷來曾對文學作品的閱讀活動產生過重大影響」的「語彙」、「語音」和「語法」三個項目上來討論。

1.**「語彙」**。它是語文的重要組成分子中，爲了配合每一個時代和地區的實際生活情況而最容易隨時改變的部分。凡是生活狀況有了改變，不但新的詞彙隨時會爲了需要而增加進來，同時，在原有的詞彙中，除了人們繼續使用者外，也會有不少部分因人們不再使用而被束之高閣，另外，也有若干詞彙的含意會產生變化。因此，若想讓閱讀活動有效地進行，讀者在詞彙上便應該具備一些必要的知識。我們在前面討論「超越時空的限制」時，已經舉例說明過讀者所知詞彙的多或少，會影響其了解作品的程度。除此之外，還有下面四個有關語彙會對作品產生影響的項目必須加以討論：

(1)**語彙和作品的文學風格**

任何具有原創性的作品，必都會展現出其作家所特有的風格。而形成這種風格的原因當然很多，諸如：作家的個性、天賦、學識、經驗和遭遇等都是。但是若從表現在作品上的特色這個角度來觀察，作家在其作品中所使用的「語彙」習慣，應可視爲讓其風格呈現出來的最根本原因之一。譬如以「宋詞」爲例，同樣是備受肯定的大作家，也有相近的困頓遭遇，蘇東坡的詞讓人讀來覺得「曠達、豪放」，而李清照的詞則讓人讀後，深受其「悽惻、愁苦」所感動。深究個中的原因，即蘇東坡的詞作中，經常出現：雄姿英發、把酒、談笑、青天、……等豪放、灑脫的語彙；而李清照的詞作裡，則幾乎滿佈著：冷清、悽惻、愁苦、涼瘦、……等淒婉柔弱的語彙。

⑵語彙和作品的品類

許多文學作品之所以會被視為屬於同一類，原因之一即其使用的語彙非常相近——因而內容、風格也近似。譬如在「遊仙詩」類的詩歌中，時常會出現：赤松子、浮丘伯、上雲人等神仙之名，紫芝、瓊花、玉漿、丹沙、青龍、白鳳等仙物之名，以及蓬萊、瑤臺、紫宮、靈崖等仙境之名。正因有這些相類似的語彙，這種詩歌便被劃歸為同一品類了。又如在「田園詩」類的詩歌中，也有大量與田園有關的語彙出現在作品裡，如屬於地方的：農田、菜圃、阡陌、村、廬等，屬於節令的：春日、仲夏、高秋、嚴冬、清晨、靜夜等，屬於農作物的：稻穀、果蔬等，屬於禽畜的：雞犬、牛羊等，屬於身份的：園丁、村女等，以及屬於活動狀況的：耕作、採桑、豐年等。由於這類語彙大量出現於這些作品中，所以它們才被視為同一品類的作品。

⑶語彙和作品所屬的時代

《詩經・大序》中有下一段文字：

治世之音安以樂，其政和；亂世之音怨以怒，其政乖；亡國之音哀以思，其民困。④

它明白指出，文學作品必會含有其時代的背景。我們以六朝時的「文章」為例來稍加討論。六朝在我國的政治史上雖然是個亂世，但在文學史上，則是一個光芒四射的輝煌時期。在「文章寫作」上，則以講究濃豔華麗的外表為其特色。陸機在〈文賦〉中對這種現象曾有以下的描述：「辭呈才以效技，意思契而為匠」，「其會意也尚巧，其遣詞也貴妍」⑤。換言之，當代文人在寫作時，不但重視思考的細膩精緻，而且在文詞的表現上，多以「姸」爲準則，並彼此相互競賽。梁元帝在《金樓子．立言》篇中也曾把當時的文壇描述爲「至如文者，惟須綺縠紛披，宮徵靡曼。」⑥換言之，文章只須做到文詞華麗精緻，聲音悅耳動人即可。底下，我們即以徐陵在《玉臺新詠．序》中的一段文字爲例來加以說明：

楚王宮裡，無不推其細腰；衛國佳人，俱言訝其纖手。閱詩敦禮，豈東鄰之自媒？婉約風流，異西施之被教。……傳鼓瑟于楊家，得吹簫于秦女。……長樂鴛鴦，奏新聲於度曲；妝鳴蟬之薄鬢，照墮馬之垂鬟。反插金鈿，橫搯寶樹。⑦

這一段文字即屬於當時流行的「駢四儷六」的「駢文」，不但在外形上擁有四六句的結構，而且還擁有浮聲、切響的音韻效果。最重要的是其「文詞」上，可說是六朝「巧構形式」的典型之作，不僅刻劃非常細膩，如女主人翁的：臉龐如何？雙鬢如何？鬢髻如何？纖手如何？以及在音樂、歌舞上的天賦和造詣如何等。而用詞的精緻，如：細腰、纖手、薄鬢、垂鬟等，都會讓人讀後覺得眼睛一亮。此外，其詞語的華麗，如：鴛鴦、墮馬、金鈿、寶樹等，也都屬於可令人目眩神迷的品類。因此，它可說是六朝文章類的典型作品了。

(4)語彙和作品所屬的地理環境

明朝的詩歌批評家李東陽（1447-1252）在《懷麓堂詩話》裡曾說：

漢、魏、六朝、唐、宋、元詩，各自為體。譬之方言，秦、晉、吳、越、閩、楚之類，分疆劃地，音殊調別，彼此不相入。⑧

這段話指出了一個文學的自然現象。由於時代的不同，使得文學史上產生了每個時代都有其與別時代不同的文學風貌。此外，因每個地方也有其特殊的方音、方言，所以也會造成每個地方的文學作品必然與其他地方的文學不同的情況。這種情況，若從「比較」的角度來觀察，則會更加明顯。底下即以同樣屬於南北朝時代的樂府詩爲例，來加以說明。

南朝的《吳聲歌曲・子夜歌》四十二首之一和之二：

落日出前門，瞻矚見子度；冶容多姿鬢，芳香已盈路。

芳是香所為，冶容不敢當；天不奪人願，故使儂見郎。⑨

這是兩首男與女之間的「對話式」詩歌作品。前一首的作者是男的，他說：在日出時分，看到妳從前門經過，妳不但容貌嬌冶，鬢髮搖曳生姿；且被妳走過的路，會立刻滿佈妳的香味。後一首的作者爲女性，她如此回答：說我美麗，倒眞愧不敢當；而我身上的芳香，乃是佩掛的香囊散發出來的。最重要的是，由於上天未阻礙我的心願，才使我能有遇到你的機會。

北朝的《橫吹曲・折楊柳歌》五首之一和之二：

上馬不捉鞭，反折楊柳枝，蹀座吹長笛，愁殺行客兒。

腹中愁不樂，願作郎馬鞭；出入擐郎臂，蹀座郎膝邊。⑩

這也是兩首由男與女的對話所組成的詩歌作品。在前一首中，男的說：即使騎上了馬，也不揮動手中的馬鞭策馬，反而去折路邊的楊柳枝。同時，不論是行或坐，也都隨時吹著長笛，表達出我這個旅人的內心中因又將遠行而引起的深刻愁悶。後一首爲女的回答：我心中也非常愁悶、不快樂。但願能夠變成你的馬鞭，不論你是出門或在家，都盤繞在你手臂上；也不論你是在走路或坐著，都緊靠在你的膝旁。

這兩組詩歌作品，在內容上都是有關男女之間的情感，因眞情流露而感人。不過，前一組詩所使用的語彙，如：冶容、姿鬢、芳香等所表現出的溫柔與豔麗風格，果然就是南國人物的特色。而後一組詩所使用的語彙，如：長笛、楊柳、馬鞭等所表現出的蒼涼與率眞風格，也正是北國所特有的產物了。

2.「語音」。讀者所閱讀的文學作品若是屬於使用與日常生活的語文相近的敘事體作品時，當然不會有什麼大的困難出現。但所閱讀的文學作品若是屬於已滲入高度的語音技巧者，如我國的詩、詞、曲等時，那麼他本人是否擁有關於「語音」的一些知識，將對他的閱讀結果造成頗不相同的情況。譬如以唐朝詩人杜牧的七言絕句〈江南春絕句〉爲例，即可明白這種條件的必要性。該詩的原文如下：

千里鶯啼綠映紅，水村山郭酒旗風。
南朝四百八十寺，多少樓臺煙雨中。⑪

依據詩題，本詩主要係在描寫江南的春天景象。它在文字上的大意爲：在千里遼闊的江南地區，處處紅花綠草，相互輝映；再配合上黃鶯鳥的輕快啼唱點綴其間，更使江南的春天呈現一片歡樂的氣氛。從傍水的村落到依山的城郭，都有酒店的旗幟迎風招展。江南這個好地方，僅以南朝時期而論，即有四百八十座寺廟，且香火鼎盛，熱鬧非凡。只是到了現在，江南那衆多著名的樓臺中，不知有多少已淹沒在迷濛的煙霧和細雨之中了。詩人杜牧在這首詩裡，到底暗藏了那些言外之意呢？我們可以從它在文字的聲調上來推斷：由於這首詩屬於仄聲起步而首行的末字押韻的七言絕句，因此，第三行的格律應爲：平平—仄仄—平平—仄；但本詩在這行所使用的文字，其平仄格律卻爲：平平—仄仄—仄仄—仄。很明顯的，它的後五字都是仄聲。這不但違背了「二、四、六分明」的根本要求；而且讀來也非常拗口。因此，詩人心中那由仄聲所代表的壓抑情緒便顯然可見了。換言之，讀者若沒有「語音」上有關「平仄」的知識，便無法產生這種專門性的理解。

中國文字的最大特色，即是形、音、義三者兼具；每一個字都有其明確而特定的字形、聲音和意蘊；三者合一，不能分開。而若就其「聲音」上來論，它與以拚音方式組成的語文有一個最明顯的差別。由拼音方式組成的語文，因需要藉著多音節內每個音節的音高、音強和音長來形成其意蘊，所以除了極少數的詞之外，都具有兩個音節以上的音長。但中文則不同。它的每一個字，聲音的長度都只有一個音節；於是，在這麼短促的聲音中，每一個字的意蘊便需要透過極爲細膩的方式，利用其聲音上的音高，以及在發音和收音上的不同部位與方法來釐清。所謂音高，即聲音的高度，又稱爲音調，如古代的「四聲」：平聲、上聲、去聲、入聲，和現代國語的第一聲、第二聲、第三聲和第四聲等。而發音和收音的部位，乃是指口腔之內的喉、牙、舌、齒、脣等。至於發音的方法，則指開口、合口、送氣、不送氣、擦音、破音等。在古代，通常把字的發音部分稱爲字音的「聲」，收音部分稱爲字音的「韻」。

在我國文學史上，有這種字音上的認識，並運用它們這種特色去實地創作，使文學作品不但能擁有豐富的意蘊、優美的詞彙，而且還可以含有悅耳動聽的效果者，當屬六朝時期。劉勰在其《文心雕龍・聲律》裡即說：

> 凡聲有飛沈，響有雙疊。雙聲隔字而每舛，疊韻雜句而必睽。沈則響發而斷；飛則聲颺不還，並轆轤交往，逆鱗相比，迕其際會，則往蹇來連，其為疾病，亦文家之吃也。⑫

劉勰在這裡提到的「雙聲」和「疊韻」，即是運用文字在聲音上有部分相同的特質來創作的兩種文學技巧。前者指的是：緊連在一起的兩個字，其「發音」——即字音的「頭部」相同；而後者則指：緊連兩字的「收音」——即字音的「尾部」相同。以具體的例子來看，「雙聲」之例如「蒼翠」一詞，兩字的注音分別是「ㄘㄤ」、「ㄘㄨㄟˋ」，「發音」部位都是「ㄘ」（古代屬於「清」聲母）；又如「清泉」一詞，兩字的注音分別是「ㄑㄧㄥ」、「ㄑㄩㄢˊ」，「發音」部位都是「ㄑ」（古代也屬於「清」聲母）。「疊韻」之例如「蕭條」一詞，兩字的注音分別是「ㄒㄧㄠ」、「ㄊㄧㄠˊ」，「收音」部位都有「ㄠ」（古代屬於「蕭」韻）；又如「瀲灩」一詞，兩字的注音分別是「ㄉㄢˋ」、「ㄧㄢˋ」，「收音」部位都有「ㄢ」（古代屬於「豔」韻）。這兩種運用聲音的技巧，目的在創造出詞彙裡面的字有聲音上的「反複性」。而藉著這種重複出現的設計，不但形成了它們在聲音上產生了共鳴的效果，而且也讓讀者在讀到聲音的再次出現時，會產生回憶式的加倍印象。

「雙聲」和「疊韻」的技巧，係由兩個字所組成的詞彙在聲音上因「重複」所造成的。但在中國的詩、詞、曲等富有音樂性的文類中，還有另外一種在字音上更爲普遍、也更爲重要的創作技巧，叫做「押韻」。它的特色是：將聲音的「反複性」用到使「每一段相同的時間距離上便重複發生一次的「等時性」上。我們以下面的例子來進一步說明。王翰的〈涼州詞〉二首之一如下：

葡萄美酒月光杯，欲飲琵琶馬上催；
醉臥沙場君莫笑，古來征戰幾人回。⑬

這首詩的每一句都有七個字。其中，第一、二、四句的末字「杯」、「催」、「回」，其韻都相同，屬於「灰韻」。我們將這種情形稱爲「押韻」——即在吟誦完七個字時，又會出現前面已出現過的收音之字。如此設計的效果，一來，可造成聲音上的共鳴呼應現象；二來，使全詩在聲音結構上產生整體感；三來，也加深讀者對作品在聲音上的印象；四來，讀者也容易對它朗朗上口。

除此之外，在中國文學的領域中，幾乎可說是古典文學主流的唐詩、宋詞、元曲三者，即是一系列以「文字的聲音」爲基礎而形成的文學體類。唐朝的「近體詩」若沒有「平仄格律」，便無法成形；而所謂「平仄」，即由「平、上、去、入」四個聲調中，區分爲「平」和由「上、去、入」三個聲調組合成的「仄」兩類。因此，讀者若不了解什麼是「平」、「仄」（以及由其組合而成的「平仄格律」），當然也就沒有能力去眞正吟味在近體詩作品中暗藏於聲調格律內所隱含的味道。至於「宋詞」、「元曲」兩個文學體類，其形體結構更全是由「平」、「上」、「去」、「入」四個聲調所組成的許多不同「詞牌」和「曲譜」。所以若不懂「四聲」以及每個「詞牌」和「曲譜」的聲調格律，也就只能了解這類作品的文字意思，而無法更深一層地去吟味它們之所以被稱爲「宋詞」、「元曲」的本質——亦即它們與「音樂」的密切關係，以及其言外之意了。

3.「語法」。「語法」的領域頗廣；不過，由於我們的目的在討論它與文學創作和閱讀的關係，以及希望能接續前面有關「語彙」和「語音」的探討，所以乃將這種的「語法」範圍限定在「語句」上。

「語句」是具有完整意思的語言基本單位。在形式上，它由若干詞組合而成。但是，若想眞正了解「語句」，則必先認識兩個更爲根本的術語：「詞性」和「詞序」。所謂「詞性」，大約可從兩個立足點來理解。其一是將每一個詞都視爲各自獨立的對象；於是，詞便可自它們的本質屬性而被區分爲許多詞類，如：名詞、代名詞、動詞、形容詞、副詞、連詞、介紹、歎詞、疑問詞、數量詞……等。其二是把這些詞（彙）放到句子中，而依它們所擔任的角色和所具有的語法功能來區分，因而有：主詞、動詞、受詞、補語、連接詞、方位詞……等類別。了解這兩個系統之後，再進一步明白它們兩者之間的規定、或是共同的理解，如：名詞、代名詞可擔任主詞、受詞、或補語等；動詞是用來描述或刻劃、表現主詞的狀態或動作，使主詞具有活的生命內涵等；副詞用來描述或限定動詞、形容詞等……。一個「語句」，便是由這些詞（彙）依一定的「順序」排列而成的。而這種句子裡面的「詞」與「詞」之間的「順序」，便稱爲「詞序」。

每種語言，都有其「詞序」。通常，學者們在區別不同的語言系統時，便常以「詞序」來作爲主要的描述方式。譬如說，日文「語句」的基本「詞序」爲：主詞→受詞→動詞；而英文「語句」的基本「詞序」則爲：主詞→動詞→受詞。因此，這兩種不同的語文系統，其「詞序」實有頗大的差異。而中文「語句」的基本「詞序」則與英文相同，屬於：主詞→動詞→受詞。我們可以用一個簡單的實例來表示：

日文：私は蘋果を食ます。（主詞→受詞→動詞）

英文：I eat an apple.（主詞→動詞→受詞）

中文：我吃蘋果。（主詞→動詞→受詞）

當然，中文與英文也有不少相異之處，包括詞彙、語音和語句都有差別。以「語句」來看，中文常會把動作所出現的時間和地點，放在主詞和動詞之間，而英文則將這些更細微的描述放在受詞之後，如：

中文：我〔昨天晚上十在圖書館〕閱讀小說

英文：I read a novel 〔at the library last night〕.

由於中文和英文在句子「詞序」上的差別並非此處的重點，所以無法在此做更詳細的說明⑭。底下便以詩、詞為例，來說明「詞性」與「詞序」對閱讀文學作品的影響。先看「詞性」之例。李商隱（813-858）的〈無題〉詩全文如下：

相見時難別亦難，東風無力百花殘。春蠶到死絲方盡，蠟炬成灰淚始乾。
曉鏡但愁雲鬢改，夜吟應覺月光寒。蓬山此去無多路，青鳥殷勤為探看。⑮

這是一首「七律」，因此，中間的兩個聯句必須要「對仗」。而「對仗」的三個要件，即是對仗聯句的兩行，位置相同的字平仄聲調要相反、詞性要相同，且兩句的句法也需一樣。而本詩第三、四行「春蠶到死絲方盡」和「蠟炬成灰淚始乾」，在「詞性」上都是「形十名十動十形十名十副十形」。同樣的，第五、六行「曉鏡但愁雲鬢改」和「夜吟應覺月光寒」的詞性也都應該是「名十動十副十動十形十名十動」。換言之，第五行第二字的「鏡」應與第六行第二字的「吟」一樣，都為「動詞」，於是，「曉鏡」的真正含意應是：每天早上「照鏡子」的意思；而非一般人認為的名詞「鏡子」。而這兩種理解，在「鏡子」的動、靜之間，造成了涵意上的極大差別。

我們再來看「詞序」的例子。晏幾道（1030-1106）的〈臨江仙〉詞全文如下：

夢後樓臺高鎖，酒醒簾幕低垂。去年春恨卻來時，落花人獨立，微雨燕雙飛。　記得小蘋初見，兩重心字羅衣。琵琶弦上說相思，當時明月在，曾照彩雲歸。⑯

這一首宋詞的名句「落花人獨立，微雨燕雙飛」中的「落花」，有人將其解釋爲「正在飄落的花」，認爲如此的畫面才顯得淒美。然而，這兩句其實是「對仗句」，其中，「人獨立」與「燕雙飛」則是對仗的主體：「人」對「燕」，「獨」對「雙」，「立」對「飛」；而意思則恰好相反。前者爲全然的「靜態」：「一個人孤獨地站著」，而後者則爲「動態」：「一雙燕子愉快地飛著」；如此，乃顯示出兩句是完全相反的強烈對照。若再延伸到其前面的描述語，則「微雨」在指出時刻中的狀態：「當時已下著毛毛小雨」，也與「燕雙飛」一樣，屬於動態。相同的，「落花」當然也應與「人獨立」一般，屬於靜止狀態，如此，其意思便爲「已落滿地上的花」了，而與「微雨」的狀態也就相反。總之，從「語句」的「詞序」來看，「落花人獨立」顯然是一個完全靜止的狀態，而其含意則是淒清的；與此相反，「微雨燕雙飛」乃屬於動態，同時其含意則是輕快的，我們可以藉此推測，詩人之所以這麼安排的原因，乃在使用「靜——動」和「人——物」的對照方式，呈現出一種：在燕子成雙成對且滿足而快樂的飛翔下，人則是孤獨地站在已落滿地上的花堆中，其心境的淒涼和傷感，也就讓人可想而知了。

㈢了解作品的結構

從藝術欣賞的角度而言，「文學作品」本身即爲一個完整而獨立的個體；它不僅具有特殊的內容，而且也擁有特定的形式。自「作者」的立足點出發，文學作品的功能乃是用來呈現作者想表達的世界。但若從「讀者」的角度來看，則文學作品可被劃分爲兩個層次：在表面層上，它映入讀者眼中的乃是一堆充滿訊息的語文；而在文字層面之下，則是這堆語文之所以能夠正確地傳達意思給讀者，讓讀者了解，深受感動，甚至在內心引起震撼的原因。換言之，在文字之間其實有一個「深層的抽象結構」在嚴密地連繫著，並藉此使它們組合成一個能達到上述功能的文學作品。換言之，任何文學作品都含有一個非常關鍵的抽象的「深層結構」；一個讀者若想深入地認識文學作品，他必須通過的關卡就是有能力了解該作品的「結構」。

前面即曾指出，文學作品的「結構」，就是它的佈局方法。這一方法，通常包含兩個部分：其一爲組成作品的每一個部分都能成爲一個恰當的小單位；其二是有一條主線巧妙地將這些單位成功地串聯起來，成爲一個完整的大結構。而正因此之故，文學作品的結構顯然是屬於一種表達的技巧和方法。這一方法，相對於文學作品的題材、情節、主題等「內容」而言，便被劃歸爲文學作品的「形式」了。

文學作品既然是作者內心世界的呈現，而這種作者的內心世界，又時常因時、因地的不同而產生變化，所以文學作品爲了能夠成功地將它表現出來，也就出現了許多不同的型式，形成了許多不同的體裁。這一情形，若從「結構」的角度來論，便可解釋成：因爲有各種不同的作品「結構」，所以當然會產生這些不一樣的文學體裁。一般說來，由於自表現方式的角度出發，文學作品可大致區分爲「抒情」、「敘事」與「呈現」三類，所以底下便以這三類文學體裁爲例，來討論文學作品的「結構」。

1. 抒情類作品的結構

這類作品的內容以抒發情緒和感觸為主——尤其是屬於作者個人的，而由於這種內容多屬難以目見的「抽象」事物，很難用語文直接表現出來，所以作者便常使用「情景合一」的方法，把抽象的內心世界灌入選擇出來的有形可見的外物之中，借著對這些外物的描寫來間接表達出這一個內心世界的活動。通常，這類作品的「結構」多以單線的方式來進行，因此比較簡單。不過，我們仍可依其表現的「佈局方式」，稍加細分為兩種：一是比較單純的「依時間先後來進行」；二是比較複雜些的利用「襯映、比較、衝突、迴環等方式來進行」。我們可用底下的兩個例子來做進一步的說明。

阮籍（210-263）〈詠懷詩——八十二之一〉：

> 夜中不能寐，坐起彈鳴琴。薄帷鑑明月，春風吹我衿。
> 孤鴻號外野，翔鳥鳴北林；徘徊將何見？憂思獨傷心。⑰

這首詩的「結構」，顯然以「時間」的順序來進行：半夜時，詩人無法入睡，因此乃下床彈琴抒懷。此時，月光照在其帷幔上，而清風也正吹著其衣襟。接著，詩人漫步到野外，看到孤雁啼叫，飛鳥悲鳴。因此乃低頭徘徊，滿懷傷心事。從字面上來看，這首詩所描寫的是一些具體可見的物：薄帷、衣襟、孤鴻、悲鳥等，而且是仔細刻劃其狀態的種種。但是，從最後一句中的「憂思」和「傷心」，我們知道前面所出現的景物，不論其狀態和動作如何，都是在鋪敘一種心境的背景，甚而都可視爲許多心境的直接寫照。但最重要的是，在「結構」上，這些動作「全都是依時間的先後在進行著」。

宗白華（1897-1986）〈深夜倚欄〉：

一時間，
覺得我的微軀，
是一顆小星，
瑩然萬星裡，
隨著星流。

一會兒，
又覺著我的心，
是一張明鏡，
宇宙的萬星，
在裡面燦著。⑱

這一首詩是宗白華「哲理小詩」的代表作之一。在「結構」上，它共有兩段文字，而其型式，則完全相同。這種安排使本詩呈現出非常均衡而平穩的架構。在含意上，詩人在第一段裡把自己的身軀比喻成萬里天空中的一顆小星星，而隨著衆星一起流動。到了第二段，意思卻突然翻轉：詩人把主角改成了「我的心」，並將它比喻成一張明鏡。這張明鏡包容甚廣，可把宇宙中的數萬顆星星全收籠在其內，讓它們自由地發出燦爛的光芒。換言之，前段指出了「人」的渺小，但到了後段卻又說明了人心的偉大。因此，從「結構」上而論，這首詩所採取的乃是一種既「對比」，又往復「迴環」的佈局設計。

2. 敘事類作品的結構

這類作品主要在敘述故事，並藉此更進一步展現其主題的深刻意涵和人物的象徵寓意。由於它所敘述的事件，不論是否屬於眞實，都已融入了作者個人的觀點、感覺和寫作技巧、知識、經驗等在內，因此乃被視爲與眞實已不全相同的「故事」。而其表現方式，則是敘述性的。不過，因它所敘述的故事，其內容可能頗爲單純，也可能非常複雜。這一情況，使得作者在考慮如何才能把它們完整地敘述出來時，不得不選擇比較適用的「結構」。一般說來，敘事類的文學作品大致可分爲三種「結構」：單線結構、多線結構、和網狀結構。底下便分別舉例來做更進一步的說明。

(1) 單線結構

單線結構的敘事類作品由於結構單純，所以很容易了解。而在結構上，它的特色有二：其一是組成故事的每一個情節，多有背景明晰、事件集中，和人物非常鮮明等傾向。其二是它多採取從頭到尾逐步展開的方式，將這些情節聯結起來。當然，這一類的作品除了以一條主線貫穿其故事的前後之外，也可能還含有其他次要的支線；只不過它們的功能都僅屬於幫襯的性質，所以不會產生影響故事主線的情形。我們以劉鶚（1857-1909）的《老殘遊記》⑲為例，來討論這個類型的結構。

這本小說的內容，以手搖串鈴、行走江湖的醫生老殘為主線；而把他到各地行醫時的所見所聞和他的觀點、反應等形成一個個事件，並將它們組合成這本小說的故事內容。由於它屬「遊記」式的體裁，作品中乃包含了許多小故事，而且各有其獨立的內容。而正因此之故，它常被批評為結構鬆散的章回體小說。不過，我們實在不宜只據此便否認這本小說，仍是一部頗為成功的作品；因為其中的許多小故事，如「白妞黑妞說書」、「大明湖秋景」等，都是文筆細膩，情節動人的章回。此外，它也包含了不少栩栩如生、令人印象深刻的人物，如：活潑玲瓏的女性：黑妞和白妞，自負而殘忍的酷吏：玉賢和剛弼等，他們都是形象鮮明、心理入微的角色。筆者以為，更當注意的是，它常被歸類為「譴責小說」的原因，在於成功地反映出晚清社會的許多腐敗現象、以及當時人民生活之所以會疾苦的緣故等。這正是因為它的結構有一條主要的軸線，即細膩地刻劃出官場上的諸多亂象——尤其是「酷吏比貪官更可怕」的事實。因此，從「結構」上而言，這是一本以主角老殘的遊歷故事為主線，然後隨著他在各地行醫、遊歷時的所見所聞、技巧地把晚清社會令人慨歎的許多面相展現出來，而成了故事內容的小說。表面上看來，這種一個小故事接著另一個小故事，而且彼此之間並無緊密關聯的結構，雖然的確有些鬆散；但卻因為每個小故事中都擁有一個共同的特性——批判晚清社會的腐敗現象，尤其是官場中的酷吏，所以小說的主題仍能準確地呈現出來。

(2)**多線結構**

所謂「多線結構」，是指敘事類作品的故事係由兩條、或更多的線索在進行。這些線索基本上多是獨立地進行著，只在過程中偶而有交集、或合併的情形，一直到最後才匯合為一。因此，屬於這種結構的作品，其內容多比較複雜和豐富。由於這類作品為數甚多，且在結構上也各有特色，無法以一個例子說明清楚，所以筆者便把這類結構，再細分為「雙線結構」、「多線結構」和「網狀結構」三種，並各舉一例來加以說明。

甲、**雙線結構之例**：宋澤萊〈鄉選時的兩個小角色〉⑳

這篇小說的故事，以海子鄉為背景，敘述鄉裡的「務農派」和「務漁派」在「競選」時相互攻訐的情形。作者所選的主角可謂頗具匠心，是兩個分屬於兩派中的小人物：王屠夫和馬包辦。他們兩個在各自的派系中都是無足輕重的小角色。但在作者的細膩刻劃下，他們在競選過程中，如何一方面為了讓本派的代表能夠當選而用盡各種手段攻擊對方，另一方面也未曾忘記如何在其中儘量謀取他們自己的個人利益等許多醜陋的嘴臉，可說生動地展現在讀者面前了。從「結構」

上看，這篇小說除第一節有偏向概述的性質之外，在其後的十節中，王屠夫與馬包辦恰好各爲五節的主角，而且是間次輪流出現。這一個寫作的手法，乃造成了作品的「結構」呈現出「雙線」主行的方式。

乙、**多線結構之例**：高陽（原名許宴駢，1926-1992）《玉座珠簾》㉑（上、下册）

這部小說是作者有關慈禧太后故事系列的第二部。它的內容包括甚廣，而主要是在描寫主角慈禧太后於結合恭親王奕訢鬥垮軍機大臣載垣、額駙景壽、輔國公肅順等「顧命大臣」之後，如何在同時之間進行許多動作，如：精明地削弱恭親王的權力，技巧地安撫、欺瞞與逼迫慈安太后，以及兩位太后及其同黨如何爲了替皇帝選后而勾心鬥角，皇帝本身如何違背其母后慈禧而自己選后，以及皇帝早崩後慈禧太后如何另立新帝而進行垂簾聽政……等。因此，本小說不但內容非常豐富，而且含有許多驚心動魄的衝突情節，再加上它所刻劃的衆多人物，也都擁有其獨特的性格和風貌，所以是一本頗爲精彩的小說。從「結構」的角色來看，這部小說所採取的屬於多線進行的方式。這一個結構，使小說能藉由各種鬥爭的狀況來深刻地把主角慈禧太后的多重性格：慈霸、陰險、殘酷、驕傲等顯現出來；同時，更成功地把晚清時期宮廷內部的矛盾的衝突，也都一一呈現在讀者面前。

丙、**網狀結構之例**：陳映眞（原名陳永善，1937）〈雲〉㉒

所謂「網狀結構」，乃指敘事類作品的內容並非集中在主要的一、兩個主角身上，而是由若干角色以各種發展、而又相互關聯的方式交織而成。因此，這類作品的主要特色之一，便是擁有「交互錯綜的情節」。底下便以陳映眞的〈雲〉爲例來加以說明。

〈雲〉的內容大要是：美國有一家跨國企業在臺灣設立了分公司，其經理艾森斯坦不但年青、有理想，而且有新觀念。他曾提出一個新的理論：在不損害資本家利益的前提之下，公司應可讓工人組織工會，以爭取合理的福利；因爲此種情況也可提高公司的生產，增加公司的利潤。艾氏並把這個理想交給公司裡一位熱心的青年張維傑去實施。由於張氏認同艾經理的觀念，所以便努力地去重組工會，並受到許多員工的支持。然而，此舉顯然被舊工會的既得利益者，如宋廠長等人視爲威脅。於是舊勢力爲了維護自己的既得利益，一方面以利誘和恐嚇的手段去對付員工，同時也利用各種手段去破壞重組工會的計畫和過程，並取得公司遠東區總裁麥伯里的支持。最後，在麥氏的指示下，艾經理只好向舊勢力妥協，而張維傑也在努力和理想都失敗後辭職了，這篇小說的寫作方式，最具特色處即選擇了「網狀的結構」；以張維傑的辦公室爲軸心，隨著張氏的努力過程，作者以突破時空的回憶方式，先讓張氏因在辦公室偶遇趙火子而回憶起以前在麥迪遜公司工作的情形；然後在這個回憶中，又引出女工小文的回憶；接著又在小文的日記裡，技巧地揭露了重組工會時種種鬥爭的情況。因此，從小說故事的敘述手法而言，它所採用的爲多層次的敘述法；而在作品的「結構」上，它則是屬於一種以人物來作爲網狀式交相互動的佈局方式。

3.呈現類作品的結構

前已述及，抒情類文學作品的特色，主要在抒發內心的情意，所以其結構大致可分爲兩種：依時間先後抒洩，以及用對比、迴環的方式來凝聚焦點。敘事類作品則因是以鋪敘故事爲主要目的，所以其結構便須依故事的進行線索來決定；於是乃大致可分爲：單線、多線和網狀結構等三種。除了上述兩類之外，文學作品尚有一種頗爲重要的表現方式，就是「呈現」。這一類作品的主要特色，就是以「視覺」爲基點，把作品的內容直接而具體地呈現在觀衆或讀者之前。以文類而言，戲劇即屬於此類。這類文學作品與其他文類相較，有兩點最顯得突出：「語文」和「結構」。

在語文上，由於它是以「人物」爲核心來呈現內容，所以其語文便包含兩種類型：對話與描寫。對話部分因係由人物來表達，故乃具有簡短易說、淺顯易懂、具體明白、和強烈的個性化等特色。至於描寫部分，則因有對象之別，可再區分爲兩種：當在呈現事件的時空背景時，它的語文必須避免抽象，而儘量使用具體的語文；當在說明人物的動作時，它的語文應該要能達成暗示出人物的動機、推動劇情的發展，以及適合演出的動作等功能。

呈現類的作品，當然是以讓其內容能夠具體地呈現於觀衆面前爲基本要求。不過，由於各個作品的內容有多和少的不同，它的篇幅也因而有長、短之別。所謂「短」，係指不論作品包括了幾個部分，它必須能「一次呈現完畢」，所以其篇幅也就不長。至於所謂「長」的作品，乃因其內容非常豐富，需要有許多部分來組成，而且，通常每一部分也都有完整的故事，並都可單獨一次呈現完畢;因此,它的篇幅自然就比較長了。概括性地說,前者屬於可實際演出的短篇幅「劇本」,可在一次呈現中將其內容完全呈現給觀衆來了解和欣賞。後者則屬於「劇本文學作品」,以供讀者閱讀爲主;不過,它的每一部分也可在「一次」之內呈現給觀衆來欣賞。

這種「呈現」類文學作品的「結構」,基本上都是由數個「固定的時間和空間」所組成。在這種特定的時空之中,則以人物爲核心,或表現出其性格、或完成某種情節。這類作品的「結構」,就是指這些具有特定時空的情節結合的順序。而若以細分的觀點來看,這類作品的結構大致可分爲兩種型式:「情節隨時間的先後來發展」,以及「情節的安排以能逐步顯現強烈的衝突爲其順序」。底下便各舉一例來加以申論。

⑴ **情節隨時間的先後來發展之例——姚一葦(原名姚公偉,1922-)《碾玉觀音》㉓**

《碾玉觀音》係以宋代話本《錯斬崔寧》爲基所編寫而成,但與原故事有很大的不同。姚氏將它編成三幕劇,劇情則完全依時間先後來進行:韓郡王府的小姐秀秀,不顧父母韓郡王夫婦的反對,突破了重重阻礙,趁著王府失火時,與情人碾玉匠崔寧私奔,到千里之外成家,後來被王府探知,秀秀爲了維護崔寧,便犧牲自己,跟前來捉拿她和崔寧的家丁回府。崔寧卻因此而急病成盲;但在眼瞎之後,完成了以心靈所體驗到的完美作品「人的觀音」——秀秀。可惜,當秀秀繼承了父業之後,卻在封建思想的影響下,對兒子隱瞞了自己過去的歷史,並要求兒子勤讀詩書以求取功名。同時,更拒絕與辛苦地找尋她十三年之久,而已雙目失明、淪爲乞丐的崔寧相認。

這種安排，使本劇乃成了一部禮教控制下的悲劇作品。

這篇作品，由於情節隨著時間的走向而進行，故與眞實的生活頗爲接近，也因此形成了明白易懂的特色。但因係直線進行，缺少曲折的變化，所以在結構上也顯得有些單調。總之，這種結構的作品優缺點十分明顯。但若以「人物」爲著明點，則因其涵蓋的範圍能夠包括事件的全部過程，所以具有讓人物的性格充分發展的特色。

(2) **情節的安排以呈現強烈的衝突為其順序之例**——曹禺（原名曹家寶，1910-1996）《雷雨》[24]

《雷雨》是一齣四幕劇。它的內容主要在呈現周家的由盛而衰及其於三十年間與魯家在血緣和愛情上的錯綜關係。從呈現故事的地點而言，本作品只發生在周家的客廳和魯家的房子之內；同時在呈現故事的時間長度上，它也只用了少於一天的時間就把故事內容展現完畢。由於這個緣故，其情節的進行便無法依時間的先後來安排。曹氏將幕與幕之間的順序全以如何逐步突出不同人物的個性和他們之間的衝突來安排。換言之，本劇的主軸乃是人物。而劇中的每個角色，可說個個性格鮮明、形象突出。其中，尤以周樸園和周繁漪最具有深刻的意涵。我們底下即對他們兩個角色稍加討論。

周樸園是留過洋的知識分子，擁有正直、寬厚和有教養的外表；只是在這種表相底下，卻隱藏虛僞和專橫的性格。尤其是身爲周家的主人，他卻在有意無意之間造成了整個家庭籠罩在拘謹而陰沈的氣氛之中。周繁漪則是一位美麗而聰明的年輕女性。她的內心裡交織著追求愛情和自由的渴望，以及不得不忍受周家虛假而煩悶的無奈。她熱情卻飽受孤獨的折磨，個性倔強卻感情脆弱；所以可說是個不折不扣的矛盾人物。

在本劇中，這些個性鮮明的人物之間，每每都有一條剪不斷、理還亂的緊張關係。譬如：周樸園與梅侍萍之間長達三十年的矛盾、周繁漪與周萍之間的複雜關係、以及周萍和魯四鳳之間的感情問題等。這些關係不但含有感情的曖昧糾葛，更帶有難以啓齒的血緣關聯。尤其更值得注意的是，這些錯綜複雜的關係其實都已醞釀了許多年，只不過到了劇情開始之後，才一一爆發出來，將它們之間的糾葛和衝突呈現在觀衆面前，而予人以巨大的震撼力。

這類作品因不隨著時間的進程來展現其故事內容，所以很難把故事完整地呈現出來。但是，由於它的「結構」重在每個情節的衝突性，以及這些衝突之間的關聯性，所以不但成功地展現出每個人物的強烈個性，更顯現出強勁的連串衝突，以及凝鍊而力道萬鈞的劇情。

二、了解作品的內容

從讀者的觀點來看，「文學作品的內容是什麼？」似乎是一件簡單不過的問題；因爲答案顯然就是：作家用語文依一定的結構所表現在作品中的世界。但自理論上而言，凡是能用語文表達出來的，都可被包括在它的範圍之內。換言之，文學作品的範圍之大，不但可以把當下的全人類和所有的生物都生活於其內的實際世界都收籠進去，連已經成爲過去歷史的世界、尙未發生的世界、以及根本不存在，而只是想像出來的世界等，都可被涵蓋進去。因此，文學作品的範圍可說是上天下地，無所不包的。不過，也有些人在討論這個課題時，並不從「範圍」的角度去切入，而選擇從「性質」的立足點出發來討論。於是，他們所獲得的結論便常出現：文學作品有寫實的、有虛構的、以及它乃是作家個人內心活動的表面化……等說法。這些描述當然各有依據；只不過，類此這般的答案實在仍不足以完整地答覆這個問題。筆者以爲，想把文學作品的內容用比較周延的方式勾勒出來，應該將「範圍」和「性質」都包括進來，亦即除了須掌握它「無所不包的範圍」之外，也要顧及它的「性質」。據此，我們便可將「文學作品的內容」分從底下的兩個論題來討論了。

(一)文學作品的內容與現實世界的關係

筆者在前面之所以說：在範圍上，文學作品的內容不但可包括作家的當時、在他之前的過去、以及尚未發生的未來世界，甚至連想像出來的虛構世界也在內，目的並非在強調文學作品的內容包含十分廣大，而是想強調文學作品的內容是靈動和活範的特性。它所能伸縮的空間可說非常大，而非現實世界所能涵蓋。當作品有任何需要時，它有絕對的能力隨時隨地把範圍從現實世界延伸或跳脫到現實世界之外——不論是過去、未來或虛構的世界。

每一部文學作品都有其特定的內容。以寫實作品來看，因它的內容是以作家所處的社會或世界爲描述或反映的對象，所以它呈現出來的，基本上當然是現實世界。換言之，不論作者寫作的態度是誠懇地批判或忠誠的反映，它的範圍必屬於現實的世界之內。不過即使如此，文學作品的內容也不可能和現實世界相等；因爲，這種寫實性的文學作品，主要多是在把當時的社會或世界裡的某些現象或特色加以深入地刻劃與描述出來，而不是整個現實世界的全部。因此，任何一部文學作品所呈現的內容，都只是現實世界中的一（些）部分而已。但這也不意味著只要我們把所有屬於寫實類的作品結合起來，它們的全部內容就會等於現實世界；原因是作家在創作之時，他對於平凡無奇的現實生活、或瑣碎無意義的社會現象是不會有興趣將它們寫入作品中的。也就是說，現實世界中必有某一些部分從來不會成爲作品的內容。除此之外，我們也不宜忽略的是，雖然號稱爲「寫實」作品，其作者也會在某些創作上的需求下，把某些現實社會或世界裡的人事景物等加以誇大、濃縮或扭曲變形，以致於和現實世界中的他（它）們有了實際上的距離。總之，寫實作品的內容雖然與現實世界有密不可分的關係，但它們兩者在範圍上是不相等的。

當文學作品的內容是以早於作家的時代爲描述或批判的對象時，縱然作品中所出現的人物與事蹟確曾在過去出現過，但它們與事實的關係有兩種情況必須加以深思。其一，對寫作這類作品的作家而言，它們都是已經成爲過去的歷史，並不再繼續存在於他的時代，所以不必把它們再視爲現實世界中的一部分。其二，這些屬於過去的人物與事蹟固然是作者描述的主要對象，但只要作者有特別的考量，他（它）們的生命或實況的全部中，只有一部分能被寫入作品中，成爲作品的內容；同時，也會在作者的創作需求下，被或多或少地誇張或扭曲。因此，它們雖然是以過去的事實爲基，但絕不等於現實的世界。

當文學作品的內容是在描述或探索未來的世界時，由於這個未來的世界尙未出現，也不知未來是否會發生，所以即使它的內容在無形之中會含有現實社會的影子，但基本上它的內容是屬於想像和虛構的世界。因此，這類作品雖然可能因以現實世界爲假想的基礎，而與現實世界有若干關係，但其內容在基本上是與現實世界截然不同的。

至於虛構類的文學作品，其根本特色即在內容上若非與現實世界無關，便是與現實世界不同，譬如我國古代的神仙鬼怪類小說、或現代的科幻作品等。換言之，若從內容上來論，虛構類作品與現實世界的關係是最遠的。

(二)文學作品的內容與作家內心世界的關係

前曾述及，文學作品的內容可能是寫實，也可以是虛構。但不論是屬於那一種，當從有形可見的層面來看時，文學作品的內容必須以現實世界爲其最根本的基礎來反映、描述、批判、或發揮等，殆無疑義。但若從抽象層次來看，則文學作品的內容與作家內心世界的關係，可說更爲密不可分。事實上，便有不少心理分析學者認爲文學作品的內容乃是作家內心活動的具體呈現。不過，這種說法固然有些學理依據，但實嫌過於單向與武斷。我們寧願從全面性的觀照方式，把文學作品的內容視爲作家內心的活動和外在結合的果實。

自分析性的角度而言，組成作家內心活動的要素可說非常多，譬如先天的情意、思想、想像等，以及後天的學識和經驗等，都是其中最重要的部分。當作家在創作時，這些先天和後天的心靈因素便融合成一體，促使作家依這些因素的推動方向來創作；人們之所以將這些因素細分出來，只不過是爲了方便說明和討論而已。而由於我們在本書的第三章裡對這些要素已有頗爲詳細的論述，這裡便將採取從大處著眼的方式，以綜合性的觀點來說明作家的內心世界和作品內容的關係。

每位作家都有其天生的性別、才智和個性。從他出生開始，作家的這些天賦便和他所處的自然環境，如：地理形勢和位置、與天候狀況等，以及他當時的人文環境，如：族群、家庭、教育水準和過程、經濟條件、文化潮流，和政治與社會的種種狀況等結合起來，在日復一日中，逐漸塑造出他與衆不同的特色。換言之，每位作家在這些背景下，都會擁有屬於自己對周遭環境的特殊感覺和體認。作家便是以他這個感覺和體認爲基，一方面隨時吸收新的知識，累積新的經驗，同時也對自己周遭的環境，產生屬於自己特有的感覺和認知。於是，他的感覺可能在某個情況下引發了他的創作衝動，而他的認知則決定了他要寫什麼、以及如何去寫。而他所完成的作品，在內容上當然也是他的感覺和認知的結果了。

一粒沙子是一個世界，一首詩，一闋詞，一部小說，或一齣戲劇，也都是一個完整的世界。而這些文學作品所呈現的內容，也就是其作者在創作時的內心世界了。底下即舉一首詩和一部小說爲例來加以說明。

1.陸游（1125-1210）〈感憤〉

今皇神武是周宣，誰賦南征北伐篇？四海一家天曆數，兩河百郡宋山川。
諸公尚守和親策，志士虛捐少壯年。京洛雪消春又動，永昌陵上草芊芊。㉕

宋朝的徽宗、欽宗二帝被擄，北宋淪陷於金人之手。康王構南遷京城於杭州，開始了偏安的南宋時期。孝宗即位後，曾計劃收復北邊的失地，故主戰派居於上風，而陸游也於此時獲賜進士出身，呈獻許多復國之策。可惜張浚北伐失敗，使宋朝廷中的議合派又成主流，陸游也因而被免職。後來，陸游獲得復職而任官於江西時，因開啓義倉來賑濟飢民，又再次被罷官。這首詩便是陸游在此時閑居於家鄉所寫的。詩的內容大致爲：孝宗與中興周朝的宣王一樣有所作爲，只是有誰會把他的戰功像詩經中歌頌周宣王南征北討的功績一般把它寫成詩歌呢？天下一家，本應都屬大宋的山河，但北地淪陷後，朝廷的大官卻又固執著委曲求和的政策，而使許多愛國志士虛擲了美好的青壯時期。如今，春天又降臨了，原爲大宋舊京城的汴京和洛陽，冰雪也應融化了，因此，大宋開國皇帝的陵墓——永昌陵上，想必也長滿青草了吧。這首詩題爲「感憤」，其內容想必是詩人心中的悲憤情懷。在這首詩中，詩人確實將其悲憤的原因，如：有志的國君無法伸展志向，和陸游一樣想報效國家的志士也只能虛擲寶貴的光陰；大家都只能慚愧地遙想失地和淪陷的開國帝王之陵墓。而造成這些狀況的原因，主要是因朝廷的大官們只知緊抱偏安心態所致。這是陸游寫這首詩時的心中世界，包括他的內心之中所有的感情、思想和想像等活動和對外在環境的認知。

當然，這些組合體，也就是作品的內容了。

2. **蒲松齡**（1640-1715）**《聊齋誌異》**㉖

蒲松齡是山東淄川人，出生於沒落的商人家庭；自小即在父親督促下讀書。由於天資聰穎，且努力勤奮，所以在十九歲時便在縣、府、道的童子試中獲得第一而補博士弟子員；也因而在生員中頗有文名。然自此以後，他便屢試不第，生活也逐漸陷入困境。於是乃外出或爲人幕僚、或設館教書以謀生。一直到七十歲時，才援例而被選爲貢生；但五年之後就辭世了。因此，蒲松齡的一生，可謂失意科場，窮途潦倒。然而，也因爲擁有這種遭遇和經歷，他不但見多識廣，且對基層百姓的生活有非常深刻的了解，同時，在內心之中也蓄積了許多憤悶的情緒。

《聊齋誌異》乃是蒲松齡在四十歲左右時所著的小說集，收有四百多篇短篇小說。因這本書在蒲氏生前只有少數手抄本傳世，流行並不廣，所以我們應可由此推測，這本小說集和比它稍後的《儒林外史》、《紅樓夢》一樣，都是其作者在文網嚴密、思想箝制的時代，因出仕無門，生活陷於困頓的壓力下，藉著書寫小說來抒發苦悶情懷和不滿心理的結果。

《聊齋誌異》因爲擁有想像如天馬行空，且故事曲折精彩，角色栩栩如生，以及文字精練優美等特色而獲得極高的評價。在內容上，它的題材包羅甚廣，兼括了關於戀愛婚姻的、關於仙道妖怪的、關於社會百態的、以及關於傳統和制度的等。但給人印象最深刻之處，除了奔放無拘、上天下地的驚人想像力之外，便是技巧地揭發現實的醜陋、批判制度的僵化、和指責人性的墮落等。而這些，便是融合了作者的想像、情緒、經歷和見解於一爐的內心世界的間接呈現了。

三、了解作品的時空背景

讀者了解作品的方式，當然都是直接閱讀文學作品，經由它的語文和形式去了解它的內容和意義。然而，對於在作者精心安排設計下而具有深層意蘊的作品，如果讀者只侷限在其文字的意思如何上，是很難掌握到其深意和價值所在的。面對這類作品時，讀者必須要在文字的了解之外，再借助其他方式來挖掘作品中比較深刻的意涵；而一般說來，最主要的手段便是先弄清楚作品為何被作者在此時此地所創作出來的原因了。底下便舉兩個實際的例子，來做進一步的說明。

㈠王安石（1021-1086）〈登飛來峰〉：

飛來山上千尋塔，聞說雞鳴見日昇；
不畏浮雲遮望眼，自緣身在最高層。㉗

這首詩的大意是：在杭州靈隱山東南的飛來峰上，有一座高達八千尺的塔。聽說只要公雞發出第一聲啼鳴時，便可以從那裡見到太陽上升的景況。不用畏懼飄浮於天空的雲會來遮住眺望的眼睛，因為既已置身其上，便比雲還要高了。

在字面上，這首詩的意思其實是很明白的。有人甚至因此而從實際的角度批評說，靈隱山的飛來峰頂不但沒有塔，而且站在其上時，所見也不甚遠，因此，本詩乃是不符事實的作品。這種觀點當然是因爲不了解「詩」可有誇大和美化的特質所致。不過，這首詩最令人玩味的，乃是「不畏浮雲遮望眼，只緣身在最高層。」的深層含意。爲什麼呢？因爲它與王安石的身份和遭遇有非常密切的關係。王安石以過人的才智、淵博的學識、深刻的見解和愛國的熱忱等優異條件，獲得宋神宗任命爲宰相，並全力推動新法，希望藉此能改革時弊，厚實國力。惜因個性剛愎、主觀執著，故未能察納雅言；加上重用之人皆爲呂惠卿等逢迎而自私之輩，因此乃遭到許多人的批評，包括當時受到天下敬重的歐陽修、司馬光、蘇軾等重臣。從「詩歌」的角度來看，「浮雲」若非比喻「浮雲遊子意」的「遊子」，便是暗指「浮雲蔽白日」的「奸臣」。站在王安石的立場，凡是批評與不支持他推動新法的，不論是因公或爲私，都是「浮雲」（奸臣）之輩。但王安石對此也明白而自信地說，自己正站在最高處——位居宰相高位，與皇帝非常接近，並獲得充分信任，所以並不擔心任何「小人」的阻難。換言之，若把這首詩的時空背景——即作者的身分和遭遇拿來作爲了解詩的輔助資料的話，那麼，詩歌文字層下的深層含意便會被挖掘出來了。

(二)宋澤萊（本名廖偉竣，1952-）《廢墟台灣》

《廢墟台灣》是宋澤萊在一九八五年出版的長篇小說。㉘它的內容大致是：在西元二〇一五年的某一天，有一位國際學者阿爾伯特和一位地理學者波爾一起到已經變成廢墟的台灣島來探險，因爲在二〇〇一年時，阿爾伯特曾到過台灣。那時，台灣全島正在一個叫做「超越自由黨」的嚴密控制之下，而實施徹底的戒嚴。在這種控制下，人民不可集會組黨、人民不可演講信教、人民更不可煽動。但到了二〇一〇年時，台灣卻在突然之間全然毀滅，在島上的所有人民生物也全都死亡，並被國際視爲禁區。這兩位探險家因想了解其眞正的究竟，所以才冒險來這個島。他們幸運地找到一本在台灣毀滅之前，由一位台灣記者把當時的情況都如實地記載下來的日記。原來，台灣在一九九五年已出現如下的嚴重警訊：不但處處垃圾堆積，無法處理，水質和空氣已被污染，連土地也已被破壞殆盡；加上島上地震頻繁，而致使核子電廠的放射線外洩，因此引發了癌症的流行。於是自此以後，島上的多數人民爲了避免得到癌症後而引起的痛苦，多在五十歲以前便自殺；而仍苟活者，嬰兒則畸形不正常，成人則目盲或殘疾，最後也只好走向集體自殺的道路。終於，全島在瘟疫流行之下，因核能電廠的爆炸而成一座廢墟。

衆所周知，小說的文字是以敘述性爲主的，因與人民日常使用的語文相近，所以不致在閱讀上發生太大的困難。不過，讀者若想能更深一層把挖掘出宋澤萊這部長篇小說中可能隱藏的意義，那麼屬於作品外圍的時空背景便是讀者所需要的輔助資訊了。在作者方面，宋澤萊不但是一位小說作品產量極爲豐富的作家，而且在其作品上所展現出來的，也有許多不同的創作方法和豐富的各種題材。但在基本上，他可說是一個非常關心台灣社會的作家；這一點，我們可以從他所選擇的題材看出來。譬如說：關心農民的有〈變遷的牛眺灣〉等、批判政治的有〈糜城之喪〉等、諷刺教育的有〈督察〉等、以及同情弱勢者和基層老百姓的〈烏來的公主〉、〈漁子寮事件〉等等。從性質上而言，這些作品都有強烈的寫實性。《台灣廢墟》這部於一九八五年出版的長篇小說，從今天的角度來看，裡面所描述的一九九五年的台灣已與當時的實際狀況有不少差距；二〇〇一年在實際上的政黨輪替，更使其所指的徹底戒嚴完全失眞。但我們也不宜因此便全盤否定這部小說的價值，因爲，它除了擁有出衆的想像、精彩的情節、荒誕的故事和誇張的描述等優點而使其具有可讀性之外，明眼人一看，即知作者是想經由這部預言式的小說來批判台灣當時的許多不合理的現象，諸如：極權的政黨、自私的政客、自利的商人、失去良知的知識份子等。而這些尖銳批判的背後所隱藏的，乃是一位關心社會的作家希望藉此喚醒大衆的良知，鼓舞大家的勇氣以面對困阨、迎向未來的期待。

第二節　對文學作品的「欣賞」層次

讀者若能夠擁有足夠的語文能力，以及對文學作品的結構有充分的認識，他毫無疑問的，當然可以「了解」自文學作品中所傳達出來的意思。不過，「了解」文學作品的內容，卻絕非讀者閱讀文學作品的主要目的。通常，讀者之所以捨棄其他類文章，而特別來閱讀文學作品，大多是想好好地來「欣賞」它們。所謂「欣賞」，也就是希望在閱讀文學作品的過程中，能夠經由了解、感動和體悟等積極介入作品內的方式，來讓自己的眼界和心胸更加開闊、自己的情緒受到感動並產生共鳴，以及自己的心靈也可以因而淨化、精神也得以昇華等等。但若從美學的角度而言，讀者閱讀文學作品的最主要目的，乃是讓自己的心情可以在閱讀的過程中獲得愉快的感覺。

這種重視內心感覺的「欣賞文學作品」，當然是以「感性」爲立足點去接觸文學。不過我們在此也必須強調，這個「欣賞」若希望能具有深度和廣度的話，它的前提乃是以能夠正確地「了解」作品的內容和形式爲基的；而這個「了解」，便是以「理性」爲主軸。因此，文學作品的「欣賞」雖然是以「感性」爲主調，但也不能完全排除「理性」的參與。換言之，它是一個融合了讀者的「感性」和「理性」於一爐，讓這兩者在讀者的內心之中發揮相輔相成的效果而獲致的閱讀結果。

傳統文學觀念所重視的，多在作者、作品，以及這兩者之間的關係上。這種觀念認爲，讀者閱讀文學作品的目的，乃在確認作品的意義與價值，以及了解作者的個性與成就等。這種觀點自西方的「結構主義」（Structuralism）興起和「符號學」（Semiology、Semiotics）出現之後便開始受到挑戰。這些新興的文學觀念特別強調，「讀者」不僅應被納入文學研究的領域之中，而且其地位的重要性，實足以與作者相伴。因爲，文學研究必須包括「作家——作品——讀者」等三個文學的組成要素和其組成的架構才算完整。㉙而在稍後出現的「接受美學」（Reception Theory）和「讀者反應批評」（Reader-response Criticism）等，則更進一步力倡前述那三個組成文學研究領域的要素中，「讀者」的地位最爲重要。支持這種學說者所提出的理由甚多，也都頗具說服力。其中，以下列三項最爲突出：一、「讀者」乃是使「作品」得以產生意義的基礎；因爲「作品」

必須被「讀者」接受之後，它的美學價值才算確定，它的社會功能也才有可能實現。二、「讀者」的需求不但是促使作者創作文學作品的推動力，他們的興趣傾向和水準的高低更是讓作者之所以創作出特定的作品形式和內容的拘束力。三、作品內所蘊含的豐富性，只有在不同的「讀者」依其個人的理解和體會，然後對作品提出種種不同的詮釋和評價之後，才能顯現出其多彩多姿的外貌和多義性的內涵㉚。總之，「讀者」在這些現代的文學理論加以解釋之後，他的「閱讀行為」已非像從前一般，只是消極地去「了解」作品的內容和作者的成就，而是應該採取更為積極、主動的介入態度，把自己的感性和理性都融入作品之中，讓自己在了解作品內容的同時，心情也隨著作品中所傳達的情緒波動而起伏，並且深刻地體悟出作品裡的言外之意和弦外之音。由於這種文學新觀念的逐漸普及，讀者「閱讀文學作品的活動」，也漸漸被理解成：一種以原作品為基，由讀者把自己積極地投入作品中去感受和體會，最後則形成一個屬於讀者個人，並且與他人有異的特有「審美活動」。因此，它其實可被稱為一種讀者對作品的「再創作」過程和結果。

這種讀者「欣賞」文學作品的過程，若從步驟的觀點來分析，可大致包括以下幾個進程：

一、對作品的內容做形象式的理解

文學作品在表達上，和自然科學、社會科學，甚至哲學等採用抽象的方式來分析、討論與說明不同。不論是何種內容，文學作品都是以語文為媒介，並且是使用形象化的方式把它們呈現出來。當文學作品的內容主要在描寫具體可見的對象，如：人、物、景、色等時，作者只要將它們靜態的外貌和動態的言行等仔細刻劃出來，便可讓人掌握住其意思了。而若它所描寫的是屬於抽象難見的對象，如：情思、意志、願望、想像和事理等時，它的作者也都會採取將它們具體形象化，如：比喻、類推等方式來表達。而正是因此之故，讀者欣賞文學作品的方式，第一步也是須將作品的內容用具體形象化的方式來理解。底下即舉兩個例子來說明：

張華（232-300）的〈情詩〉全文如下：

游目四野外，逍遙獨延佇。蘭蕙沿清渠，繁華蔭綠渚。佳人不在茲，取此欲誰與？巢居知風寒，穴處識陰雨。不曾遠別離，安知慕儔侶？㉛

本詩的題目既稱爲「情詩」，其內容當然是在描述「情意」。然而，它的前四句顯然是在描寫具體可見的人物和景色：在空曠的平野中，作者自己獨自一人輕鬆地漫步於其上。他放眼四望，看到了一條渠道；渠水上豔麗的蕙蘭花滿佈，甚至把沙洲上的綠色都蓋住了。一直要到五、六兩句，作者才把筆鋒轉到自己的內心之中：美麗的妻子不在身邊，自己又能將眼前的美景送給誰呢？接著，作者又用比喻的方法來表達心中此時的感覺：只有住過高樹上的窠巢，才知道高處的寒冷；也只有住過窪地洞穴的人，才了解陰雨的沈悶。因此，又成了寫景物了。最後，則再進一步推論：不曾有過遠離親人的經驗，怎能眞正體會到羨慕別人成雙成對的心情呢？我們由此可以推知，閱讀這種作品，讀者的閱讀首先須將這些文字化成如眞實般的人物景色；然後讓它們一個接著一個浮現在自己腦海中去展現它們自己的動作和它們之間的互動情況。而在讀這首詩，讀者腦海中首先浮現的是，四周景色美麗怡人，詩人獨自漫步其間，乃是外在的景物和人；但接著出現的詩人內心世界之後的，也是高巢的寒冷、低穴的陰雨、和離別的親人等，仍是具象化的畫面。換言之，詩人其實並沒有眞正表示自己的孤單和思念妻子，但卻在這些景物的串聯之下，他的心情已昭然若揭了。

其次，我們再以廖輝英（1948-）的小說《盲點》㉜爲例，希望能更清楚地說明讀者欣賞文學作品的第一個步驟：形象化的理解。這篇小說主要是在敘述一位現代女青年丁素素的故事。既然稱之爲故「事」，它當然是屬於無形可見的領域才對。但事實確並非如此，因爲它的內容是藉著一些具體的人物之間所發生的互動關係來呈現的。故事的大要爲：丁素素是位大學畢業的現代女青年。她不但外貌美麗可親，衣著也頗爲時髦現代。她有傳統女性堅忍的個性和自愛的品格，更有追求理想的現代精神。所以她曾在內心中爲自己勾勒過理想的人生藍圖。當她開始與齊子湘交往時，子湘是位頗有自主性的勇敢青年，所以他才敢不顧母親的反對，毅然和素素結婚。可是齊老太太卻是個非常守舊的女性，她不僅於初次見到素素時即認定素素「美的像狐狸精」，而且更希望以舊的倫理觀念來要求兒子和媳婦，一切務必以「孝」字爲優先；但她自己對素素的態度卻是百般挑剔。譬如：素素爲了克盡媳婦之責而第一次下廚燒菜時，手忙腳亂地花了大半天才做好三菜一湯來孝順婆婆，但齊老太太卻寒著一張臉，嘖嘖有聲地東挑西撿，逼得素素難過地掉下淚來。而她更利用這機會突然放下筷子不吃，並斥責素素說：「才吃你一餐飯，就哭我死！」如此的情況長期下來，素素在先生屈服於母親的壓力下，並無法獲得任何奧援，最後乃選擇離開了齊家。這個故事當然是悲劇性的，而發生這種事情的原因不論是兩代之間的新舊衝突，或是夫妻之間的異見，因非這裡想討論的重點，所以姑且不論。我們若從呈現故事的方式來看，這篇小說的內容顯然是利用具體可見的不同人物，以及他們之見的往返互動來展現的。換言之，讀者之所以了解它的這些內容，並且感到印象非常深刻，乃是因爲這些人物的外貌和言行一一地展現在讀者的腦海所致。

二、將感情融入作品中的某些形象之內，而產生共鳴

讀者閱讀文學作品的方式，如前所述，乃是經由其中有形可見的人、物、景、色等爲對象，觀察他們的外貌、言行和彼此之間的各種關係等來了解作品的。但更值得注意的是，在這個「形象式的了解文學作品」的過程中，讀者經常會對作品內的某些特定對象產生共鳴、甚至認同感，以至於引發了所謂的「移情作用」（empathy），也就是將自己內在的心神和感情都投入到這些作品裡的對象上，而造成自己的情緒隨著這些對象的各種遭遇和起伏的心情而走的情況。換言之，讀者的情感和這些對象的情緒已經融合爲一，甚至於有些讀者還更進一步地把自己誤認爲就是那些對象了。這種閱讀上的「移情作用」，只有在閱讀文學作品時才會發生。大致說來，這種「移

情作用」的優點爲：由於讀者深入了作品中的某些對象的內心世界，所以他的體會不僅只是逼眞而已，而且是十分深刻的。而也是因此之故，讀者才會有機會了解作品的深層世界。不過，卻也必須避免下面的缺點：讀者因深入對象的內心世界裡，所以很難擁有開闊的視野和理性而客觀的思考，而常常發生濫情的狀況和偏執的認知，以至於無法眞正掌握作品世界的全盤內容。這種「移情式」的閱讀，我們可用下面的例子來說明：

六朝樂府詩中的「西曲歌」類，有一首〈夜度娘〉，其文如下：

夜來冒霜雪，晨去履風波。
雖得敘微情，奈濃身苦何！㉝

這是一首由作品內女主人翁的口吻「自敘」的詩歌。她的身份是「夜度娘」，也就是現代所謂的「應召女郎」。她在詩中以哀傷的語調細訴著自己的工作：我每每在夜晚的時候，必須冒著霜雪應召到客人的處所，去陪客人尋歡作樂。但只要天一破曉，也就得頂著刺骨的寒風離去。雖然，我偶而在工作時能有機會向客人訴說我卑微的心聲而稍覺安慰，但對於自己如此痛苦的命運，除了無可奈何地忍受之外，又能有什麼辦法解除呢？讀者在閱讀這首詩時，首先是透過女主人翁夜去且回的動作了解她的工作性質。但接著，內心便被其必須頂著寒冷的風雪才能工作的遭遇所觸動，而生同情之心。尤其是在聽到她只能無可奈何地忍受這種悲慘命運折磨的心聲後，內心的震動，更是良久不能自己。換言之，讀者閱讀這首詩的過程，乃是一種內心充滿憐憫，心情隨著女主人翁所表達的情緒之高低而起伏的情況。

另外，我們再以老舍的小說《駱駝祥子》㉞為例來進一步勾勒這種欣賞文學作品的特色。小說裡的主角「祥子」，自農村來到大城北京謀生。由於他既無一技之長，也缺少人事背景，所以便住在一個簡陋的大雜院裡，並以體力拉租來的洋車賺錢過日子。自此之後，能夠買一輛屬於自己的洋車乃成為他最大的心願，因為那代表了他可以獨立自主的生活。祥子年輕力壯，且又能吃苦耐勞，所以在駱駝般堅忍不拔的韌性支持下，經過了三年的努力，終於達成了願望，擁有一輛自己的洋車。他的個性熱心好義，所以當手頭稍微寬裕時，並未聽高媽的勸告去放高利貸賺錢。同時，即使自己也沒什麼錢，卻仍時常濟助處境更為淒涼的老馬和小馬祖孫二人。可是他自己的命運並不好，才買了自己的洋車不久，車子便被軍閥的亂兵搶走了。更不幸的是，連所剩不多的積蓄，也在曹教授家被探子騙走；但在當時，他卻只關心飽受政治迫害的曹教授對他的付託是否受了影響——只因為曹教授說他是一個好人！祥子的善良純樸，獲得了車行老板劉四的女兒虎妞的好感。虎妞是一個三十多歲的老姑娘，因長期代表父親與衆車伕打交道，因此不但精明幹練，也大膽潑辣。祥子在她刻意安排親近的機會和細心的關照之下，兩人終於結婚了。不過，祥子並不貪圖虎妞家的六十四輛洋車；而虎妞也為了和祥子結婚而不惜和父親決裂。婚後，祥子並不接受虎妞的意見，一起去做小買賣，而用虎妞的積蓄再買了一輛洋車。但更不幸的是，虎妞因難產而辭世，祥子也被迫必須把車賣掉去葬她。最後，祥子在他心中僅剩的希望小福子也死亡後，終於徹底地失去了求生的動力，而逐漸遭向墮落、步向死亡，結束了痛苦的生命。

閱讀這篇小說時，讀者的眼光在祥子一出現時，即被他純樸的外表抓住，而對他產生好感。接著，情緒便隨著他的遭遇而起伏不定。當讀者看到他的車子被搶時，會咒罵亂兵的可惡；當看到他僅剩的錢被探子騙走時，會替他著急；看到虎妞對他產生好感時，會爲他高興；看到他熱心幫助弱小，信守承諾時，會對他產生敬意；尤其會在看到他頑固地只想靠體力去拉車爲生，而不知如何正確地面對社會大環境的改變，以至於逐漸步入失敗、走向死亡之路時，更會由衷地對他產生憐憫之心。這種閱讀文學作品的方式，正是對作品產生移情作用、與作品產生共鳴的典型。

三、藉著「美感距離」以節制感情的奔洩

如前所述，讀者欣賞文學作品時，一方面以「形象性」爲基點去了解作品的內容，另一方面則把自己的情感投入這些形象上，去體會其內心世界的感性活動。但在這裡必須注意的是，讀者這種「移情」的狀況如果不加以節制而任其奔洩，則必將會引發濫情的結果；情況輕者會造成讀者只知同情某形象的偏執認知，情況重者甚至會產生自己和該形象合爲一體的幻覺，而完全失去了自我；於是便毫無防衛地讓自己的情緒隨該形象的喜、怒、哀、樂等上下起伏，而萬一該形象的結局是死亡，則讀者也可能會受影響而失去對自己生命的熱忱。如此，又怎能算是「欣賞」文

學作品呢？

因此，欣賞文學作品應該要注意的重點之一，便是和作品保持一個恰當的距離；也就是說，讀者雖然用「移情」的方式去深入體會作品中各項人、事、景、物的情感活動，但在心中卻必須時時保持警覺性，用冷靜的理性來節制感情的過度投入，以避免濫情的發生，同時也讓自己對於作品的欣賞，可以增加許多深度和廣度。而若要做到這一點，便得了解並運用「距離美感」的意涵了。

所謂「距離美感」，就是指讀者在欣賞文學作品內的某些形象時，一方面爲了避免讓自己的情感過度投入到那些形象中而產生濫情和偏執的結果，二方面則爲了讓讀者的閱讀能擁有更爲開闊的視野，於是乃策略性地在自己和作品之間拉出一段恰當的距離。這個距離所形成的開闊空間，不但使讀者在閱讀時有機會超越作品中的細節部分而看到作品的全貌，同時也可以讓讀者有足夠的時間和空間去冷靜思考，以及努力收集與作品有關的外圍因素和材料。最後，終於能夠從作品中獲得一個由感性和理性統攝而成的既有深度、又有廣度的美感。我們以下面兩個例子來具體說明這個情況。

其一，陸游的詞〈釵頭鳳〉；全文如下：

紅酥手，黃縢酒，滿城春色宮牆柳。東風惡，歡情薄，一懷愁緒，幾年離索。錯！錯！錯！

春如舊，人空瘦，淚痕紅浥鮫綃透。桃花落，閑池閣，山盟雖在，錦書難托。莫！莫！莫！

莫！」㉟

這首詞的文字意思大致如下：紅潤的手，香醇的酒，以及春天自高牆上垂掛下來的柳絲；這是多美好的情景！但險惡的春風卻吹淡了濃蜜的情意，而留給人滿懷的愁悶和多年的寂寥歲月。這眞是錯誤的啊！春天依然和往年一樣，但人已更形消瘦，衣裳也被殷紅的淚水浸濕。桃花已殞落，池塘和樓閣也沒有人跡；以前的山盟海誓仍在，但寫下來的心語卻無從付託。眞是令人難以忍受啊！從字面上看，它當然是一首作者借著對外在景物的描述來表達心中深沈的愁悶和悵惘的作品。而它在文字運用上的成功，固然造成作品深爲感人的效果；但作者眞正的寫作背景和用意爲何？卻仍顯模糊不清。這種情形在文學作品上其實非常普遍，故而本首詞在這方面並無特殊之處。不過，陸游乃是南宋時期一位非常傑出的愛國詩人，個性剛毅，學識淵博，累官至寶章閣待制。他在政治上，主張全力抗金，收復失地。而這樣的一個人爲何會寫如此哀傷的作品呢？根據周密的《齊東野語》所載，原來陸游在年輕時，與表妹唐琬結婚，夫妻鰜鰈情深，非常恩愛；但陸母卻不喜歡唐琬。因此，在陸母的壓力下，陸游乃不得不與妻子離異。後來，唐琬改嫁同郡人趙士程。有一年春天，陸游到沈園觀賞時，卻突然遇到唐琬和其丈夫；趙氏夫婦乃備宴款待陸游。事後，陸游乃在沈園的壁上寫了這首詞，藉以抒洩內心的傷感。這個資料，讓我們了解到這首詞乃是陸游在抒發對自己不幸婚姻的感傷，故而絕非「強說愁」的應景作品。換言之，由於我們做到了把這首詞放置在作者人生過程中的定點，並藉此了解到作品和作者之間的關係，所以乃讓我們有根據作進一步的思考：這件事情雖然是悲劇，唐琬也確是受害者，但我們仍不應責怪陸游，因爲他並無力承受傳統文化中「孝道」的壓力和「婚姻制度」的束縛。他並非無情、也非缺少毅志；他只是傳統壓力下的犧牲品。藉由這種理解，我們終於可以體會到本首詞更深刻的意涵及其更爲動人之處。

其二，楊青矗（本名楊和雄，1940-）的小說〈升遷道上〉。[36]

這篇作品的內容主要在敘述兩位工廠裡的年青女工和該廠長之間如何鬥爭的故事。藍瑞梅是位個性剛強的女工，常替被廠長林進貴欺侮的人打抱不平。她聰明機警，又有領導能力，故獲得女工們的支持。當廠長以她經常製造問題爲由而威脅要開除她時，她能把廠長平時如何利用權力壓榨和欺侮女工的內幕都揭發出來，而使廠長對她深感頭痛，卻又無可奈何。侯麗珊則是個守份負責的女領班。在廠長承諾她如果工作表現優異，則會升她爲組長的期待下，她任勞任怨地帶領全班努力工作。但過了三年，卻仍未升成組長；直到有一次失身於廠長後才達成願望。後來，她在更加了解廠長的許多惡行、並看到藍瑞梅如何領導女工辛苦地反抗廠方的不合理壓迫時，才頓然悔悟，並主動與藍瑞梅合作，計劃如何制裁廠長，並爭取應有的權益；兩人最後終於贏得勝利。

在這篇小說裡的三個主要角色中，藍瑞梅可說集勇敢、聰明、樂於助人、又富領導力等優點於一身，是個百分之百的正面人物。讀者讀了這篇小說，當然會喜歡、甚至佩服她的一切作爲。不過，若把她拿來和平常人對比時，不免會想詢問：難道她眞是個沒有任何缺點的完人？否則，連那麼精明的廠長爲何也對她束手無策呢？於是才終於發覺，她果然好得有些不比尋常。侯麗珊的表現則比較合乎情理。她有自己雖然不算偉大，但卻期盼的理想——升上組長，並也相信廠長對她的允諾而努力去實現，只是沒想到人心險惡，竟然需被迫失身於廠長後才能如願。不過也正因此之故，乃激起她整廠長的心。讀者對她的純眞、勤勞和遭遇，可說是融合讚許與同情於一爐的。至於廠長林進貴，不但深懂如何去拍馬逢迎洋人總裁，更知道利用職權來壓榨工人，欺侮女性，因此可說是一個集許多缺點於一身的反派人物。讀者讀了小說之後，當然會厭惡他。只是小說中竟然沒有提到他的任何優點，因此這也是有理性的讀者會質疑的問題。總之，由於這篇小說的作者立場和目的非常清楚，所以作品中的人物也因而黑白分明，但讀者——尤其是細心而較有理性的讀者，在感性地佩服藍瑞梅，同情侯麗珊，以及厭惡林進貴的同時，不免會思考這些人物大抵上其實是作者用來刻劃某些人性象徵的替代品，因爲，他們與現實世界中的人物實在有著不小的差異處。

〔注　釋〕

①引自范文瀾《文心雕龍注》，卷十，頁715。台北：學海出版社，1988。

②引自黃振刪等輯《全漢賦》，頁62-68。北京：大學出版社，1993。

③引自張璋、黃畬編《全唐五代詞》，卷四，頁451。台北：文史哲出版社，1986。

④引自《十三經注疏》（1815年阮元刻本），第二冊，卷一，頁13。台北：藝文印書館，1981。

⑤引自蕭統《文選》，卷十七，賦壬，頁227上。台北：正中書局，1971。

⑥引自《金樓子》，卷四，〈論文〉下，頁29a。台北：世界書局，1959。

⑦引自《王玉臺新詠・序》，頁1a。台北：世界書局，1959。

⑧引自《四庫全書》，第一四八二冊，詩文評類，頁447上。台北：商務印書館，1989。

⑨引自郭茂倩《樂府詩集》，第一冊，卷四四，清商曲辭一，吳聲歌曲一，頁641。台北，里仁書局，1984。

⑩引自郭茂倩《樂府詩集》，第一冊，卷二五，橫吹曲辭五，頁369。

⑪引自《全唐詩》，第十六冊，卷五二二，頁5964。北京：中華書局，1992。

⑫引自范文瀾《文心雕龍注》，卷七，頁552-553。

⑬引自《全唐詩》，第五冊，卷一五六，頁1605。

⑭請參考拙作〈從比較中、英文字詞在詞句中的先後次序看中國國語（Mandarin）的特色——一個文化觀點的考察〉，收於《中華學苑》，第四十期，頁1-14。國立政治大學中國文學研究所，1990.8。

⑮引自《全唐詩》，第十六冊，卷五三九，頁6169。

⑯引自唐圭璋《全宋詞》，第一冊，頁222。北京：中華書局，1992。

⑰引自蕭統《文選》，卷二三，詠懷，頁309下。

⑱引自《宗白華全集》，第一册，頁359。合肥：安徽教育出版社，1994。

⑲請參考劉鶚《老殘遊記》。北京：人民文學出版社，1957。

⑳請參考《宋澤萊集》，頁129-174。台北：前衛出版社，1992。

㉑請參考高陽《玉座珠簾》上、下册。台北：皇冠出版社，1971。

㉒陳映眞《雲》，頁97-222。台北：遠景出版有限公司，1985。

㉓姚一葦《碾玉觀音》一劇收於姚氏《姚一葦戲劇六種》，頁175-265。台北：華欣文化事業中心，1987。

㉔請參考曹禺《雷雨》。成都：四川人民文學出版社，1984。

㉕引自《全宋詩》，第三九册，卷二一六九，頁24602。北京：中華書局，1998。

㉖請參考張友鶴輯校《聊齋誌異》，上、下册，上海：古籍出版社，1962。

㉗引自李雁湖箋註，劉須溪評點《箋註王荆文公詩》，下册，卷四八，頁1193。台北：廣文書局，1971。

㉘請參考宋澤萊《廢墟台灣》。台北：草根出版社，1995。

㉙ K. M. Newton edit, *Twentieth-century Literary Theory*, New York: St. Martin's Press, 1997, pp, 83-111.

㉚同前注，頁187-209。

㉛引自逯欽立《先秦漢魏南北朝詩》，頁618。北京：中華書局，1983。

㉜請參考找廖輝英《盲點》。台北：九歌出版社，1986。

㉝引自郭茂倩《樂府詩集》，第二册，卷四九，清商曲辭六，西曲歌下，頁716。

㉞請參考《老舍小說全集》，第四卷，頁 207-435。武漢：長江出版社，1993。

㉟引自唐圭璋《全宋詞》，第三册，頁 1585。

㊱請參考楊青矗《工廠人》系列。高雄：敦理出版社，1979。

第九章　文學批評

第一節　文學批評、文學理論與文學研究

本書在第八章裡曾指出，當從「讀者」閱讀「文學作品」的角度來看時，讀者的閱讀活動實可區分爲兩種層面：一是「僅止於在讀者內心之中活動的對文學作品的了解和欣賞」；二是「以專業性的學識爲基，而對文學作品進一步用語文加以闡釋和評價的批評」。其中，後者即一般所稱的「文學批評」；而這類「讀者」，就是所謂的「批評家」了。

一、文學批評

無論是從中、外的文學歷史而言，或是自學術的角度來觀察，「文學批評」的範圍其實遠大於這種「對文學作品所進行的實際批評」。因爲，即使是僅以「讀者」和「文學作品」之間的關

係而論，這兩者之間除了有「批評家」對「文學作品」的「批評」外，至少還應該包括反方向的「文學作品」對「批評家」的影響，如：感動之類。事實上，「文學批評」的討論範圍至少還涉及了底下三個面向的諸多課題：當以「文學」爲探討的對象時，其必須觸及的課題至少有：「文學」的內涵、形式、性質、起源和功用到底是什麼等。當以「作者」和「文學作品」之間的關係爲探討對象時，則必然會牽涉到的課題是：「作家」爲何要創作「文學作品」？又他係採用何種方法來創作？其原因又何在？等；以及反方向的：「文學作品」有否，和如何影響「作家」的名譽和回饋等。當以「作者」和「讀者」之間的關係來探討時，其課題也必然會包括了：「讀者」如何直接讚揚「作者」，「批評家」如何直接批判「作者」，以及反方向的「作者」如何觀察、了解「讀者」，和「作者」如何直接與「批評家」討論問題等。由此可見，「文學批評」所包含的範圍，顯然遠遠大於「批評家」對「文學作品」的「批評」活動。這一個觀念，我們可以用「英文世界」爲例來稍加證明；譬如：艾倫・吉爾伯特（Allen Gilbert）編著的《文學批評：從柏拉圖到德萊登》（*Literary Criticism: Plato to Dryden*），蓋・艾倫和海登・克拉克（Gay Allen and Hayden Clark）編著的《文學批評：從波普到克羅齊》（*Literary Criticism: Pope to Croce*），維農・霍爾（Vernon Hall Jr.）著的《簡明文學批評史》（*A Short History of Literary Criticism*），以及威廉・溫莎特和克林士・布魯克斯（Wlliam Wimsatt Jr and Cleanth Brooks）著的《文學批評：一個簡明的歷史》（*Literary Criticism: A Short History*）等等，這些以「文學批評」（Literary Criticism）

爲書名的著作，其內容所涵蓋的範圍便都不只限於「對文學作品的實際批評」上，而包括了前述的種種與「文學」（literature）有關的課題在內。

至於「文學批評」的方法當然很多，但最具有共同性的特色，我們可以從比較「人文社會學門」和「自然工程科學」兩者的研究方法來了解。「人文社會學問」的內容很廣，其涵蓋的領域，也包括「文學」在內。當從研究方法的角度來觀察時，它與「自然工程科學」的最大差別，在於前者是採用「批評」（critise）；而後者所採用的，則是「證明」（clarify）。「證明」的方法，大致上是先對研究的對象提出預期的假設，然後再收集各種有關的可能證據，再選取或發明一種最恰當的科學方法與工具儀器，依邏輯上的順序，一步一步地「證明」該假設在某階段和情況是「對」或「錯」，而且不能有絲毫的妥協之處。因此，「證明」的態度是封閉性的，方法是單一的，而且答案是絕對的。但「批評」則不同。通常，它的方法首先是把想要探討的對象在各方面的可能有關的情、理、事、物（含人）等資料收集完備，接著是分析和了解這些資料間的關係，然後再探究個別資料的淵源、內涵、異同等，最後則析論該對象的優劣和影響等。因此，「批評」的態度是開放的，方法是多元的，而且最後的答案更不是「對」或「錯」，而是「好」或「壞」。由此可見，在「批評」的過程中，不但在收集資料上包括、並超越所要探討的對象，而且在進行「批評」時，更不乏分析和討論，以及解釋和評價等活動與論述。

不過，在中文的「文學批評」裡，「批評」這個詞似有必要進一步加以澄清和了解。首先，

「批評」兩字在中文裡不但常被認爲帶有「主觀」的色彩和「攻擊性」的態度，而且也常以武斷的結論式「評價」爲其特色，因此，可謂缺少細膩而符合邏輯的分析、討論和解釋的過程。如此，用它來等同於英文的「criticism」一詞其實並不十分恰當。其次，我國的文學傳統固然十分源遠流長，有關「文學批評」的專論與專書至遲也在六朝時便已出現，如《文心雕龍》、《詩品》等，但一方面因數量不多，二方面也未曾持續發展，所以一直要等到「近代」，才在西方和日本的學術思潮衝擊下，於二十世紀三十年代起出現了若干這方面的書籍。以「文學批評史」之類的書爲例，它們常在開宗明義地解釋何謂「文學批評」時，採取了清代非常發達的「訓詁式」釋義方式，即：先把這詞拆成「文」、「學」、「批」、「評」四個字，然後採用考據和訓詁的方法，分別對它們加以詳考，考據出其最早出現於何處，並解釋它們在當時的原意是什麼。接著，再把這四個字分別組成「文學」和「批評」兩個詞，並同樣地採用考據和釋義的方法，分別考出它們最早於何處結合成詞，以及其意蘊分別是什麼等。最後，再把這兩個詞結合成「文學批評」這個複合詞，並以同樣的方法加以考據其來源和訓詁其意蘊。平心而論，這種言之有據的方法當然沒有問題，但在觀念和實際情況上則有不少地方必須加以仔細斟酌。譬如說，我們所探討的「文學批評」原本就不只是屬於「中國」的「文學批評」而已，而是一種在人類歷史上，尤其是文化史上的普遍觀念和現象。因此，若完全以「中國」的文學領域爲觀察和討論的對象，那麼所得到的結果必然也免不了會發生「以偏蓋全」的情況。換言之，若以中文和英文來對照的話，我們是否能斬釘截鐵地說：中文的「文學」就是英文的「literature」，「批評」也等於「criticism」，同時，「文學批評」也和「literary criticism」完全相等呢？其答案顯然是有問題的。

二、文學批評和文學理論

如前所述，「文學批評」的領域原來頗爲廣泛，而會造成使它變成一種「以文學作品爲分析、解釋和評價的實際批評活動」的原因，主要是受到西方近代文學思潮的影響。因爲自從十九世紀後期開始，便連續在法國和捷克出現了「結構主義」（Structuralism），在俄國出現了「形式主義」（Formalism），以及在二十世紀三十年代的美國出現了「新批評」（New Criticism）等。在這些文學流派的主張衝激下，乃形成了一個非常流行的文學觀念：在「文學作品」的自身上，它乃是「一個有機而複雜的結構體」；至於在「文學作品」之外，它只要被創作完成，便立即成爲一個與其「作者」和其他外在環境無關的「獨立個體」。於是，「文學批評」的活動領域便在這種潮流下被縮減到「對文學作品的分析、解釋和評價」了。而也就在這種情況之下，除「文學作品」之外的有關「文學」的諸多面向和層次的「批評」，便都一律被歸入到一個新創的名詞「文學理論」（literary theory）裡面去了。換言之，「文學批評」和「文學理論」在這個潮流中，乃成了「文學領域」裡的兩個各自擁有明確範圍的學門了。當然，上面的描述只是一種大略式的勾勒，並未符合周延和精密的要求；但因其詳細的情形並非本處所需要說明的課題，所以在此便權宜地將其「置而不論」了。不過，這裡還有兩個地方必須加以說明。一是有些人爲了保存「文學批評」這個名詞的原有範圍，便把「文學批評」區分爲廣義和狹義兩種：以「對文學作品進行實際的批評活動」爲「狹義的文學批評」，稱爲「文學的實際批評」；而以「文學作品」之外，與「文學」有關的一切課題之「批評」爲「廣義的文學批評」，稱爲「文學的理論批評」，也就是前面所說的「文學理論」。二是也有人把前者稱爲「文學的內在研究」或「文學的內緣研究」（intrinsic study），而把後者稱爲「文學的外在研究」或「文學的外緣研究」（extrinsic study）。

三、文學批評、文學理論、和文學研究

顧名思義，「文學研究」即有關文學的研究。以西方爲例，「文學研究」在傳統上通常被區分爲兩大類：「文學歷史」（literary history）及「文學批評」。到了近代，由於「文學批評」已被區分爲「文學批評」和「文學理論」，所以有關文學的研究便大致被分爲下列三個比較有系統的面向了：其一爲「文學歷史」，以探討有關各個「文類」（literary genre）的源流、流變、和影響爲主；例如：中國詩歌史、英國小說史等。其二是「文學理論」，以研究「文學」的起源、本質、功能等爲主；例如：我國的「詩言志」、「文以載道」之說，以及西方的「說服」（persuasion）、「教導」（instruction）和「娛樂」（entertainment）觀點。其三是「文學批評」，以直接分析、解釋「文學作品」在形式和內涵上的特色，並論述其影響和價值等爲主；例如：我國宋代

「詩話」中直接批評詩歌作品的文字，以及美國的「新批評」等。這三類關於「文學研究」的系統有以下幾個特色：一是這三類比較具有系統的「文學研究」雖已佔有了「文學研究」領域的絕大部分，但因我們並無法肯定未來一定不會有新的研究方法和內容出現，所以它們絕不等於「文學研究」的全部領域。二是在這三類系統中，前二者雖與「文學作品」較缺乏直接的關聯性，但若將其研究成果拿來作爲對文學作品進行實際批評時的背景資料，也都有頗爲正面的功能。三是所有的實際批評活動，都必須有「理論」爲基礎，才能獲得比較具有說服力的成果。

第二節　文學理論產生的架構

在上一節所提到的三個已頗具完整系統的文學研究中，本書已於第七章扼要地論述過「文學歷史」的核心部分——「文學流變」的基本內涵。因此，本章底下所要討論的對象，便將集中到文學的「實際批評」和「理論批評」兩項。在這兩個項目中，由於「實際批評」若缺少適當的「文學理論」作爲其依據的話，也會失去對「文學作品」析論時能夠言之成理的力道而無法說服人，所以它須以「文學理論」爲基乃是顯而易見的事實。至於「理論批評」，因其所討論的對象就是「文學理論」，所以，底下的討論，便以「文學理論」先於「實際批評」的順序來進行。

前曾述及，「文學理論」所要探討的對象，主要是有關文學的本質、起源、功用和影響等。

事實上，若從世界各國的文學現象來觀察，我們不難發現，每個國家、或者說每個文化傳統，都有其與衆不同的特色。譬如以中、西有關文學起源的說法來看，西方文學史上最源遠流長的理論即爲：文學起源於「模倣」，而我國在這方面最具有影響力的理論則是《詩經・大序》中所說的「詩言志」之說。顯然，兩者乃不約而同地指向：文學（作品）的內容爲來自何處之上。然而不同的是，前者認爲此內容乃是「模倣自宇宙萬象而來」，而後者則認爲此內容係來自「詩人內心裡具有善良本性的意志」上。換言之，每個文化傳統中的「文學理論」因都建基於該文化傳統之上，所以當然會有其獨特之處。不過，在這裡最重要的問題是，我們如何才能將這些文學理論明確地釐析出來？顯然，它的答案應是須有一個可以拿來分析和解釋各種文學理論產生自何處的大架構才行。

不論中外，有關這方面的研究歷史並不久；而毫無疑問的，艾布蘭斯（M. H. Abrams）在其《鏡與燈》（*The Mirror and the Lamp*）中所提出的架構圖表可說是最早、也甚具影響力的代表。

一、艾布蘭斯的文藝理論架構圖

艾氏的做法是，先提出四個構成文藝理論之所以產生的四個要素：宇宙（universe）、藝術品（work of art）、藝術家（artist）和欣賞者（audience）；然後指出：「宇宙」爲作品描述的對象，「藝術品」是被創作出來的成品，「藝術家」是創造藝術品的人，而「欣賞者」是欣賞藝術品的人。最後，再以西方的藝術（包括「文學」）歷史和理論爲觀照的對象，將這四個要素架構出下面這個圖表，以顯現出西方藝術史上最明顯的四個理論：

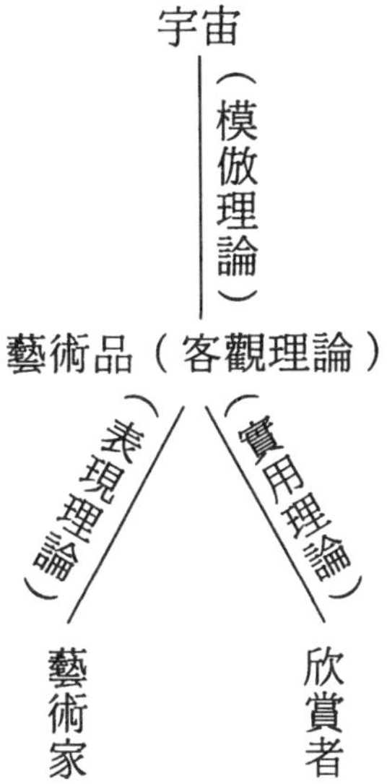

這幾個理論的大要如下：

㈠**模倣理論**（mimetic theories）：由於「宇宙」中原本就含有永遠不朽、且不會改變的眞理；而能夠反映這些眞理、甚至法則的是人們的「意識世界」（the world of sense）；當人們把這個「意識世界」反映出來時，就是「藝術品」了。換言之，「藝術品」乃是「模倣」自宇宙萬象的某（些）部分、或某（些）眞理和法則的成品，故也可以說成是反映「宇宙」的一面「鏡子」。若用艾氏的圖表來看，這個理論係產生於「藝術品」和「宇宙」之間的關係。

㈡**實用理論**（pragmatic theories）：凡任何「藝術品」都有其特定的目的，如：說服（persuasion）、教導（instruction）和娛樂（entertainment）人們等；爲了達到這個目的，「藝術品」的結構、形式和內涵等便須先全配合這個目的來設計。換言之，「藝術品」乃是一種具有可以達成某

(些) 目的之實用性工具。若用艾氏的圖表來檢視的話，這個理論乃產生於「藝術品」和「欣賞者」之間的關係。

㈢表現理論（expressive theories）：因「藝術家」的心靈或自動自發、或受到外在環境的衝擊而產生了震動，於是乃自然而然地將這個震動的心靈表現出來，而形成了「藝術品」。換言之，「藝術品」乃是「藝術家」內心世界呈現到外在的成品，因此也可說是「藝術家」的感情、思想、智慧、學識和經驗的融合體表現到外在世界的一盞「燈」。用艾氏的圖表來看，這個理論係產生於「藝術家」和「藝術品」之間的關係。

㈣客觀理論（objective theories）：「藝術品」對內而言，是一個具有生命的「有機結構」（organic structure），各組成部分之間緊密相聯，若牽一髮則動到全身。對外而言，它則是一個「自我完足的個體」（self-sufficient entity），而與其外界的任何人（包括其「作者」）、事、物等皆無關。換言之，「藝術品」本身具有完全獨立的意義和價值。若用艾氏的圖表來檢視，這個理論係產生於「藝術品」本身。①

我們如果從西方文學批評史，尤其是近代批評史來看的話，艾氏這個文學理論產生的架構圖的特色有二：一是突顯了「藝術品」的地位，不但它本身即可擁有一個文學理論（客觀理論），連其他三種理論也需透過它才會產生；二是將「欣賞者」的地位提高到可與其他三項要素相等的地位。可見它是近代西方文學批評潮流之下，既重視「作品」，同時也重視「讀者」的產物。

二、劉若愚的中國文學理論架構圖

至於在中國文學界裡，劉若愚（James J. Y. Liu）的《中國文學理論》（Chinese theories of Literature）雖以英文書寫而成，但因其論述的對象爲中國文學，所以確實可拿來做爲中國文學研究在這方面的代表。由於劉氏的研究方法是以艾布蘭斯的架構圖爲基來討論中國文學理論，所以他的第一個步驟便是把艾氏所提出的四個要素稍加修正，如「藝術家」改爲「作家」（writer），「欣賞者」改爲「讀者」（reader）等；其次，再以中國文學理論史爲觀照的對象，而設計出一個可以用來說明中國文學理論史上的六種頗具影響力的文學理論架構圖如下：

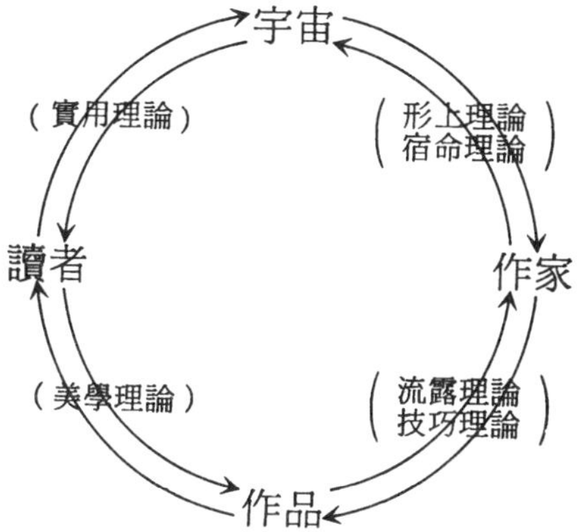

第三，他再進一步以全盤的觀點指出：這四要素之間是一種雙向反復循環的關係。第一個循環是：*1.*「宇宙」影響「作家」，*2.*「作家」創造「作品」，*3.*「作品」影響「讀者」，*4.*「讀者」反映到「宇宙」（包括「社會」）上，而完成了這個循環。反向循環是：*1.*「讀者」接受「宇宙」的影響，*2.*「讀者」對「作品」產生反應，*3.*「讀者」由「作品」而與「作者」產生心靈上的交流，*4.*「讀者」終於了解「作者」如何對「宇宙」產生反應；如此，乃完成了反向循環。最後，劉氏指出在這個雙向反復循環的過程中，形成了以下六種普遍的中國文學理論：

㈠**形上理論**（metaphysical theories）：「作家」體會到「宇宙」中的各種形而上的原理、法則，如：「道」，而利用各種方式將它們展現出來。因此，「形上理論」是從「宇宙」和「作家」之間的關係產生出來的。

㈡**宿命理論**（deterministic theories）：「作家」體會到「時代社會」存在著種種無法改變的現實，而且非人類的能力所能避免，於是乃是自然而然中，將它們反映出來。因此，「宿命理論」與「形上理論」相同，都是產生於「宇宙」和「作家」之間的關係上。

㈢**流露理論**（expressive theories）：文學作品所描述的內容中，人類共同的情意和思想常佔有非常重要的地位。作家在描寫這種題材時，常不自覺地把自己特有的個性、才情和學識、經驗、感受等融入其中，而很自然地流露出來。因此，「流露理論」是從「作家」與「作品」之間的關係產生的。

㈣**技巧理論**（technical theories）：「作家」在創作「文學作品」時，精心地使用頓挫悅耳的節奏和聲韻、排比對仗的形式和巧飾華麗的語文等高度的技巧來表現。因此，「技巧理論」與「流露理論」一樣，是產生於「作家」和「作品」之間的關係上。

㈤**美學理論**（aesthetic theories）：「文學作品」因擁有美麗的語文和精巧的形式，而藉此在「讀者」心中引起了「美」的感覺。因此，「美學理論」是從「作品」和「讀者」之間的關係產生的。不過，若從「作家」和「作品」之間的關係來看，「美學理論」就成了「技巧理論」了。換言之，這兩種理論可說是一體的兩面。

㈥**實用理論**（pragmatic theories）：「讀者」因接觸到「作品」而致使其心中受到影響，並進一步在其活動的「宇宙」（社會）中表現出具體言行的反應。因此，「實用理論」乃是產生於「讀者」和「宇宙」之間的關係上。②

從呈現某個文化傳統的文學理論之特色而言，艾氏和劉氏的圖表的確都能在某個程度上達到這個目的。但也正是因爲這個緣故，這兩個架構圖也都無法把其他文化傳統的文學理論特色呈現出來。也就是說：我們無法用艾氏的圖表來說明中國文學理論的特色，也不能用劉氏的圖表來呈現西洋文學理論的特色。舉個例子說，在劉氏的架構圖中，便沒有位置可以讓近年來在西方文學理論界裡最重要的「以作品爲核心」的「客觀理論」突顯出來。同樣的，在艾氏的架構圖中，也缺少一個空間讓中國文學理論史上最古老的位於「宇宙」和「作家」之間的「形上理論」能容納進去。而之所以產生這種現象的主要原因有二：一是兩位學者都把四個要素孤立起來，並認爲任何文學理論都只能產生在它們孤立或對立的時候。二是兩位學者的主要目的，都是只針對一個文化傳統加以觀照而已。然事實上的情形應該是：比較周延的文學理論之產生架構圖應能配合「文學乃是世界共有的現象」之觀念，而可以用來呈現和說明任何文化傳統的所有文學理論。此外，構成文學理論產生的四個要素之間，其範圍乃是可以相互跨越而非絕對對立的；換言之，有不少文學理論是需要跨越兩個以上的要素才能產生出來的，而非只牽涉到一個或兩個要素而已。爲了解決這個問題，筆者曾於十多年前提出一個如下的架構圖，一方面希望能夠兼容並蓄各種文學理論，另一方面也希望能夠周延地顯現各種文學理論在架構圖中的複雜位置。底下便將其稍加介紹，以作爲進一步論述的基礎。

三、以兼容並蓄爲基的文學理論產生架構圖

在討論這個架構表如何產生各種文學理論之前，有幾個要點必須先加以說明：㈠本架構表產生各種文學理論的基點，係以艾布蘭斯的四要素爲本。㈡四要素的名稱因係要用來討論文學，所以乃採取劉若愚的用法。㈢四要素的形狀係採中國「天圓地方」的傳統觀念，將無形可見，且範圍無限的「宇宙」畫爲圓形，而其他三要素因有形可見，且範圍有限，所以採「方形」來表示。㈣實線表示四要素的範圍，而虛線則表示要素間可以跨越。㈤在範圍上，「宇宙」涵蓋了「作

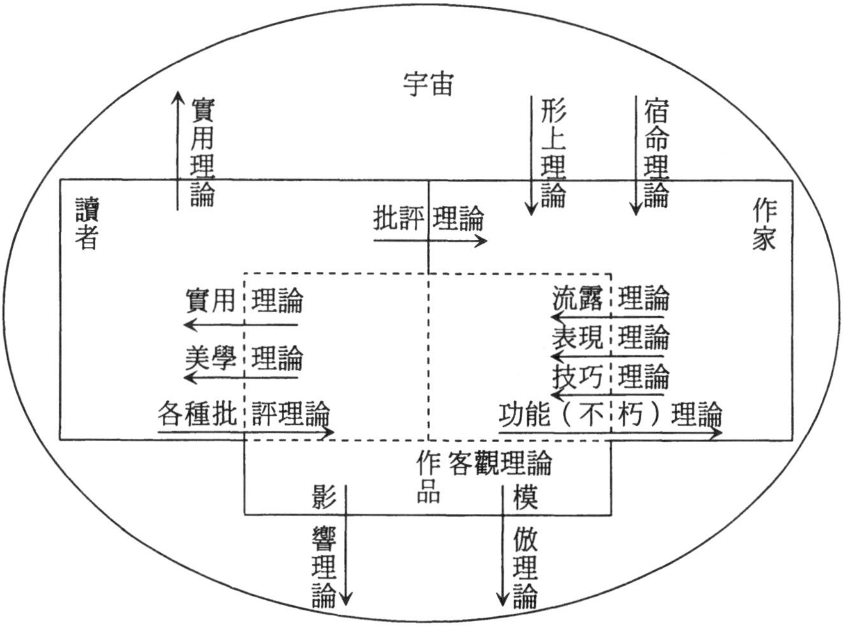

者」、「作品」和「讀者」在內。㈥「作家」和「讀者」的範圍不相互跨越；但因有些「作品」屬「自傳」或「他人傳記、故事」的性質，所以「作家」和「讀者」的一部分範圍可能會包括在「作品」之內。㈦「作品」的範圍也可以和「作者」與「讀者」無關，而以「宇宙」內的自然、人文社會現象爲範圍。㈧有箭頭的方向表現文學理論產生的路線。

由於這個架構表基本上係爲解決艾氏和劉氏兩人的架構表之間的矛盾而擬成，而艾氏和劉氏兩位的圖表所呈現的文學理論，又多以兩個要素之間的關係爲主，所以底下的討論也就以兩要素間的關係爲基本進行。在這個架構表中：

㈠**「宇宙」與「作家」之間**：可以產生劉氏提出的因「宇宙」影響「作家」而形成的「形上理論」和「宿命理論」。

㈡「作家」與「作品」之間：可以產生「作家」在創作「作品」的過程中，艾氏提出的「表現理論」和劉氏提出的「流露理論」與「技巧理論」。

㈢「作品」和「讀者」之間：可以產生「讀者」因接觸「作品」，而致被「作品」影響的艾氏提出的「實用理論」和劉氏提出的「美學理論」。

㈣「讀者」和「宇宙」之間：可以產生「讀者」因被「作品」影響，而在「宇宙」內產生實際反應的劉氏提出的「實用理論」。

㈤「作品」：可以產生「作品」獨立的「客觀理論」。

換言之，這個新的架構圖表確實可以完全涵蓋艾氏和劉氏兩位所提出的所有文學理論。不過，艾氏和劉氏所架構出的圖表和提出的理論，不但彼此之間有不少相互矛盾之處，而且他們所提出的理論也無法包含所有的理論。譬如我們便至少可以補充下列幾種很明顯，但卻被他們忽略的理論：

㈠「作家」和「作品」之間：也可以產生因「作品」非常成功，而使其「作家」獲得不朽的聲名和鉅大的利益等各種「功能理論」。

㈡「作品」和「讀者」之間：當然可以產生近代以來西方文學界因特別重視「讀者」（「批評家」）對「作品」的直接解釋、批判和評價的各種「實際批評」的理論，如「新批評」等。

㈢「作品」和「宇宙」之間：成功的「作品」雖然不致於產生所謂「驚天地、泣鬼神」的功能，但卻絕對會有可能產生「移風易俗」力量的「影響理論」等。③

這個新的文學理論產生架構表除了可以拿來分析各種文學理論在要素間的位置關係之外，至少還擁有兩個也非常重要的功能。一是可用來了解某個批評家或某個批評流派、甚至於整個大時代的焦點如何？如：是以「作品」的「內容」或「技巧」爲重？抑以「作品」所產生的「影響力」爲主？二是可藉此比較不同的時期與不同的地方在文學概念或批評理論的異同，並分析其原因何在，甚至可以將此串成文學批評史或呈現出各種不同的文學風格等。

第三節　中西文學理論在四要素間的位置關係舉隅

不論是文學作品或文學批評，其意義、影響力和價值等都擁有可以跨越時間和空間限制的能力。不過，它們也因爲係產生於某個特定的自然和人文社會的背景，所以乃無可避免地具有其時空的特色。換言之，文學理論的特質之一，乃是既帶有其時空背景的特色，同時也能超越其時空背景的限制。底下便基於這種認知，選擇若干時空背景迥異的中、西文學理論，藉著將其置於四要素間的關係中來討論其產生的位置和由此而呈現出來的特色。

一、中國文學理論舉隅

中國自古以來的文學理論衆多，很難數盡。底下便選幾個頗爲著名者爲例來加以討論。

㈠「以意逆志」、「知人論世」

說詩者不以文害辭，不以辭害志；以意逆志，是謂得之。（《孟子・萬章》上）④

這段文字中的「說詩者」，就是「批評家」；而「詩」就是「作品」。它的意思是：「批評家」在解釋「作品」時，不應被「作品」的絢麗文字所迷惑，宜直指「其作者的心志」爲了解的對象。而想了解作者的心志，可將心比心，用「自己」的心意爲參照對象；如此，便大致可說已恰當地了解作家的心意了。將這段文字放入四要素間的關係來檢視，其順序顯然是由「讀者」（批評家）發動去了解「作品」，但目的則是藉此來掌握其「作家」的眞正心意。

頌其詩，讀其書，不知其人可乎？是以論其世也。（《孟子・萬章》下）⑤

在這段文字中，「詩」、「書」是「作品」。凡「讀者」在頌讀「作品」時，怎能不先了解其「作者」？怎能不先了解其作者「所處的時代社會」？只有做到這兩個條件，「讀者」才可能眞正了解「作品」。因此，若將這段文字放到四要素間的關係來檢視，其應有的順序爲：由「讀者」發動去頌讀「作品」；不過，想了解作品須先了解「作者」和其「時代」（即「宇宙」）。總之，孟子在這兩段文字中所提到的「以意逆志」和「知人論世」，都是把「作品」與「作者」結合爲一；而當「讀者」想了解「作品」時，便須以了解其「作者」、甚至作者的「時代」爲基，才能眞正達到目的。

(二)「詩言志」、「詩緣情」

「詩言志」應可算是我國古代詩論史上最有影響力的批評觀念，但因其年代距今久遠，且資料錯落不全，以致於產生了與「抒情」的詩歌觀念雜亂不明的情況。底下便針對此點稍加討論。

詩，言其志也；歌，詠其聲也；舞，動其容也。三者本於心，然後樂氣從之。（《禮記·樂記·樂象》）⑥

這一段文字雖然主要在討論音「樂」，但更值得注意的是，它提出了「詩」、「樂」、「舞」三者的共同點：都是「以心爲本」。根據同書記載：

故歌之為言也，長言之也。說之，故言之；言之不足，故長言之；長言之不足，故嗟歎之；嗟歎之不足，故不知手之舞之，足之蹈之也。（《禮記·樂記·師乙》）⑦

「歌」乃是一種「長言」的表達方式，也就是「吟誦」的意思。它是用來表達心中的強烈情緒的方式。但若這種方式並不足以完全把強烈的情感表現出來的話，便須再借著語氣詞的使用來作爲輔助的工具。最後，若仍無法將心中的情感完全抒發出來，便會自然而然地以手、腳的舞蹈來表達了。因此，「歌」和「舞」的「功能」一樣，都是用來抒發心中的強烈情感，只是程度有別而已。另外，在表達方式上，兩者也不相同，「歌」使用「聲音」、「語言」，而「舞」則採用「動作」。

根據這種理解，我們可再向上推測：既然「詩」是「言」「志」的，那麼其表達方式也就與

「歌」相同，都屬於「聲音」和「語言」。只不過，兩者的情感強度不同——「詩」低於「歌」。

不過，「詩，言其志」的「志」到底指什麼似有必要再進一步討論。《禮記・樂記・樂象》也有下列一段文字：

> 凡音者，生人心者也。情動於中，故形於聲。聲成文，故謂之音。⑧

在前面的引文中，有「歌，詠其聲。」的說法；這裡又說：「情動於中，故形於聲。」兩者都是以「聲」爲外表，故而在兩相對照下，應可獲得以下的推論：前面所「歌詠」的，便是這裡所說的「心中的情」。

只是這個「情」與前面引文中所提到的「志」到底是什麼關係呢？這一個問題應該要從「時代背景」來理解。我們可以用孔子編《詩三百》，並提出「思無邪」的描述爲核心，而將其前的《春秋左氏傳》中的「吳季札觀樂」，以及其後的《孟子》、《荀子》、《詩・大序》和《禮記・樂記》等可以代表儒家詩說的若干資料羅列於下，來加以討論：

1.《春秋氏左傳・襄公二十九年》有：吳公子季札觀於周樂，如〈周南〉、〈召南〉、〈邶〉、〈鄘〉、〈衛〉、……〈大雅〉、〈頌〉等，而對這些「詩」提出以政治、社會、教化爲基的批評。

2.孔子在《論語》中，有：「詩三百，一言以蔽之，思無邪。」（爲政）「興於詩，立於禮，成於樂。」（泰伯）「詩可以興，可以觀，可以群，可以怨。邇之事父，遠之事君；多識鳥獸草木之名。」（陽貨）等說法。

3.孟子有前述「以意逆志」和「知人論世」的詩說。

4.《荀子》有：「夫聲樂之入人也深，其化人也速。」「樂者，……人情之所必不免也。……其感人深，其移風易俗。」（樂論）「聖人也者，道之管也。天下之道，管是矣；百王之道，一是矣；故詩、書、禮、樂之『道』（補）歸是矣。詩言是其志也；書也，是其事也；禮言，是其行也；樂言，是其和也；春秋言，是其微也。」（儒效）

5.《禮記・樂記》有前述引過的〈樂本〉、〈樂象〉、〈樂言〉等篇。

6.《詩・大序》有：「詩者，志之所之也，在心爲志，發言爲詩。情動於中而形於言；言之不足，故嗟歎之；嗟歎之不足，故詠歌之；詠歌之不足，不知手之舞之，足之蹈之也。」

前面所引的這些資料中所提到的「詩」，其實指的都是《詩三百》，也就是自漢之後被尊爲經書之一的《詩經》，而非泛指現代一般所理解的純文學的詩。而它們的共同點，即認爲《詩三百》中的作者，其寫作目的若不是在抒發自己抑鬱憂悶的心情，便是歌頌或諷諫上位者。換言之，這些作品都含有特定的目的——政治與教化上的功能——而這也就是「作者」的「志」，是詩人心中的「感情」和「思想」。當然，在這個時期中，「思想」的比例和重要性遠比「情感」要高，只是到了魏晉之後，因文學觀念逐漸清晰，而有陸機在其〈文賦〉中提出的：「詩緣情而綺靡」，鍾嶸在其《詩品・序》中提出的：「吟詠性情」等，才在傳統的儒家詩說之外，突出了「情感」、

「性情」等的重要性。不過，在儒家的「詩說」系統中，仍有若干代表說法持續著，如唐朝孔穎達即在《春秋左氏傳・昭公二十五年》的疏說：「在己爲情，情動爲志；情、志一也。」而若用四要素間的關係來呈現的話，「詩言志」、「詩緣情」等說法當位於「作家」和「作品」之間的關係；只不過解釋者們常特別突出「作品」的功能，而觸及到「作品」與「宇宙」的關係。

(三)曹丕與曹植

曹丕的「文章，經國之大業，不朽之盛事。」的文學觀點，可說是我國文學批評史上的名言之一。不過，另一個也非常重要的文學批評現象，則是曹氏兄弟所共有的。茲把他們的三段文字羅列如下：

1. 曹丕〈典論・論文〉：「王粲長於辭賦，徐幹時有齊氣，……琳、瑀之章表書記，今之雋也。應瑒和而不壯，劉楨壯而不密，孔融體氣高妙。……」⑨

2. 曹丕〈與吳質書〉：「偉長獨懷文抱質，……辭義典雅，……德璉常斐然有述作之意；……孔璋章表殊健，微爲繁富；公幹有逸氣，……元瑜書記翩翩，……仲宣獨自善於辭賦，……」⑩

3. 曹植〈與楊德祖書〉：「仲宣獨步於漢南，孔璋鷹揚於河朔，偉長擅名於青土，公幹振藻於海隅，德璉發跡於北魏，足下（指楊修）高視於上京。」⑪

在這三段文字中，曹氏兄弟的批評重點雖然有或偏重作品的風格體類、或針對寫作的技巧等不同；但是，在「批評的對象」上則是相同的，就是當時非常著名的作家，如：王粲（177-217）、徐幹、陳琳、阮瑀、應瑒、劉楨（?-217）和孔融（153-208）等。這種「品評人物」，其實也是魏晉六朝批評的主流。而若以四個要素的關係位置來檢視的話，曹氏兄弟的批評觀點顯然是建立在「讀者」（批評家）與「作家」之間的關係上。

㈣「立文之道」、「為文之道」

《文心雕龍》是一部體大思精的批評著作，其中，曾提出「文」應如何才能成立的看法。在該書〈情采〉篇有以下一段文字：

> 立文之道，其理有三：一曰形文，五色是也；二曰聲文，五音是也；三曰情文，五性是也。五色雜而成黼黻，五音比而成韶夏，五性發而為辭章，神理之數也。⑫

到了清朝，姚鼐也在以文章類型爲基而編成《古文辭類纂》後，於〈自序〉中寫出了以下的文字：

> 凡文之體類二十三，而所以為文者八，曰：神、理、氣、味、格、律、聲、色。神、理、氣、味者，文之精也；格、律、聲、色者，文之粗也。然苟舍其粗，則其精亦胡以寓焉。⑬

前者指出「立文之道」，而後者則提出「為文之道」，都是從文章的辭藻、聲音和內容與風格來說明如何才算是好的文章。而若以四要素的關係位置來檢視，則這兩種說法的主要觀點顯然是建基於「作品」本身上。

㈤「文以貫道」、「文以明道」、「文以載道」

唐、宋古文運動是中國文學史上的一件大事，而「文以載道」則是它的標籤。這個運動在唐朝時即開始，而且在最有名的代表韓愈出來之前，便已有人談到「文」與「道」的關係了。例如柳冕便在其〈答荊南裴尚書論文書〉中說：

> 夫君子之儒，必有其道，有其道必有其文。⑭

指出了「道」與「文」的關係首先必建立在傑出的作家——君子之儒上。對這類作家而言，「道」和「文」乃是同一物體的「內」、「外」之名。而到了韓愈，則以大半生推動復古之道與復古之文，並獲得相當的成就。他在〈答陳生書〉中說：

> 愈之志在古道，又甚好其言辭。⑮

又在〈送陳秀才彤序〉裡說：

> 讀書以為學，纘言以為文，非以誇多而鬥靡也。蓋學所以為道，文所以為理耳。⑯

於是，乃把「學道」與「文理」合在一起。他的門人李漢在爲他的《昌黎先生集》寫「序」的時候說：「文者，貫道之器也。」而把「文」變成了貫徹「道」的工具。而與韓愈齊名的柳宗元則在其〈答韋中立論師道書〉中說：

> 始吾幼且少，為文章以辭為工。及長，乃知文者以明道。⑰

因而，「文章」也成了「說明何謂道」的利器。到了宋代，理學家周敦頤（1017-1073）在《通書・文辭》裡說：

> 文所以載道也。……文辭，藝也；道德，實也。篤其實而藝者書之，美則愛，愛則傳焉。⑱

至此，文辭乃被視爲一種具有美的藝術，是可以用來「記載」道德，並使之傳誦和流傳的工具。

大致說來，「文」當然是指「作品」，而「道」則是指「作品的內容」。那麼作爲「作品內容」的「道」又是什麼呢？根據韓愈本人的生平，而以其在〈原道〉篇中主張「道統」由周公傳給孔子，孔子再傳給孟子，此後便已中斷等觀點來看，韓愈所謂的「道」，應是指「聖人之道」。不過，歷來的研究者則把這個「道」分析爲：有理學家的「載道」、有文學家的「明道」、還有道家的「自然之道」與儒家的「聖賢之道」等。如果我們以《文心雕龍》的「心生而言立，言立而文明，自然之道也。」（〈原道〉）以及「經也者，恆久之至道，不刊之鴻教也。」（〈宗經〉）來看，對「儒家」而言，所謂「道」既指聖賢道統之道的內涵，也包括自然如行雲流水的表達手法。總之，「文以貫道」、「文以明道」及「文以載道」的文學觀念，若以四要素之間的關係來檢視，則是產生於「作品」和「宇宙」之間的關係上。

中國歷來的文學理論當然非常多，不過，相信以上的舉例說明應該足以作爲模子，藉著四要素之間的關係來討論各文學理論的產生位置，甚至於更進一步地來呈現各文學理論的重點和特色了。

二、西洋文學理論舉隅

一般而言，西洋文學理論在十四世紀起於義大利的文藝復興之前，可說是以「作品乃模倣自宇宙眞理」的「模倣論」影響最大。文藝復興時，人文主義興起，才出現如佩脫拉克（Petrach, 1304-1374）等人以「作家」爲「作品」之本的主張。此後，又陸續出現了「浪漫主義」之類以「作家」爲文學核心的觀念，於是「文學作品」便不再臣服於「宇宙眞理」之下了。尤其接著其後的「自然主義」、「寫實主義」、「象徵主義」、甚至於「現代主義」的風起雲湧，文學觀念可說已成多元的發展。底下，即以二十世紀以來的若干文學理論爲例，來檢視它們在四要素之間的位置，並略窺其特色。

㈠形式主義（Formalism）

形式主義可說是二十世紀以後五彩繽紛的文學批評現象的起點。它產生的歷史背景爲十九世紀末、二十世紀初的帝俄。當時，俄國不但貴族、平民甚至奴隸階級分明，貧富狀況更是懸殊；尤其是經濟的陷入困境，乃激使民衆於一九一七年推翻帝俄。形式主義即起於此時，而由史柯洛夫斯基（Victor Shklovsky）於一九一四年提出以下的宣言開始：

> 舊的藝術已經死亡，而新的藝術尚未誕生。很多事物也都死亡——我們對世界已失去感覺。……只有新藝術形式的創造才能重建人對世界的敏感、復甦事物、消滅悲觀主義。⑲

接著，又有雅克愼（Roman Jakobson）、穆卡洛夫斯基（Jan Mukarovsky）、巴克定／梅德維德夫（M. Bakhtin P. N. Medveder）等人的努力建構而終於形成。

史柯洛夫斯基主張文學的重心應是「文學性」，而非講究「作品」表現或再現了什麼的「文學的科學化」。所謂「文學性」則建基於語言，史氏認爲文學的語言並不同於日常的實用語言：文學作品即以經過精巧設計（device），而能打斷人們慣性的思考模式，讓他們覺得對「作品」並不熟悉（defamiliarization），即產生所謂的「陌生化」感覺。如以「詩」類爲例，形式主義認爲其最重要的部分並非象徵主義所強調的「意象」，而是眞正具有決定性的「安排和處理材料的手段」。

稍後的雅克愼則認爲「陌生化」只是短時期的現象，久了之後，原來「陌生」的語文也會成爲大家熟悉的對象。因此，文學作品的重心應是「作品中的主控因素」（dominant），因它可決定作品的結構、形式，甚至於文類等。譬如以「小說」爲例，它應是一種以「事序結構」爲基，即故事中的不同片段如何組成；然後更須進一步指出其「敘述結構」，即語言材料如何來呈現各個故事的片段，甚至於整個事件。而也是據此，我們才能知道「詩」何以成爲「詩」，以及「小說」爲何是「小說」。

捷克的穆卡洛夫斯基在受到雅克愼這個「主控因素」的影響下，也主張「文學性」是文學的最重要特性。但他卻從語言的角度出發，把觀照的範圍擴大，然後指出對「作品」而言，其「讀者」也具有非常重要的位置；因爲作品並非是孤立於社會之外的東西。

同時，俄國的巴克定（據研究，有時以梅德微德夫之名發表論述）更提出了「對話理論」，認爲「作品」乃是「作者」和「說話」者之間的「對話」（dialogue），是一種社會中的「語言」行爲，有非常重要的溝通功能。[20]

總之，「形式主義」以前二者爲代表，而若用四要素間的關係來檢視，則它顯然是屬於「作品」要素上的「客觀理論」之一。

(二)新批評（New Criticism）

「新批評」可以說是美國自一九三〇至一九六〇年間最具實質影響力的文學批評流派，它的名稱係因美國批評家蘭森（John Crowe Ransom）在一九四一年出版了《新批評》（*The New Criticism*）一書後而得名。在這本書中，蘭森顯現出這派文學批評實受到了三方面的影響：*1.*艾略特（T. S. Eliot）的批評觀念，如：詩就是詩，而不是其他東西；*2.*理查滋（I. A. Richards）的批評理論，如：藝術就只是爲了藝術；*3.*燕普遜（William Empson）在實際批評上的展現，如：七種模稜的類型。這一派文學批評主要是希望在當時頗爲流行的「印象主義」（Impressionism）和「歷史知識」（historical scholarship）之外，在文學批評界提出一個與形式主義頗能接軌的流派主張。

若從時間的縱貫面而言，「新批評」的主要人物除了前述的理查滋和蘭森之外，還包括了底下幾位批評家：布魯克斯（Cleanth Brooks）、泰德（Allen Tate）、渥倫（Robert Penn Warren）和溫莎等（W. K. Wimsatt）等。他們之間的文學批評觀念雖然各有重心，但卻都具有以下的共同主張：

1.文學批評的中心乃是「文學作品」，所以是屬於文學的「內在研究」；而凡是屬於「作品」之外的領域，如：「作品」的「作者」、時代背景、社會狀況、以及經濟條件等，都是文學的「外在研究」，非為批評的重心。

2.「文學作品」本身是一個自我完足的個體（self-sufficient entity），具有完整的獨立性。若再更進一步來看，它更是一個具有生命的「有機結構」（organic structure），其內部中的各部分不但都具有生命的變化，各部分之間也是一種牽一髮而動全身的緊密關係（contextualism）。

3.由於這一批評學派所重視的文學類型是「詩」，所以批評的重點並非作品內容的情節或人物特色，而是「詩」的「語言」。因此，批評的重點和方式便是針對詩的「語言」進行「精細的閱讀」。

4.在語言上，新批評強調須避免使用邏輯嚴密的和科學的語言，也反對把日常生活中的實用語言入詩。由於它特別重視「抒情詩」（lyric poetry），所以在語言上，它關注的是下列幾個語言技巧，使抽象情意具象化，且達到深刻動人的豐富「意象」；使含意可以擴大到包括文化和習慣在內的「象徵」；以及藉由自我矛盾的設計而產生機智趣味的「反語」；和可以使意義更加深邃的「反諷」等。㉑

總之，「新批評」乃是一個以「文學作品」為全部批評對象的批評觀念和流派。若以四要素間的關係來檢視，它也是屬於「作品」要素上的「客觀理論」之一。

㈢馬克斯主義和新馬克斯主義（Marxist and Neo-Marxist Criticism）

由於馬克斯主義文學批評和政治緊緊相聯，而且是社會主義國家在文學上的指導原則，因此，它可說是二十世紀的前七十年間世界上最具實際影響力的文學批評。它以反資本主義，尤其在過度重視消費這一點上為基，而提出了一個「總體性」的理論：

人類社會因包含了不同的階級，以致於其間充滿了階級矛盾。而因這種矛盾所引發的階級鬥爭，一方面固然會使社會呈現不穩定的狀態，但另一方面卻推動了歷史的進展。在不同的階級上，社會主義者認為無產階級的普羅大眾乃是正義的一方，這是因為他們不但長期受到資產階級的剝削，而必須起來鬥爭；又因為經濟、也就是物質條件的動力來自他們，所以對社會的貢獻很大。除此之外，普羅大眾雖位於社會的底層，但卻可以產生屬於社會上層階級的知識、文化和「文學」等。因此，文學也就必然是社會的反映了。

大致說來，馬克斯主義文學批評應可用是否與實際的國家政治有關而劃分為兩期；即：前期與國家文化政策密切相關的「庸俗馬克斯主義文學批評」（Valgur Marxist Criticism）和後期與國家政策無關的「新馬克斯主義文學批評」（Neo-Marxist Criticism）。底下即據此稍加描述這兩個文學批評。

1. 庸俗馬克斯主義文學批評

馬克斯（Karl Marx）希望建立一套客觀而必然的規律來解釋整現實世界和歷史的現象，乃以物質條件爲基，而提出辨證法來說明社會進步的過程。在「文學批評」上，他把「文學」視爲一種「意識形態」（ideology），並認爲它的目的是忠實地反映社會現實——尤其是社會階級間的矛盾。恩格斯（Friedrich Engels）則更進一步強調文學作品中的人物應類型化，而讓他們在特定的社會環境中去呈現其形象，以產生其個別的價值。

使馬克斯主義文學批評擁有眞正影響力的是俄國的列寧（V. I. Lenin）。由於他是政治領導者，而且對文學又有工具性的認知，所以他的文學觀念也產生了具體的影響力。他接受馬克斯主義的觀點，認爲文學的發展與該時期的歷史和物質條件息息相關，而將「作品」和「當時的政治決策」結合起來，並主張「作品」的價值應以它是否配合政治的決策爲標準。自此之後，俄國的文學批評更與「共產黨」結合，形成了作家必須接受黨的指示，宣揚黨的精神，並以毀滅資產階級的文學爲目標了。

在中國大陸的情形也一樣。自一九四二年毛澤東在延安講話之後，用歷史惟物論解釋文藝，並要求文學須爲革命和政治服務乃成爲文化政策。共產黨建國之後，社會主義的現實主義，也就是在寫實中呈現愛國愛黨的熱忱便成了創作上的圭臬了。

2. 新馬克斯主義文學批評

「庸俗的馬克斯主義文學批評」雖然在社會主義國家擁有鉅大的影響力，但也使文學成了爲政治服務的工具。不過，這情形到了匈牙利學者魯卡契（Georg Lukács）提出「批判的寫實主義」（Critical Realism）之後便開始了一種新的馬克斯主義文學批評的浪潮。魯卡契主張，文學不應只是重製當代現實社會中的意識形態，而是應融入現實之中，在屬於自己的生產與接受的規則裡擁有相當程度的自主性（relatively autonomous），用典型的方式來反映當代社會的意識形態。由於重視典型、總體性，所以他反對現代主義裡的強烈個人主觀的態度和描述瑣碎事件的技巧。

魯卡契之後，新馬克斯主義的學者紛紛出現，如布萊契特（Bertolt Brecht）、阿多諾（Theodor Adorno）、馬庫色（Herber Murcuse）和班傑明（Walter Benjamin）等。他們的主張雖然各有偏重，但同樣的都是在對馬克斯主義文學批評進行修正和重新發揚的工作。其中，尤以都是受到阿蘇色（Louis Althusser）影響的美國詹明信（Fredric Jameson）和英國伊格頓（Terry Eagleton）較具影響力。

阿蘇色在結構主義和心理分析理論的影響下，不同意文藝是由「社會——經濟」這一個條件來決定，而是受到許多複雜因素的共同影響。因此，文藝是可以超越社會和經濟條件的。

詹明信非常喜歡各種理論。他運用後結構主義和拉岡派的心理分析理論（Lacanian Psychoanalysis），提出了「政治乃是人類天生即具有的集體無意識」（collective political unconscious）之說；並且進一步指出，這種被意識形態壓制下的集體式無意識，其實是可以採用兼具了歷史性和政治性的閱讀方式來把它呈現出來的——只要能夠以了解當前和過去歷史中，凡意識形態都會有想要去涵蓋作品文本中的含意、意義和矛盾的企圖，來作爲閱讀它們的基礎。

伊格頓則融合了傳統的馬克斯主義和後結構主義，提出「文學作品乃是從人類心中的意識形態所生產出來的」主張；而這種生產的過程則是科學化的，即：由歷史（包括社會、經濟等），經由「符號」而形成了人類的意識形態，再經由「符號」而生產出作品的文本。㉒

若以四要素間的關係來檢視「馬克斯主義」和「新馬克斯主義」的文學批評，「馬克斯主義文學批評」乃是屬於「作品」與「宇宙」之間的關係，而「新馬克斯主義的文學批評」則屬於「作家」和「作品」、「宇宙」三者間的關係了。

㈣接受理論（Reception Theory）和讀者反應批評（Reader-Response Criticism）

「接受理論」和「讀者反應批評」的共同特色，就是將文學批評的重心從形式主義、新批評和結構主義（structualism）所強調的只以「作品」爲探討中心，轉到「讀者」上。不過，兩者的產生背景和理論內容卻均有不同。「接受理論」出現於德國，而以姚斯（Hans Robert Jauss）爲其中最著名的理論家。姚斯在德國哲學家加達瑪（Hans Georg Gadamer）的詮釋學（Hermenutics）和海德格（Martin Heidegger）的現象學（Phenomenology）影響下，指出形式主義文學批評的缺點是缺少宏闊的歷史視野；而馬克斯主義則有過於拘限於歷史進化觀的缺失。他認爲任何文學作品都具有其歷史的背景。任何作品在被創作出來的時期，都曾被當時的讀者接受過；而且隨著時間的進展，它在不同的時代被接受的情況也都不會相同。換言之，若自歷史發展的角度來觀察，作品自從被創作出來之後，它在不同時代受到各種不同的方式接受的情形，其實是可形成一個新的文學接受史的。而爲解決過去的作品在當時被接受的情形與現代讀者如何接受它的複雜關係，姚斯乃借用加達瑪的「不同領域的融合」（the fusion of horizons）的觀點，提出批評家一方面應了解這種情況，同時也要經由把作品的文本視爲人類共同的產物的認知來直接面對它，並對它提出屬於以個人爲基的接受觀點。

「讀者反應批評」與「接受理論」的差別處，乃在它並不強調作品在不同的時代，尤其是在它被創作出來的時期是如何被接受的問題。這一派的文學批評家甚多，但卻各有不同的主張；不過，其共同特色爲都在強調文學批評應以「讀者」爲重心，而說明「讀者」如何閱讀和解釋作品。其中，以德國的伊瑟（Wolfgang Iser），和美國的布雷契（David Bleich）、費希（Stanley Fish）最有名。伊瑟被認爲是惟一可跨越「接受理論」和「讀者反應批評」的文學批評家。他在波蘭哲學家英卡登（Roman Ingarden）的現象學影響下，指出：「作品」雖然是一個「客觀的結構」（objective structure），但任何結構中都會有「間隙」（gaps）和「留白」（blanks）；而這種「間隙」和「留白」正是「作品」的「讀者」必須用其想像力去填補的地方。布雷契則認爲：文學的作品，其意義無法在文本中找到，而需由「讀者」用強烈的情感去回應「作品」才能產生。

由於他非常重視讀者的情緒反應，所以也常被稱爲「主觀批評」（subjective criticism）的鼓吹者。費希則比布雷契客觀。他認爲：根本不可能會有所謂全然的主觀反應，因爲，作品的意涵是無法與讀者的經驗、甚至學識分開的；亦即讀者在閱讀作品之時，已經累積了他過去所有的經驗和學識，包括對文學的形式、內涵與傳統的了解等。不過，從根本上言，作品的意涵及意義最後仍是由「讀者」以其過去的經驗爲基而「解釋」出來的，更具體地說，它是「讀者」與「作品」之間一連串的詢問與回答的結果。當然，在這種情況下，不同的「讀者」對同一個「作品」也會有不同的解釋結果。㉓

若以前述的四要素間的關係來檢視「接受理論」和「讀者反應批評」，很顯然的兩者都產生於「作品」和「讀者」之間的關係上。

㈤結構主義（Structuralism）、符號學（Semiotics, Semiology）、後結構主義（Post-structuralism）和解構主義（Deconstructionism）

從宏觀的角度來看，「結構主義」所涉及的領域十分廣泛，包括：語言學、心理學、社會學、人類學、民俗學和神話學等等；因此，它可說是一個範圍非常廣的社會文化現象，而不只屬於文學領域而已。雖然有關它的主張和流派很多，但都具有一個共同點，就是認爲「結構乃是一個由許多個因素組合而成的系統——而因素之間是彼此相關聯的。」底下在說明結構主義文學之前，有兩個理論必須先有概括性的了解。一是瑞士語言學家索緒爾（Ferdinand de Saussure）的語言學理論和法國人類學家李維史陀（Claude Lévi-Strauss）的人類文化學理論。索緒爾在研究語言學時，曾提出兩個影響到結構主義的重要術語：「語言」（langue）和「說話與書寫」（parole）。他認爲，任何「語言」都是一個系統，其內容則包括了語音、語意和語法的規則等；而任何「說話和書寫」則必須在這個「語言」系統之內來表達，才能夠產生意義並具有功能。換言之，「說話和書寫」乃是組成「語言」系統的要素。李維史陀在借助心理學和社會學理論研究「神話」時，首先指出：人類的各種傳統（convention）都具有自身的體系，如：神話、禮俗、血緣關係、甚至於吃的文化等；而各體系中也都可化約出若干個結構上的特色。在這些特色之間，我們都可以發覺有關聯性存在。其次，「神話」乃是所有人類內心之中的一個共同結構，也就是人類開始會思考時所形成的一個世界性的敘述模式；而任何文化便都是靠這種心中的抽象系統建構而成的。

結構主義文學批評發生於許多國家，在此便以最爲著名的俄國和法國爲例來說明。在俄國，結構主義文學批評以研究民俗文學的形式主義者普洛波（Vladimir Propp）和前頭已提到過的史柯洛夫斯基所提出的理論最具影響力。普洛波在研究俄國的民間故事時指出，所有的故事可說都是一個由若干「人物」的類型和「行動」的類型所組合而成的結構。其中，「行動」尤其重要，因爲它擁有促使故事的情節得以展開的「功能」。普氏並更進一步指出，民間故事的整個敘述結構會如何，其實是由其內的許多「功能」到底是採取何種方式來結合所決定。至於史柯洛夫斯基則以敘述體文學爲研究對象。他認爲，敘述體文學主要是由故事和情節所構成，「故事」乃敘述體文學的主幹，而大多以時間的先後次序來安排，因此很容易了解。「情節」則是在故事的進行中使故事更爲精彩、更具藝術化的部分，因此它常須打破時間的序列；而在表現手法上，則多以「陌生化」的技巧爲主。

在法國，結構主義文學批評者以羅蘭・巴特（Roland Barthes）最著名。他首先把文學研究的路線分爲：以時間先後爲主的文學史（histoire）和用語文重建意義的言說（discourse）兩種；而認爲文學批評應以後者爲重心。在現象學者梅羅・龐蒂（Merleau Ponty）的主張：人們觀察的對象應是獨一無二的，因此觀察的範圍也應以該對象爲主的影響下，羅蘭・巴特指出，文學作品的表達媒介——語文乃是一種符號（sign），它與它所指涉的事物之間，其關係並不嚴密而有很大的距離，因此需藉著「聯想」去補足才行。換言之，對羅氏而言，文學乃是一個爲人活用的系統。在這裡，由於羅氏重視「讀者」地位的重要，所以他後來果然成爲「後結構主義者」；另外，他也把「文學作品」（work）視爲「文本」（text），其所傳達的「訊息」（message）須靠「解碼」（de-code）的過程才能顯露出其意思，所以後來也成爲一位「符號學者」。[24]

從以上的說明來看，若把「結構主義文學批評」放入四要素間的關係來檢視，它顯然是產生於「作品」上，是屬於「客觀理論」的範疇。

在羅蘭・巴特提出的結構主義文學批評中，最具特色的當屬「五種文學語碼」（five literary codes）。茲將其摘要說明如下：

1.動作語碼（the code of action, proairetic code）：要求讀者在一連串的事件中找出其意義。

2.疑問語碼（the code of puzzle, hermeneutic code）：提出必須要回答的疑問。

3.文化語碼（the cultural code）：文本中與傳統文化有關的知識和價值系統。

4.內涵語碼（the connotative code）：表達出文本中由人物特色所發展出來的主題。

5.象徵語碼（the symbolic code）：關於作品意義的象徵性主題。

羅氏指出，讀者在閱讀文本時，當然不一定要把五種語碼全部運用上去；同時，也可以混合使用其中數種，而不只一種語碼，以揭示出文本的意涵及意義。這種文學批評，即所謂「符號學」（semiology 或 semiotics）。這一派文學批評家除羅蘭・巴特之外，還有美國的柯勒（Johnathan Culler）。柯氏在索緒爾的語言學和美國的前輩符號學者皮爾斯（C.S. Peire）的影響下，主張文學作品不可能超越其傳統而存在。因此，凡是有知識和沒有偏見的讀者，在擁有對傳統的語音、語意和語法結構的了解下，應把文學作品視爲傳達訊息的符號系統，而以積極的態度去閱讀文本，如此才能拓展作品的意涵。㉕

若從四要素間的關係來檢視，「符號學」文學批評基本上雖然仍與「結構主義文學批評」一樣，非常重視「作品」的重要地位；但它已開始要求「讀者」應運用各種知識和訊息來尋找文本的確定意思和更深層和含意，所以應屬「作品」與「讀者」之間的位置關係。

「結構主義文學批評」的基本觀念是作品係一個完整的結構，而其意涵則是由作品中文句之間的關係如何聯結所建構出來的。而所謂「後結構主義文學批評」乃是一種針對「結構主義文學批評」提出不同，甚至反對見解的各種文學理論之統稱。這些理論當然彼此不盡相同，但因都在「結構主義文學批評」之後，所以便都被稱爲「後結構主義文學批評」了。

「後結構主義文學批評」的名家和理論甚多，但以下列諸人最爲著名。其中，尤其在法國的「解構主義」哲學家德希達（Jacques Derrida）影響最大。

德希達提出「延生歧異」（difference）之說，用來顚覆歐洲傳統上擁有鉅大影響力的「唯道中心主義」（logocentrism）——一種主張在書寫的語文之內即包含了一個必可讓語文自我證明意涵是什麼的觀念。德氏認爲語文不但沒有屬於創始時的明確意思，也不可能有終結其不斷產生不同意思的時刻。因此，以語文爲傳達媒介的文學作品便常會有「解構自己」的情形，而作品也就不可能會有固定不變的意涵了。換言之，對德氏而言，因語文具有不穩定性，所以作品的內涵其實是開放的。而德氏之說便是有名的「解構主義」。

除了德希達之外，「後結構主義文學批評」的著名學者還有羅蘭・巴特，克莉絲特娃，和狄曼。

羅蘭・巴特因提出「作者已死」一文而引起文壇騷動。他認爲只要「文學作品」一完成，它的內容和意義如何，其原「作者」已完全無法置喙，而由任何「讀者」去說明。因此，羅氏也被認爲是「後結構主義者」之一。

克莉絲特娃（Julia Kristeva）也主張語文乃是一種符號系統，這個系統本身比其所傳達的意思重要。她認爲文學作品透過語文所表達的意思是什麼，乃是由其傳達意思的「過程」所決定；而在這種傳達的過程中，語文常會發生創造出新的意思，或者埋葬了舊的意思的情況，因此，文學作品是不可能有穩定的意思的。

狄曼（Paul de Man）主張，語文常會在其文法結構和修辭技巧之間產生矛盾，因爲前者是使語文能清楚地把意思表達出來的規則，而後者則是爲了創造出特別的效果而必須破壞文法規則的技巧。這兩者之間的矛盾，使得文學作品因此而形成了內容無法確定的特色。不過，若能用「解構式」的方法去分析，則這種文學的特色正可以藉此顯現出來。㉖

若從四要素間的關係來檢視，德希達的「解構主義」乃屬於「作品」的「客觀理論」，羅蘭・巴特的「作者已死」則位於「作品」與「讀者」之間的關係上。至於克莉絲特娃和狄曼的理論，也都屬於針對「作品」而分析的「客觀理論」。

第四節　實際批評

前已述及，對文學作品的「了解」與「欣賞」乃是讀者閱讀作品時其內心所產生的活動。而當讀者把他心中的這種活動有見地、而且有系統地用文字表達出來時，「讀者」便成了「批評家」，而他說明作品的文字便是「實際批評」了。這種「批評」，不但與主觀的「欣賞」不同，也與隨興的說明有別；它主要是融合了學識、經驗、和理性於一爐的闡釋與評價。所謂「闡釋」，乃「批評家」以其洞見對「作品」所作的有系統的說明、或深入地挖掘出作品的內涵與意義；至於「評價」，則是以文學史的縱深和當代文壇現象的廣度爲基，把「作品」放入其中而判斷出其價值的高低爲何。換言之，任何文學作品只有在批評家對它進行過實際的批評之後，才可能在當代文壇、甚至於整個文學史上佔有一席之地。

不過，實際的文學批評之所以會如此重要，乃因其有理論和方法所致，前者使批評具有洞見、而後者便批評具有說服力。通常，批評家在進行實際的批評之前，都會有預先設好的特別目的和焦點。譬如說，批評的目的到底是想挖掘出「作品」的實際影響力或判定其在文學史上的地位；或者批評的對象是整個作品的結構、或只是其中的修辭、用語等。因此，底下便將分別從「美學性」和「實用性」兩種性質，以及「作品全部」或「局部」兩種範圍來進一步說明文學的「實際批評」。

一、美學性的實際批評

前已述及，「美學」乃文學的根本要素之一。文學有了它之後，才能從影響力鉅大的實用性思想解脫出來，即拋棄了道德教化的束縛，也放棄了權力和名利的誘惑，而以「美」爲惟一的追求目標。自人類內心活動的角度而言，「美」不僅會讓人產生愉悅的感覺，也可以令人深深地感動，甚至更進一步地淨化人的心靈、和昇華人的精神。不過，這些屬於「讀者」閱讀之後的結果，若沒有包含著「美的質素」的「好作品」來作爲觸媒，是不可能會產生的。因此，「作品」何以能讓人產生美的感受便非常重要了；而「美學性的批評」和「實用性的批評」也成爲文學實際批評的兩大取向。

所謂「美學性的實際批評」，乃是藉由挖掘出「作品」內的「美的質素」，來說明「讀者」何以會在閱讀它之後，在其心中產生「美」的效果。

「作品」中的「美的質素」，可包含在其「內容」裡，也可以包含在其「形式」上。我們先來討論「內容」部分。文學作品的內容所包含的美的質素大抵以下面四個項目最爲重要：讓人印象深刻的「人物」、引人注目的「題材」、扣人心弦的「情節」和動人的「故事」。好的作品雖然不必同時兼具這四個項目，但至少得擁有其中的任何一項。爲節省篇幅，底下便以四者兼具的情況爲例來說明。

「作品」中的人和物（都是經過擬人化的）乃事件進行的主軸，他（它）們越接近眞實，也就越容易讓人了解和接受。但相反的，他（它）們所遭遇的事件只有越不尋常，才越可能將人物的深刻面展現出來，例如：人性中的犧牲自我、完成別人的善良；人性中的自私自利，以別人的受害爲自己踏腳石的醜陋；還有人性中在面對任何艱困的環境而表現出的堅忍毅力等。而正是這些深刻的內涵提供給讀者新的認識，並因而感動讀者、改變讀者。不過，「作品」要能夠達到感動或改變「讀者」的程度，非要有曲折複雜、隨時扣人心弦的過程不可；這個過程，就是情節。隨著情節的逐步推展，「作品」除了能吸引「讀者」的注意力，讓「讀者」越來越覺得好奇而捨不得中斷其閱讀，希望能了解故事的究竟外，也會藉由誘使「讀者」將其感情投入作品之中而產生如同身受的感覺，也會使「讀者」的理智因受到震撼而激起深思的反應。

至於在「作品」的「形式」部分，通常「美的質素」乃蘊藏於其「結構」和「語文」兩個項目中。

「作品」的「結構」，即其內部的佈局組織。不論作品屬於任何一種文類，一般說來，它都會在隱約之間以某個「基準」，譬如「情節」，爲劃分單位，而將這些單位排列成一個順序，以形成作品的結構。通常，它的順序多以「時間先後」爲據；因爲這是使故事能明白呈現出來的最自然方式。不過，爲了讓故事得以更爲精彩、更具吸引力，這些單位的組成有時會打破以時間先後爲序的方式，或者另外採取「逆反」的方式，如：使某個時間突然停住，而借回憶以敘述過去的事情；或者採用「相互交叉」的方式，如：讓不同的或相同的人物，在不同的時間，於不同的地點進行某些動作，形成某些事情，而藉此或清楚顯現事件的來龍去脈、或創造出曲折、懸疑，甚至鮮明對照的效果等。這些特殊的佈局安排所形成的作品結構，都能造成「讀者更仔細去思考」的效果。

「作品」的「語文」通常可分爲敘事體（如小說）、抒情體（如詩歌）、描寫體（如散文）、與呈現體（如戲劇）等。敘事體因必須將事件說明清楚，所以其語文以「流暢、自然」最爲重要；抒情體爲了使作者內心中的抽象感受具體地表現出來，所以多講究使用「情景交融」的詞語，如意象、象徵等，和恰當的語調，如語氣詞等。描寫體爲了準確刻劃，並深入掌握對象的特色，所以其語文以細膩爲主。呈現體因係由人物自我呈現自己，所以在語文上，以配合人物身份和環境氛圍的「對話」最爲關鍵。這四種語文的體裁，在作品中時常是難以截然區隔的，因作品中可能常會有同時需要這四種語文體裁共同配合的情況，譬如以「小說」爲例，它當然在整體上需以敘事體爲主軸，但其人物需要抒情體來抒發內心的情意和思想，需要描寫體來刻劃其外貌和環境，以及需要呈現體來與別人對話等，乃是毋庸置疑的。而「語文」的成功，當然可以使作品擁有吸引人的力量。

這種「美學性」的「實際批評」因包含了對「作品」的細部分析，所以有人乃更推進一步，認爲這種批評也具有兩種「實用的功能」，即供「作家」寫作時的參考，以及指導「讀者」如何去閱讀。

二、實用性的實際批評

實際批評的主要目的乃在深入抉發「作品」對作品之外的世界可能，或已經產生的影響。因此，它與本書第五章從「作品」分別對「作者」、「讀者」、「社會」、「歷史」、甚至「文藝」等對象析論「作品」的功能可說大抵相當，故而可以拿來與此參照。只是，第五章之所以從「對象」的角度來討論「作品」的功用的作法，乃是爲了配合本書的總體架構而特別設計的。至於這裡，則將回到一般討論文學的實際批評中有關實用性批評的主流；從「普及性」及與「現代有關」的觀點面來討論，從這種觀照面出發，既可避免特別對某個或某些對象，譬如「作者」和「讀者」去討論，因爲這類功能有很大的侷限性；同時「作品」曾經在過去擁有的外交功能（如：《春秋左氏傳》中以《詩經》裡的詩歌作爲相互對話的依據）和社交功能（如：古希臘城邦時代的「說服」persuasion 功能）因現今已不可能存在，所以也不予討論；另外，有關批評「作品」比「歷史」更能存眞，且可供後人借鑑的功能，因需要以詳實的考據爲基，而且又與「文學」有頗大的差距，所以這裡也不加以討論。因此，底下所要討論的，乃是從大處著眼，且頗受現代批評界重視的三種功能：

㈠揭發社會的重大問題而加以批判

從內容上而言，文學作品大致可以說是社會的反映。但它的重點並不在強調這種反映是否完全符合社會的眞實狀況，而是以技巧的手法，如：誇張、諷刺等揭露社會問題的關鍵，並加以深刻地批判。以台灣現代文學爲例，瓊瑤的言情小說在六、七十年代曾風行一時，其優雅的語文是吸引人的，如詩的造境也十分動人，但卻很少受到批評家的肯定，因爲它們幾乎千篇一律地描寫少數青年男女如何追求夢幻般情愛的過程，而脫離了現實社會、甚至可說不食人間煙火，因此遑論有深刻的內涵了。相反的，楊青矗的女工小說雖然在語文上粗糙淺露，人物的刻劃也缺少令人印象深刻的特色，但卻因觸及了社會的問題，且加以批判，所以能受到批評家的青睞。

㈡藉著刻劃人物而挖掘出人性的深刻面

文學的內容既以社會萬象爲範圍，而「人」又是社會萬象的核心，因此文學實在可以說是一種從「美學」的角度出發，而用語文爲表達媒介來探討「人」的形式。然而，「人」卻是非常複雜的；即使是「個人」，不但其內心世界的情意、思想、想像和經驗都與他人不同，就是表現到外在的語言和行爲也會有與衆不同的特質，便何況是包括了許多人與人、人與社會、和人與自然界之間的各種關係了。不過，在這般紛雜的現象之下，卻有一個貫穿其間的軸線——人性，因此，文學作品如果能夠藉著刻劃人物時把深刻的人性展現出來，便可呈現出其價値所在了。我們可用老舍的《駱駝祥子》爲例來說明。祥子是個外貌質樸的鄉下人；因家鄉窮困而到城市找出路，並以年青力壯的條件找到拉向人租來的洋車的工作。自此之後，擁有一輛屬於自己的洋車乃成爲他最大的願望。他刻苦耐勞，省吃儉用；但在看到比他窮困的人時，他會主動地去濟助他們。有人建議他把存下來的錢拿去放高利貸以快速賺更多錢時，他並沒同意；而在他把辛苦三年的錢買了屬於自己的洋車，卻在不久之後被亂軍搶走時，他展現了韌性，繼續奮鬥。他接受車行老板的女兒虎妞的特別關照，也與她結婚。但卻不貪圖岳父的龐大車行事業，也不聽妻子的話去一起做小買賣，而堅持以妻子的積蓄買了一輛自己的洋車，想靠自己的勞力生活。可是沒想到虎妞卻難產而死，讓他不得不把車賣掉去葬妻子。最後連僅剩下來的希望——小福子也死了後，祥子終於在完全絕望之下走向墮落和死亡。這篇小說當然是個悲劇，在作者的刻劃下，祥子的心地善良、刻苦耐勞、有責任感、也不貪心等特質都栩栩如生地表現出來了；但卻在固執的個性和不懂社會局勢的影響力下，完全被打敗了。

㈢成功地展現某（些）文化系統的特色

文學不但可以反映社會現象，刻劃人性的特質，也能夠展現出某（些）文化系統的特質，以擴大讀者的眼界和胸懷。我們底下舉兩個例子來說明。

日本作家川端康成的小說《雪國》，敘述一個中年舞蹈評論者島村，因精神空虛而到雪國去賞玩，在偶然的機會中，他遇到了青春熱情的藝妓駒子和美貌溫婉的葉子，而沈迷於這兩位女子的愛情世界中：前者率眞熱情，後者成熟含蓄。小說中對女子的容貌、身體和表情刻劃得精巧細膩，但並不從肉慾的角度去描寫，而以欣賞的方式來表達。另外，兩個女子的不幸背景和遭遇，也把小說敷上一層淡淡的哀傷氣氛。因此，使這部小說被認爲具有日本文學傳統中物慾、抒情、感傷、惟美、以及大自然等融合爲一的風格。

又如哥倫比亞作家馬奎斯的小說《百年孤寂》，敘述布恩迪亞家族在沼澤之地馬孔多傳衍七代、歷時百年而突然消失的故事。這個傳了七代的家族，每個人都有獨特的性格和特殊的遭遇。

有人個性疑神疑鬼、有人沈迷於創造發明，有人浪跡天涯、有人從軍打仗，有人被暗殺、有人因疾病而死亡，有人偷情、有人亂倫；加上作者融合了預言、神話和迷信等因素於其中，使這部小說展現了拉丁美洲人習以爲常的在現實中充滿神奇事蹟的經驗。馬奎斯創的「魔幻寫實主義」因而震驚文壇，而這部小說也成了拉美洲小說的代表作了。

三、對「作品全部」與「局部」的實際批評

從範圍上而言，實際批評的對象，可以是「文學作品的全部」，也可以是「文學作品的某部分」。不過，在現代文學理論的影響下，越來越多人同意「文學作品」的內涵與意義應是開放，而非確定的，所以對作品的「全部」進行實際批評，便會有範圍過於龐大，以致於無法在固定的篇幅內對作品的各部分作一一的分析、解釋和評價了。相反的，對文學作品的某（些）部分作集中式的批評，也就成爲實際批評的主要走向了。

當然，歷來對作品的全部進行實際批評的例子很多，譬如，評《金瓶梅》時，說：它是「寫實」小說，有人物刻劃生動細膩的優點，但其內容卻有過度渲染淫亂與放蕩的行爲之嫌。又如評《西遊記》時，說：它乃「寄託性」的小說，主要在借著刻劃作品中的「人物」，來諷刺當時朝廷的昏君和佞臣、甚至還含有批評當代社會亂象的目的。這些批評的確都各有所見，不過卻多屬於概括式的結論說，而缺少讓人了解、並接受的該作品何以會有這種批評的過程，因而也不易吸

引和說服人。

現代多數的實際批評，已轉向到把批評論述的題目先限定在作品的某部分範圍上，如：某詩歌的「意象」、「張力」，某小說的「人物」、「情節」，某散文的「語文」、「修辭」，某戲劇的「矛盾」、「結構」等。這些都屬於針對作品的「形式」作「美學性」的批評，由於論題明確、範圍有限，因此若所採用的理論與方法也恰當的話，其批評多能直指核心，且能提出深具洞見的結果。

另外，從「實用性」批評的角度出發，將文學作品的「內容」與社會結合起來論述的情形也頗為流行。以台灣現代文學為例，六〇年代的鄉土文學論戰即是著名的例子。這些批評的影響力雖然頗大，但平心而論，一方面因其工具性色彩過於濃厚，而造成了忽略作品美學的內涵，使作品論為次要地位的缺點；二方面由於意識形態鮮明，且在論述的過程中，不但常出現強烈主觀的排他性論述，而且在邏輯上，也有把小說「等同」於社會描述的錯誤認知。因此，這些批評雖然在當時對文壇（包括創作和批評）頗具影響力，但並無法持久。

第五節　文學研究的跨學科趨勢

文學的內容既然無所不包，那麼有關文學的研究當然也應該可以依照研究的對象何在，而借助該對象所屬的領域中已成形的研究方法。事實上，若以二十世紀的文學狀況爲觀察的對象，我們實不難發現在這段期間中，文學不但在「創作」和「閱讀」的方法上已明顯地受到許多其他學門，如：語言學、心理學、社會學……等的影響，即在範圍更廣的「研究」上，也有同樣的情形。我們甚至可以說，二十世紀的文學研究其實已經走向科技整合（interdisciplinary study）的道路了。換言之，文學除了可以用發展自文學領域的方法來研究之外，各學門的許多重要觀念和方法也已被採用來研究文學，並且已達到前所未有的將文學的領域拓寬和挖深的成果了。只不過，我們在此仍必須強調，當研究者選擇非文學領域的研究方法來研究文學之時，至少必須留意到下面三個基本認知：㈠因爲每個學門的研究方法必然都是以其領域爲背景而形成的，所以並非所有的方法都可以被運用到文學研究上。㈡每個學門的研究方法都有很多，因此，研究者所借用的方法是其中的那一項或某些項，都須具有與所研究的文學對象有關，才可能會達到言之有據的效果。㈢借用方法時，因該方法原來的性質和目的和所要研究的文學對象之間必會有或多或少的差異，所以不宜將該方法全部硬套到文學研究上，而應注意到其適用度如何？甚至有時還須將該方法加以適度的調整與修正，才能有效地使用。

以二十世紀的文學領域爲例，與文學產生過交集或跨越現象的學門實在很多，而且也有不少研究成果已顯現出來。因此，我們所看到的是，某些模糊不清的文學觀念被澄清了，某些具體可用的方法被提出來了，甚至於文學原有的領域被拓寬了……等。由於這種文學與其他學門之間所出現的科際整合現實可視爲二十世紀文學研究中最令人矚目的特色，所以底下即以鳥瞰的方式將其勾勒出來：

一、與「語言」有關者

㈠現代主義
㈡形式主義
㈢結構主義
㈣新批評
㈤解構主義
㈥符號學
㈦文類學

二、與「社會」有關者

㈠馬克斯主義
㈡新馬克斯主義
㈢文學社會學

三、與「政治」有關者

㈠女性主義

㈡後殖民批評（又可稱爲：東方主義或第三世界文學批評）

四、與「哲學」有關者

㈠現象學

㈡詮釋學

五、與「心理」有關者

㈠心理（精神）分析

㈡神話批評

㈢基型（原型）批評

六、與「傳播」有關者

㈠讀者反應理論

㈡接受美學

㈢對話理論

七、與「文化」有關者

㈠後現代主義

㈡文化式文學批評

八、與「歷史」有關者

新歷史主義

上面這個列表有兩點必須加以澄清。一是在涵蓋面上，它只能說是把二十世紀中與文學研究有密切相關的學門及其交集後的結果「大致」表列出來而已。「主題學」屬於文學自身學門，在此便略談。二是在歸納上，有某些「文學研究」其實是文學和兩種以上的學門相互交集而成的，譬如「對話理論」也與「政治」有密切的關係，「符號學」也與「傳播」學門有密切關係，「神話批評」也可列在「文化」學門裡等。

第六節　二十世紀文學研究跨學科趨勢舉隅

底下，我們即對上一節的列表中本書尚未說明過、卻又頗爲重要的項目稍加說明，以作爲本章的結語：

一、現代主義（Modernism）㉗

「現代主義」乃是一種國際性的思潮，雖然我們很難明確地指出「它」是於何時起源於何地，但多數的學者都傾向於將「它」的流行期限定在一八九〇到一九四五年間，而以一九二〇到一九四〇的二十年為高峰期。「它」的出現，可以追溯到十九世紀時，歐洲因機械的普遍採用而改變了人類的生產方式，進而造成了社會原有的結構解體，原有的價值觀崩毀的結果。於是人們乃開始產生了「人是什麼？」「其價值何在？」等困惑，甚至於出現了悲觀的態度。尤其在第一次世界大戰（其實是歐洲內的國際戰爭）爆發後，更使各國的政治和經濟呈現一片混亂的景況。這一情況影響所及，文學和藝術上乃興起了一股「前衛」（avent-garde）的風潮，作家們以掙脫傳統束縛為發揮自己才華的前提，而將自己定位為「創造者」（creater），並拒絕擔負起延續傳統的責任。於是，「異化」（alienation）、「疏離」（isolation）乃成為作品的普遍主題。要而言之，「現代主義」思潮下的文學，大概都具有以下三個傾向：

㈠**因為要探討「人是什麼？」**故而乃大量挖掘人的內心世界，於是「衝動」、「潛意識」等名詞乃一一出現，而作品也成為作家「自我表現」或「挖掘人們內心」的工作了。

㈡**因拋棄傳統，所以作品的語言、結構、形式等**都以如何才能與傳統劃清界線的「新奇」為主，於是「誇張」的描述、「零碎」的結構和「模糊」的含意乃成為作品的風尚。

㈢**對於向來未受作家青睞的題材**，如：腐敗、病態、頹廢、顛覆等，乃成作家的最愛；尤其在描述方式上，乃從眞實的反映轉向為變形和扭曲正常現象為主。

這股風潮，歷來的文學史家都以一九二二年為最高峰；因為在這一年之中，同時出版了喬埃斯（James Joyce）的《尤里西斯》（Ulysses）和艾略特（T. S. Eliot）的《荒原》（*The*

Wasteland）兩本鉅著。前者以刻劃人性的黑暗面，指出社會群體制度的不可靠爲基調，而以「流亡」爲主題。後者則把社會比喻爲毫無任何生意和希望存在的一片荒涼世界。

二、文學社會學（Sociologie de la Littérature）㉘

文學社會學是一種發生、並流行於法國，主張運用社會學方法來研究、探討文學現象的文學觀念和流派。底下即以這個流派中最具代表性的三位學者來說明其特色。大致說來，文學社會學係由斯達勒夫人（Madame de Stael）於一八〇〇年出版《從文學與社會制度的關係論文學》之後開始。史氏以科學的研究方法來討論和解釋文學和社會的關係；其特色爲強調外在環境，如時代的風俗習慣及氣候等對文學的影響。其中，尤其是以社會的背景和政治的制度最爲重要。而也因此之故，不同的時代必會形成不同於其他時代的文學。

另外一位代表是「波爾多學派」（Ecole Bordelaise）的領導者艾斯噶比（Robert Escarpit）。艾氏於一九五七年出版《文學社會學》，而使這個名稱被確定下來。他的研究方法屬「實證式」的，以統計的技巧大量調查文學在社會上的實用狀況和實際情形，以呈現出文學書籍在社會上是如何被生產、流通和消費的。換言之，艾氏的研究重心可說是在文學的「傳播」上。不過，他的方法固然甚具科學性，其研究對象則偏向文學的表層現象，而未能觸及文學的本質。

最有名的文學社會學者爲高德曼（Lucien Goldman）。他所提出的理論被稱爲「發生論結構主義」；而以社會學和歷史觀的兼顧爲基礎。高氏認爲，文學作品乃是作家的世界觀的一種表達，因此，也可視爲作家的「精神結構」。不過，作家的精神結構並非作者自己所能完全決定，因爲每個作家之所以創作，都是爲了替自己在某一狀況下找出具有意義的答案；而這個狀況，即混合了社會和歷史因素在內所形成的「外在世界」。由於作家的精神結構和其外在世界之間必須找到一個可以平衡的結果，因此乃形成了一種辯證的關係，而由兩者統合出一種新的結果。不過，這個結果是不穩定的，所以只能維持一個短暫的時間而已。其後，作家又以這個統合的結果爲其精神結構，又與其外在世界形成了辯證的關係，而繼續統合出另一個結果。如此一方面可以解構原有的結構，同時也建構出一個可以滿足當時社會新要求的整體性統合結構。這種不斷辯證推衍，當然與「歷史」密切相關。

三、女性主義（Feminism）㉙

從宏觀的角度而言，女性主義因內容豐富且流派複雜，所以實屬於一種文化現象；不過，因其重點係以文藝爲主，所以便放在此討論。

自從賽門・波娃（Simone de Beauvior）在二十世紀五〇年代深刻地指出：在歷史上，男性替「女性」所下的定義其實是著眼於全人類的共性上，而非眞正的女性。但事實上，女性在許多方面與男性乃是完全不同的。其後，「女性」便逐漸成爲一個越來越多人研究的一個課題了。米蕾特（Kate Millett）即於一九七〇年嚴肅地提出「性別」的議題。她認爲向來被男性所主導的社會乃建立在以權力爲主的政治上；而「文學」在那種情況下，便成了父權集體潛意識的記錄了。換言之，女性在自己的心靈內部，可說是男性意識的殖民地。因此，米氏乃大聲疾呼，女性和男性之間，不但在以「身體」爲主的「性」（sex）上有差別，即在以「心理」爲主的「性別」（gender）上也完全不同。到了一九八一年，蕭瓦特（Elain Showalter）更以系統而深入的研究對「女性」提出了劃時代的見解。她首先大力批判傳統的文學史觀把女性作家蠻橫地限定在「男性可接受的範圍之內」；然後指出「女性主義」實可劃分爲三期：1.一八四〇—一八八〇，稱爲「陰性期」（feminine phase），女作家們在創作上完全模倣以男性爲主的傳統。2.一八八〇—一九二〇，稱爲「女性主義者期」（feminist phase），女權運動者強力抗議「男性中心觀」，而提倡應尊重少數與弱勢，包括女性在內。3.一九二〇—現在，稱爲「女性期」（female phase），以重新發現女性文本的特色和價值爲重心。最後，蕭氏深入地指出，女性和男性的差別，至少可以從「身體」、「語言」、「心理」和「文化」四方面來探究。

自蕭氏之後，女性主義者越來越多，方向也越來越分歧。迄今爲止，其發展方向以下面四類爲主流：

㈠**性別研究**（Gender Studies）：以女性和男性之間的差異爲研究焦點。在文學上，主要係認爲女性文學在作品的主題、語文、風格、敘述結構、人物刻劃和文類的喜好上，均與男性文學不同。

㈡**社會主義的女性主義**（Socialist Feminism）：主要以閱讀活動和其所屬社會的關係爲討論焦點。它反對資本主義把女性視爲經濟上的一種資源，而強調女性乃是社會的一個階級；因此，與當時的文化密切相關。在文學上，它認爲作品的形式和風格不能與其內容和意識形態分開。在批評上，主張與當時社會的道德、文化、歷史和經濟情況等結合，尤其特別注意作品的生產、出版和行銷。總之，它是建基於「馬克斯主義」，但卻強調文學作品的「題材」比「態度」重要，而且必須反對濫情和教條。

㈢**心理分析的女性主義**（Psychoanalytic Feminism）：它包含了法國和美國的若干不同學派和主張；其中，最具特色的說法是宜存在有一個「以母親爲中心的領域」（mother-centered realrm）。這個領域絕非在地位上次於男性主流世界的「他者」（otherness），而是「全部」（wholeness）。此外，心理分析的女性主義非常重視「語言」，認爲女性（作家）的「語言」乃是一種屬於由女性在潛意識中自然展現的符號，充滿豐富而有生氣的意涵，而與男性爲主的解釋式象徵語言不同。透過女性的「語言」，甚至可更進一步地打破、或顚覆以父權爲中心所建立的象徵的次序、性別的角色、和父權的規則等。另外須附帶一提的是與心理分析密切相關的「神話批評」。女性主義批評對此也提到若干主張，包括：尋找出各種文化中最早期的女神，如：大地乃母親的意象等，用實際的資料來強化女性主義的基礎。

㈣**少數族群的女性主義**（Minority Feminism）：以黑人和女同性戀者爲主的女性主義者，其共同的聲音是抗議被主流社會邊緣化；但更細膩的是，他（她）們明白地反對一般女性主義者竟然把目標設定在尋求和社會上多數、主流、中上階級，甚至男性等擁有平等的地位。他（她）們極力主張應該更積極地去彰顯女性的特質；其中，以建立女性應有的傳統爲最重要的工作。在文學上，黑人女性主義者認爲，應以女性專有的直覺式語言代替以男性爲主的分析式語言；而反諷的技巧，則是最能夠彰顯女性的自我地位。至於女同性戀女性主義者則認爲，只有女同性戀者才能夠眞正了解女性的特質和需求，而採用具有包容性的模稜手法和開放式的結尾最能彰顯女性的特質。

四、後殖民批評（Post-Colonial Criticism）㉚

後殖民批評大約在一九七〇年代才出現；而以薩依德（Edward Said）在一九七八年出版《東方主義》（Orientalism）一書後，才眞正發生影響力。因此，也稱爲「東方主義」。又因這一派的論述觀點係建立在與西方資本主義國家和國際共產主義國家之外的「第三世界」之角度上，所以也稱爲「第三世界批評」（The Third-World Criticism）。而所謂「第三世界」，就是指近代以來，從殖民地獨立、而且缺乏自然資源、經濟尚未開發、政治並不穩定，以及反對與第一、第二世界結盟的國家。後殖民批評家指出，由於歐洲國家在兩、三百年來以機械和科技爲基所帶來的強大武力，成功地到世界各地掠奪資源、侵略弱小國家，並廣設殖民地以保護自己的利益；從而形成了歐洲人的優越感。歐洲人因此認爲，歐洲乃世界的「中心」，其他地區都是「邊緣」、是「他者」；故而，歐洲文化也當然是世界文化的標準和典範。在他們眼中，第三世界國家的文化，則充滿了「不人道」、「殘酷」、「病態」、「淫亂」等特質。對此，後殖民批評者乃深刻地加以批判：歐洲人這種排斥和鄙視他人文化的態度和觀點，除了只能顯現出自己那文化帝國的陝隘心胸之外，不但不可能眞正貶損這些文化中所蘊含的高度價值，而且也會因未能讓歐洲文化吸收其他文化的精華而越來越貧瘠、甚至衰竭。但最嚴重的是，這種歐洲文化中心論不僅造成了文化的衝突和種族的矛盾，更引爆了許多流血的戰爭。因此，後殖民批評者乃呼籲歐洲人應有所省思，而第三世界的國家也應把所謂的「邊緣」、「他者」淬鍊成一個個具有堅實的自我傳統和旺盛生命力的文化典型。

如上所述，「後殖民批評」的主要內容似乎應該是「文化」，但這裡將它放在「政治」項內的原因，乃是筆者希望藉此突顯出一個頗爲令人憂心的現象，那就是不少從殖民地地位重新建國的地方，其內部的文化人，包括文學作家和批評家在內，卻都以政治立場爲基，激烈地爭論那些才應是他們的主流文化。這種缺少包容性的態度，造成的結果是作品和理論中都充滿了激情、偏執、矛盾和衝突的情形。換言之，後殖民批評在尙未能眞正扭轉歐洲文化中心論，擺脫自己的「邊緣」位置時，已有陷入自己如何取得「邊緣」裡的「中心」位置的迷失情況，實值得我們三思。

五、現象學（Phenomenology）㉛

由德國哲學家胡賽爾（Edmound Husserl）提出的「現象學」主要在研究人類的「意識」（consciousness）。根據胡氏的說法，人類的「意識」乃是一種「活的經驗」，而不是「假設」而已。具體一點地說，「意識」不但是促使人類感知和思考外在世界的發動者，其本身也是一個被感知和思考的對象；而以將「思考者」、「被思考的對象」、以及「想了解前兩者的人」都聯結在一起爲最大的特色。其後，「現象學」在哲學家海德格（Martin Heidgger）和梅露龐蒂（Maurice Merleau-Ponty）的推動下，對許多方面都產生了鉅大的影響。而在文學上，則以下面兩大項最重要：其一是奠定了讀者反應理論的基礎。讀者反應理論家，包括姚斯和伊瑟在內，都受到它的影響。他們依據現象學說而提出了「文本」（text）乃作家的「意識」的記錄，而且允許讀者以自己的「意識」去「再次經驗」（re-experience）「文本」。而由於讀者們有不同的背景，以及不同的「意識」，所以造成了作者所創的「文本」擁有許多無法確定意指的潛能。其二是日內瓦學派（Geneva School）及其相同主張者所提出的「作者的意識」問題。譬如該派的喬治・包雷特（George Poulet）即認爲，作者的意識在其創作文學作品時，實佔有提供全部資訊的重要角色；因此，讀者若能除掉對作者原來即有的偏見，便可以純粹接受「文本」，並從其中眞正了解作者的意識到底是什麼了。

六、詮釋學（Hermeneutics）㉜

「詮釋學」原指解釋《聖經》（the Bible）的方法。到了十九世紀初，經德國哲學家史萊馬赫（Friedrich Schleiermacher）擴大使用成對所有「文本」（text）的解釋。十九世紀末時，狄爾泰（Wilhelm Dilthey）則將它拿來作爲專對人文社會類作品的解釋基礎，因爲這類作品乃是人類內在生命的展現。狄氏認爲，解釋這類作品，不能和解釋自然科學一樣的靜態和絕對，而是解釋者需先以了解作品的全部意涵爲基，然後再進一步去了解作品的各個細部。尤其重要的是，這種了解作品的次序可以反向進行，亦即解釋者以先了解作品的各部分爲基，然後再了解作品的全部。於是乃完成了著名的「詮釋的循環」（hermeneutic circle）。換言之，解釋者必須不斷地在作品的全部和部分之間移動，才可能達到深入了解作品的程度。

這一個觀點，在後來的文學界引出了兩種不同的看法。其一由賀許（E. D. Hirsh）代表，他藉著這種循環解釋的觀點，主張作品的文字意義是穩定的，因它須以作者的企圖（intention）爲主；而讀者想獲得作品的客觀解釋時，當然需對其作者的企圖有所了解。只是作者的企圖常與外在的文化背景、作品的文類等有關，因此，讀者也需把這些因素考慮在內。此外，讀者在閱讀時，通常對作品都會先有某種「假設」，也就是對作品意涵是什麼的預期態度。這種態度不但每個讀者不同，即同一讀者閱讀同一作品時，也會因閱讀次數的不同而不斷修正自己的態度。總之，在

「作品有確定意涵」的前提下，作品的意涵其實是隨著讀者閱讀次數的增加，而不停地在改變其「假設」的態度——一直到確定作品的眞正意涵爲止。其二由加達瑪（Hans Georg Gadamer）代表，他認爲解釋者本身即有時間和經驗上的界限（horizon），因此，對作品的解釋當然也有同樣的限制。此外，作品本身其實也同樣的有時間上的限制。於是，在解釋者和作品兩者不停對話下，解釋者也一次又一次地改變自己的理解和解釋。不過，這些解釋其實就是作品的意涵，只要我們把它定位爲時間上的「現在」即可。

七、心理分析理論（Psychoanalytic Theory）⑧

「心理分析理論」也被譯爲「精神分析理論」。它是由奧地利心理學家佛洛伊德（Sigmund Freud）所創。佛氏的理論把人類的心理區分爲三個部分：「本能衝動」、「自我」和「超越」。「本能衝動」即「無意識」（也譯爲「潛意識」），它是人類內在的心理活動；這種衝動的結果，會產生「夢」以達成現實世界中無法如願的希望（尤其是「慾望」）。不過，它也常會受到「自我意識」的壓抑、或「超我的良知」的遏止，因此，常藉由其他方式來發洩。運用到文藝上，「文藝作品」即「文藝創作者」借助這種方式昇華而成的「夢」。換言之，文藝創作者藉著這種把內在的慾望經由創作的方式而發洩出來，可以滿足他心中的願望（wish-fulfilment）；相同的，欣賞者（包括讀者）也經由欣賞和閱讀作品，而使自己內心的壓抑得到抒發，因此也滿足了自己的願望。這種「心理分析理論」對文藝產生的影響頗大。在創作上，包括促使「意識流小說」、「超現實小說」等的出現；而在批評上，也出現了藉著作品來探索作家的內心世界、或者探討作品中人物行爲的動機等。

佛氏的弟子容格（Carl Gustav Jung）則以佛氏的理論爲基，提出了「集體潛意識」（collective unconsciousness），而影響了文學批評中的「原型批評」與「神話批評」。因下文將有申論，故此略談。

八、原型批評（Archtypal Criticism）、神話批評（Mythcial Criticism）[34]

所謂「原型」乃「原始基本型態」之謂，所以又稱爲「基型」。它的理論主要是認爲在許多類型的文學作品，甚至於傳統、夢、和傳統的習俗儀典中，都可發現一些普遍相同的敘述結構和意象等。這種現象，即反映出人類其實普遍存在著一些原始的、基本的型式——而且可以由它們很自然地引出各地方的讀者發自內心的共鳴來證明。這一種「原型批評」，有時被稱爲「神話批評」，這是因爲各地方的民族在其原始時代，都會有某些神話或傳說被他們深深相信，而且甚至於被他們拿來說明某些自然現象或超現實情況的依據，進而成爲歷久不變的傳統觀念和習俗。而在各民族的這類神話和習俗中，也常含有若干超越時間和空間的限制而呈現相同或相近的情況，如：以日、月象徵陰和陽或光明和黑暗，早晨和晚上象徵希望和死亡……等。

從溯源的角度來看，原型或神話批評的理論大約是受到兩種理論的影響和啓發。其一是弗雷澤（James G. Frazer）的人類學，二是容格的心理學。弗雷澤的名著《金枝》（*The Golden Bough*）列舉了許多不同民族的文化資料，如：神話、巫術、宗教等爲證，在其間找到了許多相同、近似，同時是反覆出現的基本類型，如：因受難而死亡，最後又復活的模型，乃象徵原始人類對自然節令和生物更迭的模倣。另外如：宇宙創造的神話、不朽的神話等都是。容格則把人類的意識分爲「個人潛意識」和「集體潛意識」。前者指個人內心之中的情結；後者則是人們的普遍現象，是後代人心中都潛存著古代祖先遺留下來的共同心理或行爲模式，譬如：女性心中含有男性的某些特質（aninus）或男性心理上也含有某些女性的特質（anima），而表現出來的就是男性想擁有心目中的女人，或女性想吸引心目中的男人——換言之，不論是男人或女人，其實心裡面乃含有雙性的心理。譬如：「特洛伊戰爭」（Troy）中的「海倫」（Helen）就是男性心中的「女人」之表現。

九、後現代主義（Post-Modernism）㉟

文學在第二次世界大戰後有了新的發展，就是「後現代主義」的出現。它和「現代主義」相較，大致可呈現三個最明顯的差別：

㈠**拋棄形式**：「現代主義」的文學以打破傳統的形式爲目標，但「後現代主義」的文學則更進一步，也要求打破「現代主義」文學的形式。換言之，「後現代主義」的文學作品所呈現出來的是既無情節、也無時空背景；人物不具有任何性格，同時整個作品也看不出主題何在。

㈡含意不確定：「現代主義」文學以含意模糊爲特色，是以作品中常出現象徵、隱喻、暗示等技巧；但「後現代主義」文學卻常讓人覺得細節逼眞，而整體含意則模稜不定的情況。

㈢放棄傳統：「現代主義」文學雖以反傳統爲主調，但卻仍與傳統中的浪漫主義之講究個人本位有關；但「後現代主義」則以和所有傳統皆無關爲主調。

到了一九八〇年代之後，「後現代主義」有被擴大爲「文化」問題的傾向，而以下列三位學者爲代表：一是李歐塔（Jean-Francois Lyotard），他用「後現代主義」來反對哈伯瑪斯（Jurgen Habermas）建立在以理性和進化爲基礎的「現代性」（modernity），也就是反對以進化觀和完美性爲主的「大敘述」（grand narrative）。他認爲歷史的推衍其實都是由許多「偶然」串聯而成的，因此乃是一種後設性的敘述（metanarrative）。而「後現代主義」不但可讓人類的敏感度更爲細緻，以便分析各種差異性，還能強化人類的能力，而可以忍受各種不同的現象。二是詹明信，他站在新馬克斯主義的立足點而反對「現代主義」，並進一步認爲「後現代」乃是社會和經濟的變動所造成的。因此，「後現代」可說是晚期資本主義的一種文化現象。三是哈琴恩（Linda Hutcheon），她指出「現代主義」和「後現代主義」是兩大共同點爲「模倣」和「零碎」；只不過「後現代主義」比較積極主動。「現代主義」所反對的「全面性」和「次序」，哈氏認爲其實並非只有負面的意義。如果將它們當作文化上的「懷舊」現象，「後現代主義」藝術家的目的即是要去挑戰、並顚覆它們。

十、文化式文學批評（Cultural Literary Criticism）㊱

「文化研究」（Cultural Study）這個名詞自一九八〇年代起即開始流行，但卻因「文化」的內涵非常廣泛和複雜而很難加以定義。通常，「文化」可從社會科學和人文學兩個不同的領域來認識。在「社會科學」領域中，尤其是建築學和人類學裡，「文化」被視爲一種建築在以物質爲基礎的產物；而在「人文學」的領域中，如：文學和歷史裡，「文化」大致上是指意義的系統或意涵的生成。若從實際的內容來看，「文化研究」主要有兩派，一是流行於英國的「文化物質主義」（Cultural Materialism），二是流行於美國的「多元文化主義」（Multiculturalism）。「文化物質主義」以侯葛特（Richard Hoggart）和威廉士（Raymond Williams）爲代表，主張「文化」雖以物質條件爲基，但卻不只是建立在經濟的基礎上而已；因爲它乃是一個全社會的發展過程，包括了許多不同的形式，如：文學、電視、大衆的流行風氣等。而若從「文學」的角度來看，「文化研究」者認爲文學和社會的關係是互動的。更値得一提的是，它在有關文學的領域上有日漸轉向對經典作品的文本之「當代解釋」拿來作分析和討論的趨勢，而且常融入政治意涵在內。「多元文化主義」所探討的內容，主要是有關現代的西方（尤其是美國）社會中的女性，少數族群與非西方文化等問題。在「文學」上，則大約包含了美國的非洲裔（黑人）、拉丁美洲裔（西班牙語文使用者）、印地安人（原住民）及亞洲裔（含：中國、日本、韓國、印度等）之作家和作品。這些作家的作品，各有不同的題材、形式和寫作技巧；但因爲都屬於「少數」或「弱勢者」，所以都含有諷刺或批判在內。

「文化研究」的內涵雖然過於廣泛，卻擁有以下的共同特色：

(一)在領域上必須跨越不同的學門，而不只是文學批評或歷史而已。

(二)否認不同的文化間有「高」、「低」層次或「貴族」、「大衆」的區別。

(三)不僅分析被創作出來的文化品，而且也注意其過程和方法。

(四)常包含政治的意蘊——尤其多以反對社會的當權者和主流力量，進而企圖建立新的權力結構爲理想。

我們若把焦點集中到「文化式文學批評」上，則它主要是以文學作品——尤其是傑出的作品爲批評對象，在其中探討各種可能的文化成份，譬如：文化背景、女性主義、種族議題、大衆文化、甚至政治意涵、社會物質條件……等。

十一、新歷史主義（New-Historicism）㊲

「新歷史主義」這個「名詞」雖然於一九八二年才由格林布雷特（Stephen Greenblatt）所提

出；但這個「理論系統」卻在一九七〇年左右即由福寇（Michel Foucault）發展出來了。大致說來，下面數點乃是它和傳統歷史主義最明顯的差別：

「新歷史主義」主張：

(一)「人」乃社會和歷史的產物，而非改變歷史的絕對力量。

(二)「人」藉著「主體化」（subjectification）讓自己成爲身具意識的發動者；但在同時，「人」也因爲「主體化」的緣故，而讓自己融入文化符號系統和社會網絡之內。

(三)歷史家也是「主體化」的產物，只不過也受到過去歷史的影響。

(四)歷史絕不是一種不可懷疑和辯論的事實，因它只不過是一個「文本」（text），是一種語文的記錄，而且裡面還包含許多歷史家想像和解釋出來的。

(五)所謂「客觀的歷史」根本不可能存在，所有的事件（包括歷史在內）都是「文本」。因此與文學裡的詩、小說和戲劇一樣，都是可以解釋的。

總之，「新歷史主義」因認爲歷史含有太多主觀的因素，所以並非百分之百的事實。至於它和「文學」的關係，下面幾點似乎頗值參考：

1.「新歷史主義」的重點在「歷史的文本」上；而因它含有主觀的成分，所以頗有解釋的空間。因此，它與文學的性質頗爲相近。

*2.*在進行文學研究——尤其是對古典文學的研究時，應特別注意文學的歷史背景因具有主觀

成分，故並非完全可靠。

3.歷史可說是一種對時代的描述。其中的重點多放在對權力結構如何吸納或壓制反對者，以及主流思想和掌權者如何主導時代等課題。然由於具有解釋的空間，所以也常含有歷史家的批判觀點在內。如此，便與文學作品更爲相近了。

〔注　釋〕

①M. H. Abrams, *The Mirror and the Lamp: Romantic Theory and the Critical Tradition*. Oxford: Oxford University press, 1953, p6.

②James J. Y. Liu, *Chinese Theories of Literature*, Chicago: The Univerity of Chicago Press, 1975, p.10.

③請見拙著〈文學理論產生的架構及其舉隅〉，收於《古典文學》第七輯，1985.8。

④引自《十三經注疏》（1815年阮元刻本），第八册，卷九上，頁164。台北：藝文印書館，1981。

⑤引自《十三經注疏》，第八册，卷十下，頁188。

⑥引自《十三經注疏》，第五册，卷三八，頁683。

⑦引自《十三經注疏》，第五册，卷三八，頁683。

⑧同注⑥。

⑨引自蕭統《文選》，卷五十二，論二，頁714上。台北：正中書局，1971。

⑩引自蕭統《文選》，卷四十二，書上，頁 583 上。

⑪引自蕭統《文選》，卷四十二，書上，頁 584 下。

⑫引自范文瀾《文心雕龍注》，卷七，頁 537。台北：學海出版社，1988。

⑬引自王文濡校注《古文辭類纂評註》，第一冊，頁 150。台北：中華書局，1973。

⑭引自《全唐文》，第三冊，卷五二七，頁 2372 下。上海：上海古籍出版社，1993。

⑮引自《全唐文》，第三冊，卷五五二，頁 2475 下。

⑯引自《全唐文》，第三冊，卷五五五，頁 2489 中。

⑰引自《全唐文》，第三冊，卷五七五，頁 2575 中。

⑱引自《四部備要》，第四二四冊，《周子通書》，頁 6。台北：中華書局，1971。

⑲引自袁鶴翔等譯佛克馬、蟻布思《二十世紀文學理論》，頁 9。香港：中文大學出版社，1985。

⑳ K. M. Newton, *Twentieth-Century Literary Theory*, New York: St. Martin's Press, 1997, pp.1-18.

㉑同注⑳，頁 19-44。

㉒同注⑳，頁 158-186。

㉓同注⑳，頁 187-209。

㉔同注⑳，頁 83-97。

㉕同注⑳，頁 98-111。

㉖同注⑳，頁 112-141。

㉗ Joseph Childers & Gary Hentzi edit, *Columbia Dictionary of Modern Literary and Cultural Criticism*, Columbia: Columbia University Press, 1995, pp.191-3.

㉘請參考何金蘭著《文學社會學》，台北：桂冠圖書公司，1989。

㉙請參考註⑳，頁 210-232，以及 Wilfred L. Guerin, Earle Labor edit, *A Handbook of Critical Approaches to Literature*, Oxford: Oxford University Press, 1999, pp.196-238.

㉚請參考注⑳，頁 283-300。

㉛請參考注㉙，Wilfred L. Guerin，頁 343-348。

㉜請參考注⑳，頁 45-68。

㉝請參考注⑳，K. M. Newton，頁 142-157。以及註㉙ Wilfred L. Guerin，頁 125-133。

㉞請參考注㉙，Wilfred L. Guerin，頁 158-166。

㉟請參考注⑳，頁 267-282。

㊱請參考注㉙，Wilfred L. Guerin，頁 239-269。

㊲請參考注⑳，頁 234-252。